U0569410

978 72081 60613

上海政法学院学术著作编审委员会

总　序 FOREWORD

四秩芳华，似锦繁花。幸蒙改革开放的春风，上海政法学院与时代同进步，与法治同发展。如今，这所佘山北麓的高等政法学府正以稳健铿锵的步伐在新时代新征程上砥砺奋进。建校40年来，学校始终坚持"立足政法、服务上海、面向全国、放眼世界"的办学理念，秉承"刻苦求实、开拓创新"的校训精神，走"以需育特、以特促强"的创新发展之路，努力培养德法兼修、全面发展，具有宽厚基础、实践能力、创新思维和全球视野的高素质复合型应用型人才。四十载初心如磐，奋楫笃行，上海政法学院在中国特色社会主义法治建设的征程中书写了浓墨重彩的一笔。

上政之四十载，是蓬勃发展之四十载。全体上政人同心同德，上下协力，实现了办学规模、办学层次和办学水平的飞跃。步入新时代，实现新突破，上政始终以敢于争先的勇气奋力向前，学校不仅是全国为数不多获批教育部、司法部法律硕士（涉外律师）培养项目和法律硕士（国际仲裁）培养项目的高校之一；法学学科亦在"2022软科中国最好学科排名"中跻身全国前列（前9%）；监狱学、社区矫正专业更是在"2023软科中国大学专业排名"中获评A+，位居全国第一。

上政之四十载，是立德树人之四十载。四十年春风化雨、桃李芬芳。莘莘学子在上政校园勤学苦读，修身博识，尽显青春风采。走出上政校门，他们用出色的表现展示上政形象，和千千万万普通劳动者一起，绘就了社会主义现代化国家建设新征程上的绚丽风景。须臾之间，日积月累，学校的办学成效赢得了上政学子的认同。根据2023软科中国大学生满意度调查结果，在本科生关注前 20 的项目上，上政 9 次上榜，位居全国同类高校首位。

上政之四十载，是胸怀家国之四十载。学校始终坚持以服务国家和社会需要为己任，锐意进取，勇担使命。我们不会忘记，2013 年 9 月 13 日，习近平主席在上海合作组织比什凯克峰会上宣布，"中方将在上海政法学院设立中国-上海合作组织国际司法交流合作培训基地，愿意利用这一平台为其他成员国培训司法人才。"十余年间，学校依托中国-上合基地，推动上合组织国家司法、执法和人文交流，为服务国家安全和外交战略、维护地区和平稳定作出上政贡献，为推进国家治理体系和治理能力现代化提供上政智慧。

历经四十载开拓奋进，学校学科门类从单一性向多元化发展，形成了以法学为主干，多学科协调发展之学科体系，学科布局日益完善，学科交叉日趋合理。历史坚定信仰，岁月见证初心。建校四十周年系列丛书的出版，不仅是上政教师展现其学术风采、阐述其学术思想的集体亮相，更是彰显上政四十年发展历程的学术标识。

著名教育家梅贻琦先生曾言，"所谓大学者，有大师之谓也，非谓有大楼之谓也。"在过去的四十年里，一代代上政人勤学不辍、笃行不息，传递教书育人、著书立说的接力棒。讲台上，他们是传道授业解惑的师者；书桌前，他们是理论研究创新的学者。《礼记·大学》曰："古之欲明明德于天下者，先治其国"。本系列丛书充分体现了上政学人想国家之所想的高度责任心与使命感，体现了上政学人把自己植根于国家、把事业做到人民心中、把论文写在祖国大地上的学术品格。激扬文字间，不同的观点和理论如繁星、似皓月，各自独立，又相互辉映，形成了一幅波澜壮阔的学术画卷。

吾辈之源，无悠长之水；校园之草，亦仅绿数十载。然四十载青葱岁月光阴荏苒。其间，上政人品尝过成功的甘甜，也品味过挫折的苦涩。展望未来，如何把握历史机遇，实现新的跨越，将上海政法学院建成具有鲜明政法特色的一流应用型大学，为国家的法治建设和繁荣富强作出新的贡献，是所有上政人努力的目标和方向。

四十年，上政人竖起了一方里程碑。未来的事业，依然任重道远。今天，借建校四十周年之际，将著书立说作为上政一个阶段之学术结晶，是为了激励上政学人在学术追求上续写新的篇章，亦是为了激励全体上政人为学校的发展事业共创新的辉煌。

党委书记　葛卫华教授
校　　　长　刘晓红教授
2024 年 1 月 16 日

上海合作组织经过 20 多年的发展，取得了令世人瞩目的成就，展示出特有的活力。在急剧变化的国际格局当中，上海合作组织顺应时代要求，不断凝聚合作共识，为促进地区的稳定和发展发挥了积极作用。下一个 20 年，上海合作组织将更多地思考法治建设、机制构建中面临的历史机遇与挑战。上海合作组织中，值得重点关注的问题是上海合作组织在区域安全合作中的法治保障问题。同时，管辖权问题历来是国际社会关注的重点，也是法治保障问题的关键。另外，关于国家官员豁免与国家豁免问题，相关的国际法理论与国家实践取得了长足的发展，2022 年 6 月，国际法委员会第七十三届会议一读通过了国家官员的外国刑事管辖豁免条款草案。2023 年，我国出台了《中华人民共和国外国国家豁免法》，正式确立了外国国家管辖豁免的原则。

方瑞安博士的《上海合作组织安全合作中的管辖与豁免问题研究》一书，综合了上述国际法理论与国家实践发展的最新动态，可谓正当其时。这本著作将国际法基础理论中的管辖权理论、国家官员的外国刑事管辖豁免、国家豁免等融入上海合作组织安全合作的讨论背景，为我们提供了一个全新的视角来审视和理解这一重要议题，同时也为上海合作组织安全合作的深入发展提供了重要的法律支持。

上海合作组织安全合作涉及执法合作与军事合作两个面向，所涉主体包括驻外武装力量和执法人员，并由此联系到国际法上的管辖权与豁免权问题。派遣国的武装力量和执法人员在东道国领土上一旦涉诉，便会出现管辖权的冲突。对此，方瑞安博士提出，在区域安全合作中签订双边条约来解决此等管辖权的冲突；关于豁免权问题，方瑞安博士指出，派遣国的武装力量和执法人员可能享有习惯国际法上的国家官员豁免权，而相关的国家行为、国家财产均有可能享有国家豁免。最后，方瑞安博士从涉外法治建设的角度，指出中国军事力量需要遂行联演、维和、反恐、救援及护航等海外军事行动，应当完善我国军事域外管辖规则，并提出了有益的立法建议。

在此，我衷心祝贺方瑞安博士的著作付梓出版！同时，我期待，方瑞安博士继续为国际法的教学和科研积极探索，争取更大的成绩！

是为序。

华东政法大学　王虎华

2024 年 5 月于华政园

前　言 / PREFACE

　　上海合作组织是由哈萨克斯坦共和国、中华人民共和国、吉尔吉斯共和国、俄罗斯联邦、塔吉克斯坦共和国、乌兹别克斯坦共和国于 2001 年 6 月 15 日在中国上海宣布成立的永久性政府间国际组织。它的前身是"上海五国"机制。2002 年，在上海合作组织圣彼得堡峰会上签订了《上海合作组织宪章》，文件于 2003 年 9 月 19 日生效，规定了组织的宗旨与原则、组织架构、主要活动方向。上海合作组织的宗旨是：加强各成员国之间的相互信任与睦邻友好；鼓励成员国在政治、经贸、科技、文化、教育、能源、交通、旅游、环保及其它领域的有效合作；共同致力于维护和保障地区的和平、安全与稳定；推动建立民主、公正、合理的国际政治经济新秩序。

　　上海合作组织对内遵循"互信、互利、平等、协商，尊重多样文明、谋求共同发展"的"上海精神"，对外奉行不结盟、不针对其他国家和地区及开放原则。目前上海合作组织国家包括九个成员国：印度共和国、伊朗伊斯兰共和国、哈萨克斯坦共和国、中华人民共和国、吉尔吉斯共和国、巴基斯坦伊斯兰共和国、俄罗斯联邦、塔吉克斯坦共和国、乌兹别克斯坦共和国；三个观察员国：阿富汗伊斯兰共和国、白俄罗斯共和国、蒙古国（2022 年撒马尔罕峰会启动了给予白俄罗斯成员国地位的进程，目前白俄罗斯正履行相关程序）。十四个对话伙伴：阿塞拜疆共和国、亚美尼亚共和国、巴林王国、阿拉伯埃及共和国、柬埔寨王国、卡塔尔国、科威特国、马尔代夫共和国、缅甸联邦共和国、尼泊尔联邦民主共和国、阿拉伯联合酋长国、沙特阿拉伯王国、土耳其共和国、斯里兰卡民主社会主义共和国。

2020 年 11 月 10 日，习近平主席在上海合作组织成员国元首理事会第二十次会议上发表重要讲话，首次在上海合作组织框架内提出构建"卫生健康共同体""安全共同体""发展共同体""人文共同体"的重大倡议。"四个共同体"倡议中，安全合作始终被置于优先位置，盖因上海合作组织自成立之初的重要宗旨之一便是共同致力于维护和保障地区的和平、安全与稳定，尤其重视并尽一切必要努力保障地区安全。上海合作组织的安全合作有力地维护了整个地区安全稳定大局，为成员国经济社会发展和民众安定生活营造了良好环境。安全合作被公认为上海合作组织最有成效的合作领域，具有构建"安全共同体"得天独厚的有利条件。上海合作组织成立 20 多年来，始终将维护地区安全稳定作为组织工作的优先方向，在安全合作领域取得了丰硕成果，为地区国家的合作共赢创造了良好环境，为"构建人类命运共同体"提供了示范和样板。而上海合作组织安全合作过程中涉及通过军事手段打击"三股势力"等传统安全威胁、大型活动安保以及举行联合军事演习的军事行动，还涉及执法机构的联合执法活动，各成员国也承诺将为落实《打击恐怖主义、分裂主义和极端主义上海公约》而紧密协作。对上海合作组织成员国来说，在安全合作进程中难免涉及部队出境执行海外军事任务或跨境联合执法，便因此可能涉及执法和武装力量在东道国法院的刑事或民事诉讼纠纷。

现代安全合作的发展历经百年历史，但执法人员、部队成员出境所涉管辖与豁免问题至今未形成统一的习惯国际法规则，也没有制定专门的国际条约。尽管海外军事行动的实践历史相对悠久，但与之相关的"客军法"（the Law of Visiting Forces）也没有被明确识别为习惯国际法，而跨境联合执法作为一种新兴的警务合作模式也尚且缺乏足够的国际法规则。因此，关于安全合作的国际法议题存在着进一步研究和探讨的必要性。研究上海合作组织安全合作中的相关问题，对增强上海合作组织"命运共同体"建设的法治保障和完善国际法体系有着积极的作用。然而，我国国际法领域中，尤其是上海合作组织范畴内关于海外军事行动、跨境联合执法的理论成果相较于实践的发展以及国外的研究成果明显落后，目前暂无一部系统性的著作探讨区域安全合作的国际法问题。

更重要的是，如何为构建上海合作组织"命运共同体"提供法治保障亟待理论成果的补给。例如，第十六次上海合作组织成员国总检察长会议期间，时任中国最高人民检察院检察长张军就明确提出要"为落实上海合作组织青岛峰会共识提供法治保障"。面向未来，上海合作组织国家在法治领域的合作方兴未艾，前景广阔。目前我国区域合作日益密切，但对外参与区域治理的国际经验尚不丰富，加之对上海合作组织成员安全与法律制度缺乏充分了解，导致各类合作利益无法得到有效保障。作为国际法学科的研究人员，需要积极提出合理可行的对策，加大我国与上海合作组织成员国的合作力度，站在"人类命运共同体"的高度从根本上保障我国"一带一路"倡议的顺利实施。因此，从我国的角度出发对上海合作组织安全合作中的国际法律问题进行研究，借鉴他国安全合作中海外军事行动、跨境执法合作的国家实践，提前做好法律研究工作，例如拟定上海合作组织安全合作的条约范本等及完善域外管辖的国内法规则，具有重大前瞻性、战略性意义。

而上海合作组织安全合作过程中的联合军事行动、联合执法行动势必涵盖管辖与豁免问题。首先，在区域安全合作的国际法问题中，最为重要也是最受关注的议题之一便是驻外执法及武装力量的刑事管辖与豁免。在这个问题上，习惯法与条约法交织，国内法与国际法并存。可以说，现代区域安全合作中的刑事司法管辖权问题是相对前沿的课题，不只是对驻外军人、警务人员还有对随行人员、雇佣人员的管辖权等都是各国的重要研究内容。再包括国际刑事法院成立后，对于驻外执法及武装力量可能犯下的国际罪行，存在管辖权冲突的现实案例，也是亟待解决的国际法难题。更为重要的是，对中国而言，目前暂未构建成熟的区域安全合作的刑事管辖模式，在未来上海合作组织安全合作的开展过程中，也需要进一步完善驻外执法及武装力量域外犯罪的刑事管辖国内立法。

值得一提的是，中国曾在2007年与哈萨克斯坦共和国、吉尔吉斯共和国、俄罗斯联邦、塔吉克斯坦共和国和乌兹别克斯坦共和国签署过《上海合作组织成员国关于举行联合军事演习的协定》，其中第22条第1款规定："①当参加演习人员实施危害派遣方或者其公民的犯罪以及在执行公务时实施犯罪，由派遣方行使司法管辖权；②当参加演习人员实施犯罪不属于本条第1款第1项时，由接受方行使司法管辖权。"该款就系借鉴了已然非常成熟的《北约部队地位协定》关于"并存管辖权"的规定。

而就上海合作组织安全合作中的刑事豁免问题来讲。一方面，基于一般国际法，区域安全合作中的派遣国与东道国各自享有对驻外执法及武装力量的属人或属地刑事管辖权，从而存在管辖权的冲突，赋予派遣国刑事豁免权能够妥善解决此种管辖权冲突情形。更重要的是，由于国家官员外国属事刑事管辖豁免是一项已被识别的习惯国际法规则，理论上区域安全合作中的部分主体只要符合国家官员的主体资格要求，且其涉诉行为属于"以官方身份从事的行为"就能享有在外国法院的属事刑事管辖豁免。

再就上海合作组织安全合作中的民事管辖与豁免问题而言，一般来说，区域安全合作中的民事管辖权涉及东道国的属地管辖权和派遣国的属人管辖权的冲突。不过，和一般的涉外民事管辖权冲突不同的是，有关驻外执法及武装力量的民事管辖权的冲突比较复杂，因为它与国家管辖豁免制度密切相关。因而，在实践中，解决此类民事管辖冲突需要通过有关国家订立双边或多边协定来予以解决。由于军队、警察拥有较强的主权性质，其行为一般都能够可被划归为主权行为，从而享有在外国法院的国家豁免。通过对国家豁免理论及国家实践的考察，可以发现有限豁免理论之下国家行为豁免的雇佣合同行为例外及非商业侵权例外，对驻外执法及武装力量来说都不适用。而商业交易行为例外则难下定论，以美国为代表的西方世界认为驻外部队、警队的商业交易行为不享有国家豁免，但《联合国国家及其财产管辖豁免公约》给予区域安全合作中的商业交易行为享有国家豁免的可能。而上海合作组织成员国中，中国、俄罗斯、印度签署了公约，哈萨克斯坦已批准了公约。

最后，对我国来说，上海合作组织安全合作要注重涉外法治工作的开展和国防安全的保障。这就要求我们既需注重域外管辖的国内立法完善，也要在国际法层面运用法治方式保障我国驻外执法及武装力量的利益。部队地位协定（Status of Forces Agreement，SOFA）的订立问题，要在尊重其他上海合作组织成员国以及东道国权利的基础上，尝试构建高水平的上海合作组织区域安全合作双边条约范本。

回首过去，20多年来，中国与上海合作组织携手前行，战略伙伴关系内涵不断丰富，"卫生健康共同体""安全共同体""发展共同体""人文共同体"四大共同体建设硕果累累。展望未来，强化安全合作机制和制度建设，将现有安全合作经验、方法法治化，切实走在时代前列，长期保持对地区和全球安全合作的引领作用，是上海合作组织安全合作发展的宏伟蓝图。我们相信，未来上海合作组织的安全合作之路必将越走越宽广，不仅为维护地区和全球安全作出更大贡献，也将为推动建设新型国际关系、"构建人类命运共同体"作出更具价值的有益探索。

目　录 /CONTENTS

上海合作组织的安全合作实践

　　上海合作组织是由哈萨克斯坦共和国、中华人民共和国、吉尔吉斯共和国、俄罗斯联邦、塔吉克斯坦共和国、乌兹别克斯坦共和国于 2001 年 6 月 15 日在中国上海宣布成立的永久性政府间国际组织。目前上海合作组织国家包括九个成员国：印度共和国、伊朗伊斯兰共和国、哈萨克斯坦共和国、中华人民共和国、吉尔吉斯共和国、巴基斯坦伊斯兰共和国、俄罗斯联邦、塔吉克斯坦共和国、乌兹别克斯坦共和国。

　　2020 年 11 月 10 日，习近平主席在上海合作组织成员国元首理事会第二十次会议上发表重要讲话，首次在上海合作组织框架内提出构建"卫生健康共同体""安全共同体""发展共同体""人文共同体"的重大倡议。"四个共同体"倡议中，安全合作始终被置于优先位置，盖因上海合作组织自成立之初的重要宗旨之一便是共同致力于维护和保障地区的和平、安全与稳定，尤其重视并尽一切必要努力保障地区安全。上海合作组织的安全合作有力地维护了整个地区安全稳定大局，为成员国经济社会发展和民众安定生活营造了良好环境。安全合作被公认为上海合作组织最有成效的合作领域，具有构建"安全共同体"得天独厚的有利条件。上海合作组织成立 20 多年来，始终将维护地区安全稳定作为组织工作的优先方向，在安全合作领域取得丰硕成果，为地区国家的合作共赢创造了良好环境，为"构建人类命运共同体"提供了示范和样板。

第一节　上海合作组织安全合作的实践概览

　　上海合作组织是世界上最早打出反恐旗帜的国际组织之一，其安全合作的核心方面是打击"三股势力"。上海合作组织迄今已通过了《打击恐怖主义、分裂主义和极端主义上海公约》《上海合作组织反恐怖主义公约》《上海合作组织反极端主义公约》等一系列安全合作文件，举办了十多次联合反恐演习、演练，并成立地区反恐怖机构。近年来，上海合作组织地区反恐怖机构努力的方向和责任范围有所增加。战略安全、防务安全、执法安全、信息安全、禁毒、反洗钱、打击跨国有组织犯罪等已被纳入上海合作组织安全合作范围。据不完全统计，仅在 2013 年至 2017 年的四年时间里，上海合作组织成员国有关机构共制止 600 多起具有恐怖主义性质的犯罪活动，摧毁 500 多个武装分子培训基地，抓获 2000 多名国际恐怖组织成员。2016 年至 2017 年，成员国共屏蔽 10 万多家网站，这些网站共登载 400 多万条宣扬恐怖主义和极端主义的信息。[1]

一、上海合作组织联合反恐军事演习

联合反恐军事演习是地区反恐怖机构加强成员国间安全合作、预防和打击恐怖主义的重要内容，上海合作组织地区反恐怖机构组织开展的联合军演，加强了成员国在军事力量方面的交流，增强了成员国间的互信，提高了在打击恐怖主义方面的协同作战能力，维护了地区和平与稳定，用实际行动践行了"互信、互利、平等、协商、尊重多样文明、谋求共同发展"的"上海精神"。

（一）上海合作组织多边联合反恐军事演习

2003 年 8 月，上海合作组织成员国武装力量举行联合反恐军事演习，这是上海合作组织框架内首次举行的多边联合反恐军事演习。从 2005 年开始，上海合作组织每年举行一次联合军事演习。例如"和平使命-2021"联合反恐军事演习，是在上海合作组织框架内举行的第十四次联合演习，演习课题为"上合组织成员国部队筹备并实施联合反恐行动"。[2]

根据上海合作组织地区反恐怖机构第三十六次理事会决议，2021 年 9

---

〔1〕 参见许涛：《新时代中国特色大国外交理念融入青岛峰会》，载《中国青年报》2018 年 6 月 20 日，第 5 版。

〔2〕 参见《"和平使命-2021"上海合作组织联合反恐军演》，载 http://chn.sectsco.org/ 20210929/783212.html，最后访问日期：2021 年 9 月 29 日。

月 21 日至 10 月 4 日，代号为"帕比-反恐-2021"的上海合作组织成员国主管机关联合反恐演习在巴基斯坦帕比市举行。演习由巴基斯坦主办，上海合作组织成员国主管机关派反恐执法力量参加。[1]这是中方反恐执法力量首次实警实枪实弹出境参加上海合作组织成员国主管机关联合反恐演习。

2022 年 10 月，在上海合作组织地区反恐怖机构（RATS）框架下，来自上海合作组织六个成员国，包括哈萨克斯坦共和国、吉尔吉斯共和国、乌兹别克斯坦共和国、塔吉克斯坦共和国、俄罗斯联邦和国家安全卫队（NSG）反恐部队的代表在印度国家安全警卫队马内萨尔驻地举行了为期一周的多国联合反恐演习"Manesar Anti-Terror 2022"，相互分享演习、程序、最佳做法和其他创新方法，以建设打击恐怖主义、分裂主义和极端主义威胁的能力。

此外，于 1992 年塔什干签订的《集体安全条约》（也称《塔什干条约》）的基础上成立的集体安全条约组织，成员国包含俄罗斯、哈萨克斯坦、白俄罗斯、亚美尼亚、吉尔吉斯斯坦、塔吉克斯坦。集体安全条约组织的 6 个成员国中，有 4 国同时是上海合作组织成员国，其余两国分别是上海合作组织观察员国和对话伙伴。集体安全条约组织也曾在历年举行过反恐军事演习，如"协作-2009"，2021 年"协作""搜索""梯队"等，但并不是在上海合作组织框架内的多边联合反恐军事演习。

（二）上海合作组织双边联合反恐军事演习

近年来上海合作组织安全合作框架内的双边联合反恐军事演习包括有：中俄、中吉、中乌"合作-2019"联合反恐演练、"协作-2019"中塔武装力量联合反恐演练、"携手-2018"中印陆军反恐联合训练、"猎狐-2015"中哈反恐联合演习等。其中，中方与上海合作组织各成员国的首次双边联合反恐军事演习的具体内容如下：

2002 年 10 月，中吉两国首次举行联合反恐军事演习，这是中国军队第一次与外国军队联合举行的实兵演习，是在上海合作组织框架内中吉两国首次举行的双边联合军事演习。持续两天的演习以某"恐怖组织"在国

---

[1]　参见《"帕比-反恐-2021"联合反恐演习成功举行》，载 http://chn.sectsco.org/20211004/786414.html，最后访问日期：2021 年 10 月 4 日。

际恐怖势力的支持下，企图制造暴力恐怖事件为背景展开。在演习中双方互通情报，共同指挥，密切协同，联合实施边境封控，全力围堵歼灭了"恐怖分子"。两国边防部队数百人及 10 余辆装甲战斗车和多架直升机参加了演习。[1]

2004 年 8 月，中国人民解放军与巴基斯坦武装部队在新疆帕米尔高原中巴边境地区成功举行了代号为"友谊-2004"的联合反恐军事演习。这次演习是两国军队首次联合反恐军演。[2]中国人民解放军新疆军区驻塔什库尔干县边防部队和巴基斯坦边防部队官兵 200 余人参加了这次非传统安全领域的合作演习。演习包括联合指挥所演练和实兵演练两项内容。

2005 年 8 月，中俄两国举行首次成建制、大规模的"和平使命-2005"联合军事演习。中俄双方派出陆、海、空军和空降兵、海军陆战队以及保障部（分）队近万人参加在俄罗斯符拉迪沃斯托克和中国山东半岛及附近海域举行的演习。中俄两国邀请上海合作组织成员国国防部长、上海合作组织观察员国代表观摩联合演习。[3]

2006 年 3 月，上海合作组织有关成员国在乌兹别克斯坦境内举行了代号"东方反恐-2006"的联合演习，进一步完善了各成员国强力部门在打击恐怖分子方面的合作。演习在位于塔什干州的 2 个重要国家基础设施进行，特种部队及强力部门武装部队演示了制止恐怖分子对设施进行破坏以及解救被扣人质的联合行动。演习还展示了特种部队及强力部门武装部队在国家设施遭受恐怖攻击后所采取的联合救援行动。

2006 年 8 月，中国和哈萨克斯坦在两国境内联合举行了"天山-1 号（2006）"反恐演习，这是上海合作组织框架内，中哈两国执法安全部门首次举行联合反恐演习。[4]此次演习针对当前恐怖活动的特点和规律，设想某国际恐怖组织拟在中哈边境地区策划一次重大恐怖袭击行动，需要中

〔1〕 参见蔡晖：《中吉两国举行联合反恐军事演习》，载《人民日报》2002 年 10 月 12 日，第 2 版。

〔2〕 参见李清华、李忠发：《中国巴基斯坦举行首次联合反恐军事演习》，载《人民日报》2004 年 8 月 7 日，第 4 版。

〔3〕 参见曹智等：《"和平使命-2005"中俄首次联合军演启幕》，载《人民日报》2005 年 8 月 19 日，第 5 版。

〔4〕 参见徐京跃等：《"天山-1 号"利剑反恐》，载《新华每日电讯》2006 年 8 月 27 日，第 4 版。

哈两国执法安全部门开展联合行动，共同处置，重点演练中哈两国执法安全部门在打击恐怖活动中联合行动和协同配合的方法，以及双方在各自境内快速反应和高效处置的手段。

2006年9月，中国和塔吉克斯坦在哈特隆州库利亚布市举行代号为"协作-2006"的联合反恐军事演习。[1]演习设定是：盘踞在中亚地区的国际恐怖分子潜入塔境内进行一系列恐怖活动，劫持了在中国援塔建设公路上施工的中塔公民，向穆米拉克地区流窜并伺机继续向塔边境逃窜。中塔两国政府决定启动联合反恐机制，解救人质、歼灭恐怖分子。此次演习参演兵力450人，包括中方1个加强特战连共150人和塔方1个特种连、1个摩步连、1个炮兵营及1个独立航空大队共300人。

二、上海合作组织情报交流共享机制

《打击恐怖主义、分裂主义和极端主义上海公约》第6条第1项规定："各方中央主管机关根据本公约进行下列合作并相互提供协助：（一）交流信息。"第7条进一步规定了何为各方中央主管机关共同关心的需要交换的情报。此外，《中华人民共和国和哈萨克斯坦共和国关于打击恐怖主义、分裂主义和极端主义的合作协定》《中华人民共和国和吉尔吉斯共和国关于打击恐怖主义、分裂主义和极端主义的合作协定》《中华人民共和国和塔吉克斯坦共和国关于打击恐怖主义、分裂主义和极端主义的合作协定》《中华人民共和国政府和巴基斯坦伊斯兰共和国政府关于打击恐怖主义、分裂主义和极端主义的合作协定》等双边条约中也有类似或者更为细化的关于情报交流共享的规定。

在上海合作组织安全合作的实践中，多次召开了情报交流会议，还积极组织情报交流培训班、反恐怖军官培训，上海合作组织在2009年成员国元首会议上还通过了《上海合作组织成员国反恐专业人员培训协定》。反恐怖专业人员的出境培训尽管不属于海外军事行动的范畴，但也涉及军人出境执行任务，也可能涉及本书讨论的主体内容即驻外部队的管辖和豁免问题。

---

〔1〕　参见谭洁、白瑞雪：《目击"协作-2006"中塔联合反恐军演》，载《中国国防报》2006年9月26日，第1版。

当然，由于情报交流共享机制更多是以非军事化的方式执行，例如前文所述的情报交流会议，并没有直接与海外军事行动或者跨境联合执法相联系，便也因此不涉及管辖与豁免问题，因此本书不作过多展开。

三、上海合作组织助力大型活动安保

在传统的安全合作形式之外，上海合作组织还创造性地进行了大型国际会议和大型活动的联合安保合作，先后建立了北京奥运会、上海世博会、深圳大运会、俄罗斯反法西斯战争胜利 65 周年庆祝活动、我国抗日战争胜利 70 周年大会、阿拉木图亚冬会等大型活动安保合作机制。2012 年 3 月，上海合作组织还通过了《上海合作组织成员国大型国际活动安保合作常设协调机制》，这意味着上海合作组织成员国大型国际活动安保合作进入机制化和常态化的轨道。

举例来说，在北京奥运会开幕前夕，上海合作组织地区反恐怖机构理事会在北京举行第十二次会议，专题研究北京奥运会安全保卫和反恐怖合作。上海合作组织地区反恐怖机构执委会主任和各成员国担任地区反恐怖机构理事会理事的部级官员及反恐执法官员均参加了会议。为此，在 2007 年 9 月，上海合作组织地区反恐怖机构理事会第十次会议专门通过了《关于上海合作组织成员国 2008 年北京奥林匹克运动会安全保卫共同措施的决议》，意在协助开展收集情报、防暴处突、出入境管理、人质解救、人员密集场所安保等合作。凡此种种，都助力了进一步建立和完善成员国大型国际活动安保合作机制。

四、上海合作组织合作打击跨国犯罪

根据 2010 年上海合作组织成员国签署的《上海合作组织成员国政府间合作打击犯罪协定》，上海合作组织明确在预防、制止、发现、侦破犯罪，包括有组织犯罪方面开展合作，具体的犯罪行为包括：侵犯个人生命、健康、自由、荣誉和尊严的犯罪；恐怖主义、分裂主义、极端主义活动；侵财犯罪；腐败犯罪；经济犯罪，包括洗钱和恐怖融资；制造和销售假币、文件、有价证券以及贷记卡、信用卡和其他支付凭证；侵犯知识产权犯罪；贩卖人口，特别是妇女和儿童；非法制造、贩运和销售武器、弹药、爆炸物、爆炸装置、毒害性和放射性物质以及核材料等危险物质；非法制造和贩运麻醉药品、精神药物及易制毒化学品；走私；交通工具上的犯罪；信息技术领域犯罪；非法移民犯罪；其他领域犯罪。

以禁毒合作为例，2008 年 11 月至 2010 年 8 月，在上海合作组织禁毒合作框架下，中国公安部协调指挥广东、新疆、北京等地公安禁毒部门与哈萨克斯坦国家安全委员会合作，4 次实施"跨国控制下交付"行动并取得成功，共抓获在我境内实施毒品犯罪活动的外籍嫌疑人 17 名，缴获海洛因 6.7 千克、可卡因 0.67 千克。中国与俄罗斯、吉尔吉斯斯坦、塔吉克斯坦等国之间也多次成功联合实施"跨国控制下交付"行动。同时，中国公安机关高度重视并积极打击涉"金新月"地区毒品犯罪，取得了显著战果。2009 年至 2011 年，中国破获"金新月"地区海洛因案件 711 起，抓获犯罪嫌疑人 775 名，缴获各类毒品 2907.7 千克。其中，仅 2009 年，公安机关就连续破获 4 起海上走私毒品案件，缴获 1 吨多阿富汗产海洛因。[1]仅 2013 年至 2017 年的五年间，在上海合作组织成员国领土内开展的特别禁毒行动共查获 69 吨海洛因，约占全世界查获毒品总量的 14%，执法机构之间也开展了有效协作，帮助缉获了 75 吨用于非法生产麻醉药物的前体。[2]截至 2018 年 6 月，依托上海合作组织禁毒框架，中国与俄罗斯、哈萨克斯坦、吉尔吉斯斯坦、塔吉克斯坦、巴基斯坦开展"跨国控制下交付" 16 次行动并取得成功。[3]

第二节　上海合作组织安全合作的法律性质

在探讨本作的主体内容即上海合作组织安全合作中的刑事管辖与豁免之前，厘清上海合作组织安全合作中各类合作形式的性质是很有必要的。本书认为上海合作组织安全合作的主体部分、讨论场域是海外军事行动与

---

〔1〕　参见《上海合作组织成员国禁毒部门领导人第三次会议举行》，载 http://www.gov.cn/gzdt/////2012-04/02/content_ 2105996，最后访问日期：2024 年 4 月 21 日。

〔2〕　See Rashid Alimov, "The Role of the Shanghai Cooperation Organization in Counteracting Threats to Peace and Security", *UN Chronicle*, Vol. 54, No. 3, 2017, pp. 34-37.

〔3〕　参见郭媛丹：《公安部禁毒局副局长魏晓军对〈环球时报〉表示：上合应成立禁毒常设机构》，载《环球时报》2018 年 6 月 8 日，第 7 版。

跨境联合执法。海外军事行动主要包含联合反恐军事演习和大型活动安保等，跨境联合执法主要涵盖联合侦察、联合调查取证、跨境追缉和追缴犯罪收益等。

一、上海合作组织军事合作：海外军事行动

首先需要作出说明的是，本书将使用"派遣国"和"东道国"来表述海外军事行动中的两方主要的主权国家。其次，如前所述，上海合作组织军事合作（Military Cooperation）的性质是海外军事行动。上海合作组织军事合作以 1996 年《关于在边境地区加强军事领域信任的协定》和 1997 年《关于在边境地区相互裁减军事力量的协定》的签署为开端，目前已开展了形式多样的军事安全合作，建立了较为完备的交流合作机制。而在文首需要厘清海外军事行动的概念范畴，以明晰上海合作组织军事合作的性质。

（一）狭义的海外军事行动

狭义的海外军事行动一般仅指部队出境执行特定的军事任务，海外军事部署具有临时性与任务导向性。"海外军事行动"这一表述多次为我国官方所提及。如中央军委联合参谋部作战局成立了海外行动处；中华人民共和国国防部官方网站辟专栏介绍我国包含联演、维和、反恐、救援、护航在内的军事行动；《中华人民共和国国防交通法》第 38 条中明确规定"国家有关部门应当对前款规定的机构和企业为海外军事行动提供协助所需的人员和运输工具、货物等的出境入境提供相关便利"；《解放军报》亦在多篇报道中提及这一表述，如《"维护世界和平的中国军队"主题采访活动侧记》《中国军队海外行动彰显大国军队的担当》《依法履行维护国家安全的使命任务》等；时任国防部新闻局局长、国防部新闻发言人杨宇军大校也曾在国防部例行记者会上谈及"中国军队多次开展海外军事行动"。

如果用孙德刚教授提出的"海外军事存在"（Overseas Military Presence）来解释，那么海外军事行动仅仅是部分的柔性军事存在。孙德刚教授认为"海外军事存在"的内涵从分类的角度包括"刚性军事存在"及"柔性军事存在"，前者专指海外军事基地，而后者包括临时部署的武装力量、海外维和部队、海外军火仓库以及访问部队，等等。

柔性军事存在不同于刚性军事存在的关键在于：第一，派遣国的部队在管辖权及豁免权上与海外军事基地不同，一般不具有制度化的管辖权条约、条款；第二，派遣国的驻外部队不谋求制度化的驻外部队安排；第三，驻外部队主要履行的是民事功能，虽然以军事化手段为依托和保障，但履行的职责一般是撤侨、护航及后勤补给等；第四，海外军事部署具有临时性与任务导向性，例如两伊战争期间，英国派出的用以保护过往邮轮免受两伊军事力量侵袭的护航编队；等等。

柔性军事存在的灵活性无疑是更强的。例如美国在 2011 年底后关闭在伊拉克的海外军事基地，转而聘用私人保安公司、保留军事训练人员、利用驻伊使领馆安插安全和情报人员、为伊拉克防空力量派驻特种兵等。[1] 再比如美国在以色列的盖夫沙漠中凯伦山的导弹预警雷达站[2]，俄罗斯部署在阿塞拜疆加巴拉的"达里亚尔"雷达站[3]，俄罗斯在德涅斯特河沿岸摩尔多瓦共和国的德涅斯特河沿岸基地[4]，美国在泰国租用的用以应对灾难性飓风、海啸和其他自然灾害的乌塔堡军用机场[5]，再比如我国 2017 年开始的援尼泊尔、老挝地震台网项目及中国-东盟地震海啸监测系统建设，预计将新增的 45 个境外地震台站等[6]。

柔性海外军事存在的另一个代表性外延是主权国家参与联合国维持和平行动（United Nations Peacekeeping）。联合国维和行动帮助各国从冲突走向和平。其拥有独特的优势，包括合法性、责任分担以及从世界各地部署军队和警察的能力，将他们与文职维和人员结合起来，以完成联合国安理

---

〔1〕 参见孙德刚：《论新时期中国在中东的柔性军事存在》，载《世界经济与政治》2014 年第 8 期。

〔2〕 See William M. Arkin, *Code Names*: *Deciphering US Military Plans*, *Programs*, *and Operations in the 9/11 World*, Steerforth Press, 2005, p. 139.

〔3〕 该雷达站的服务及工作人员近 2000 人，可监查伊拉克的局势以及伊朗、巴基斯坦和印度的核计划的进展情况。

〔4〕 该基地是欧洲大陆最为庞大的军火库。

〔5〕 参见孙广勇等：《美国在亚太加快军事基地扩充步伐（国际视点）》，载《人民日报》2012 年 6 月 27 日，第 21 版。孙德刚教授由于采用"海外军事存在"的学术概念，以至于在面对民用海外基地时，无法将其并入"刚性海外军事存在"也即海外军事基地之中，只能归纳为"柔性海外军事存在"，但这有相当程度的不自洽之感，笔者将在后文再具体展开。

〔6〕 参见《地震局举办防震减灾与"一带一路"新闻发布会》，载 https://www.cea.gov.cn/eportal/ui? pageId=364910&themeId=a3cd29cba2b547d7b4f6e1b8851ba409，最后访问日期：2024 年 4 月 21 日。

会和大会确定的一系列任务。联合国维和行动是一个独特的全球伙伴关系。它将大会、安全理事会、秘书处、部队和警察派遣国以及所在国政府召集到一起，联合各方力量维持国际和平与安全。其力量源于《联合国宪章》的合法性以及参与和提供宝贵资源的广泛的贡献国。中国军队自 1990 年参与联合国维和行动以来，先后参与了 24 项联合国维和行动，累计派出维和军事人员 3.7 万余人次。截至 2020 年 1 月 31 日，中国仍有警察 23 名、联合国特派团军事专家 27 名、军人 2437 名、文职人员 57 名，总计 2544 人正在执行联合国维和任务。[1]由于上海合作组织军事合作中不涉及主权国家参与联合国维持和平行动，因而不作展开。

同时需要指出的是，一般而言海外军事行动的探讨范畴不适用于武装冲突状态，上海合作组织军事合作一般也不涉及武装冲突状态。就海外军事行动中最为重要的条约即部队地位协定（Status of Forces Agreement，SO-FA）而言，其是指没有交战的国家之间的协议。在某些情况下，就部队地位协定达成一致，标志着从占领到建设和平行动的过渡。由于部队地位协定处理和平时期的情况，它们通常不处理适用于武装冲突的国际人道主义法问题。部队地位协定的存在并不影响或削弱国际法规定的当事方固有的自卫权。如果双方发生武装冲突，部队地位协定的条款可能会发生变化。部队地位协定可以在其终止条款中明确说明这一点。然而，即使没有这些规定，在发生武装冲突的情况下，部队地位协定也可以终止。当然，即使在发生武装冲突的情况下，部队地位协定的一些规定也可以继续适用，例如任何未决的索赔和争端解决程序。因此，在一方或所有各方卷入武装冲突的情况下，有必要进行个案评估，以确定各方的持续义务。

当然，由于上海合作组织军事合作一般较少涉及技术停靠站和停泊处、武官机构、军事补给站、维修基地、海外军火仓库、联合情报站、侦察设施、航空航天跟踪设施、地震监测站等柔性军事存在的部署，但临时部署的武装力量、联合军事演习场地部署、军事巡逻、派驻军事训练人员及顾问等形式是经常被使用的。因此可以认为，上海合作组织军事合作中

---

〔1〕 See Contributors to UN Peacekeeping Operations by Country and Post: Police, UN Military Experts on Mission, Staff Officers and Troops, available at https://peacekeeping.un.org/sites/default/files/1_summary_ of_ contributions_ 20. pdf（last visit on 21 Apr. 2024）.

狭义的海外军事行动一般指的是部分柔性海外军事存在。

（二）广义的海外军事行动

"海外军事行动"广义的含义不仅包括柔性海外军事存在，还包括"海外基地"，也即目前世界海外军事行动强国最常见的驻军方式、驻军载体。就上海合作组织成员国的范围而言，2001 年至 2013 年间，美国就曾在上海合作组织成员国吉尔吉斯斯坦租用马纳斯国际机场作为空军基地，2003 年俄罗斯也在吉尔吉斯斯坦建立了坎特空军基地。2001 年阿富汗战争开始后，美国取得了上海合作组织成员国乌兹别克斯坦哈纳巴德空军基地的部分使用权，2003 年俄罗斯也正式进驻了乌兹别克斯坦坎特军事基地，距离哈纳巴德空军基地仅 30 公里。2004 年 10 月 17 日俄陆军在上海合作组织成员国塔吉克斯坦建立海外最大军事基地，意在遏制恐怖分子向独联体国家渗透。在塔吉克斯坦，美国租用了可停放 70 架战机的库尔干军用机场，以及可停放 60 架战机的库良博军用机场。

1. 海外基地的理论阐释

20 世纪 50 年代初，苏联学者认为，军事基地是"分布在特别设置的地区以保证军事行动之用的各种后方机关的总和，包括陆军、空军、海军和混合基地四类"。[1]美国国防部《军事及相关术语词典》（Dictionary of Military and Associated Terms）所下的定义是："（军事）基地是投射军事力量与支持军事行动的场所"。《中国大百科全书》（军事）中海外军事基地是指"一国在海外公地、领地、属地、海外省、海外托管地以及在他国土地上驻扎一定数量的武装力量、进行特定军事活动、建有相应组织机构和设施的地区"。[2]其包含以下基本要素：第一，其派驻主体是主权国家或地区政治、军事组织（如北约），此处需要排除的主体是联合国，也即联合国的维和基地并不囊括其中；第二，海外军事基地涉及派遣国、东道国和潜在敌人的三方关系；第三，军事基地的派遣国一般享有优先或专属管辖权，这与民事区有显著区别（原文使用的表达为"治外法权"，不尽妥

---

〔1〕［苏］托尔钦诺夫：《美国在国外的军事基地是对全世界人民和平和安全的威胁》，姚嘉政译，新知识出版社 1956 年版，第 1 页。

〔2〕中国大百科全书出版社编辑部、中国大百科全书总编辑委员会《军事》编辑委员会编：《中国大百科全书·军事》，中国大百科全书出版社 1989 年版，第 562 页。

当）；第四，海外军事基地处于主权管辖主体范围之外；第五，海外军事基地主要承担军事训练和作战任务而非民事任务。[1]

以现有国际公约的规定为限，可见"海外"的范畴尽管及于海外公地、领地、属地、海外省、海外托管地以及他国领土，但仍有诸多限制。例如，根据1959年的《南极条约》，南极不允许设立军事基地和设防工事。[2]再如1966年《关于各国探索和利用包括月球和其他天体在内外层空间活动的原则条约》（以下简称《外空条约》）规定了天体上不能设立军事基地、设施和工事，也不能进行军事演习。[3]再包括1979年《关于各国在月球和其他天体上活动的协定》也有类似的规定。[4]至少目前国际法上南极和月球等天体虽属"海外公地"，但不允许建立军事基地、军事装置及防御工事。当然，上述公约都留有出口，即如果是出于科研或其他和平目的，则不禁止在此种目的下军事人员、设备的派驻。

目前海外基地主要依托他国领土，通过租借或国际地役的方式取得。广西师范大学法学院国际法学教授李伯军认为租借地是指一国通过条约将其某块领土在一定期限内出租给他国，从而使他国获得某块领土的使用权和管理权。[5]而国际地役，在华东政法大学王虎华教授的国际公法教材中被分为积极和消极两种：积极地役是国家依条约允许他国在其领土内从事某项行为而设立的地役；消极地役是国家依条约为他国利益不在其领土内从事特定行为而设立的地役。[6]马尔科姆·肖教授（Malcolm N. Shaw）则指出"国际租赁"是指国家之间通过协议允许外国实体获得"通常无需控

---

〔1〕 See David. S. Sorenson, *Shutting Down the Cold War: The Politics of Military Base Closure*, Palgrave Macmillan, 1998, p. 8.

〔2〕 参见《南极条约》第1条第1款及第2款："1. 南极洲应仅用于和平目的。在南极洲，应特别禁止任何军事性措施，如建立军事基地和设防工事，举行军事演习，以及试验任何类型的武器。2. 本条约不阻止为科学研究或任何其他和平目的而使用军事人员或设备。"

〔3〕 参见《外空条约》第4条第2款："……禁止在天体建立军事基地、设施和工事；禁止在天体试验任何类型的武器以及进行军事演习。不禁止使用军事人员进行科学研究或把军事人员用于任何其他的和平目的。不禁止使用为和平探索月球和其他天体所必须的任何器材设备。"

〔4〕 参见《关于各国在月球和其他天体上活动的协定》第3条第4款："禁止在月球上建立军事基地、军事装置及防御工事，试验任何类型的武器及举行军事演习。但不禁止为科学研究或为任何其他和平目的而使用军事人员。也不禁止使用为和平探索和利用月球所必要的任何装备或设备。"

〔5〕 参见李伯军：《论海外军事基地的国际法律地位问题》，载《湖南科技大学学报（社会科学版）》2016年第4期。

〔6〕 参见王虎华主编：《国际公法学》，北京大学出版社2015年版，第176页。

制地域的控制权即可控制通常的战略要点",而国际地役是"一国领土为
了另一国领土的利益受到特别限制的情况"。[1]

　　基辅国立塔拉斯-舍甫琴科大学的毕洛茨基（S. Bilotskyi）在《国外军
事行动的国际法律问题》一文中以部署在乌克兰的俄罗斯联邦黑海舰队为
例，提出外国领土上的军事基地是国际领土租赁的一种，但同时受到国际
地役的限制。国际法中"地役"一词第一次使用就是专门针对军事目的。
反过来，现代国际法中的领土国际租赁是一国根据合同向另一国提供其一
部分领土或位于该领土上的物体或设施，在一定时期内出于某些目的而提
供的。并且在某些条件下，出租国对租赁领土拥有主权，受租赁协议详细规
定的方法限制，其对承租国享有某些权利。[2]阿德里安·巴汉姆（Adrian
A. Barham）在《和平时期建立和实施海外军事基地的一些国际法考虑》
中总结认为，从历史上看，域外军事基地是由于对附属物或殖民地的占
领，或者是永久保留东道国领土的租约或赠款而产生的。如今，随着非殖
民化进程的完成，依托向派遣国主权转移的军事基地实例很少。租赁协议
虽然在19世纪很普遍，但已不再是在第三国获得军事基地的首选手段。较
旧的租约通常与领土的完全割让没有区别。如今，存在的此类租约在保留
该地区主权的同时授予了该地区专有的使用权。现代方式更类似于合同许
可——派遣国被授予使用设施并在此基础上规范自己的人员的权利。[3]

　　实践层面，历史上通过租借地的方式获取军事基地的例子是非常广泛
的，比如美国与尼加拉瓜在1914年签署的《布赖恩-查莫罗条约》（Bryan-
Chamorro Treaty），尼加拉瓜将科恩群岛租借给美国，并许可美国在丰塞卡
湾建立军事基地。英国也曾于1940年将百慕大群岛中的摩根、特克尔、圣
大卫三岛租予美国，用于建设军事基地，租期99年。再比如最为闻名遐
迩、位于古巴东南端的关塔那摩湾海军基地（U. S. Naval Station Guantanamo
Bay），早在1898年美西战争结束后就得以建立。随着之后1901年美国制定

---

〔1〕　See Malcolm N. Shaw, *International Law*, 4th ed., Cambridge University Press, 1997, pp.
366-367.

〔2〕　See S. Bilotskyi, "International Legal Problems of Foreign Military Presence", *Law of Ukraine:
Legal Journal*, Vol. 2, 2013, pp. 42-50.

〔3〕　See Adrian A. Barham, "Establishment and Conduct of Extra-Territorial Military Bases in
Peacetime Some International Law Considerations", *Bracton Law Journal*, Vol. 31, 1999, pp. 7-23.

的《普拉特修正案》获得通过并写入古巴宪法，美国在 1903 年又与之缔结了《古巴-美国关系条约》（Treaty Between the U. S. and Cuba）及两份《租赁条约》（Agreement Between the United States and Cuba for the Lease of Lands for Coaling and Naval Stations），获得了关塔那摩湾的永久租赁权。

1903 年 2 月，古巴总统和西奥多·罗斯福总统签署了第一份租赁条约。其中包括涵盖关塔那摩基地的租约，其边界在《租赁条约》第 1 条中进行了说明。第 3 条指出："一方面，美国承认古巴共和国对上述土地和水域的最终主权继续存在。另一方面，根据本协议的条款，古巴共和国同意在美国占领上述地区期间，美国应对上述地区及其内部行使完全的管辖权和控制权……"[1]该协议没有终止日期，也没有终止条款。另外，在 1903 年 5 月的《古巴-美国关系条约》第 7 条中规定："为了使美国能够维护古巴的独立并保护其人民以及维护自己的国防，古巴政府将在某个与美国总统达致共识的具体时间点出售或出租土地给美国，用于加油站或海军基地。"[2]该条可以说是进一步确认了美国的此种租赁权。依据上述两个条约，两国于 1903 年 7 月 2 日签署了第二份《租赁条约》，具体明确了租赁的租金及相关权利义务。

1934 年 5 月美国与古巴签署了新的《古巴-美国关系条约》，并于当年 6 月 9 日生效。1934 年条约明确废除了 1903 年 5 月 22 日签署的《古巴-美国关系条约》，但是关于关塔那摩的第 3 条仍然规定："在双方缔约国同意修改或废除古巴共和国总统于 1903 年 2 月 16 日签署、并由美利坚合众国总统在同年同月的第 23 日签署的关于古巴租赁加油站和海军基地给美利坚合众国的租赁条约之前，该条约关于关塔那摩海军基地的规定将继续有

---

〔1〕 Article 3 of the Agreement Between the United States and Cuba for the Lease of Lands for Coaling and Naval Stations："While on the one hand the United States recognizes the continuance of the ultimate sovereignty of the Republic of Cuba over the above described areas of land and water, on the other hand the Republic of Cuba consents that during the period of the occupation by the United States of said areas under the terms of this agreement the United States shall exercise complete jurisdiction and control over and within said areas…"

〔2〕 Article 7 of the 1903 Cuban-American Treaty of Relations："That to enable the United States to maintain the independence of Cuba, and to protect the people thereof, as well as for its own defense, the Government of Cuba will sell or lease to the United States lands necessary for coaling or naval stations, at certain specified points, to be agreed upon with the President of the United States."

效。两国政府于 1903 年 7 月 2 日签署的关于海军和加油站的补充协议，对关塔那摩的海军站也应以相同的形式和相同的条件继续有效。只要美利坚合众国不放弃该关塔那摩海军基地，或两国政府不同意修改其现有的本签署条约所载限制，则该基地应继续拥有其现在拥有的领土。"〔1〕在两份《租赁条约》和《古巴-美国关系条约》条约中，都使用了"租赁"（Lease）的表述，派遣国也相应需要支付租金。

但是在少数特殊情况下的国家实践中，我们也能够发现东道国部分领土主权完全属于派遣国，例如英国在塞浦路斯的军事基地具有国家主权性质，英国在塞浦路斯的亚克罗提利皇家空军基地和德凯利亚的陆军航空队基地及其上空享有完全的控制权。〔2〕英国现将其称之为"亚克罗提利与德凯利亚英属基地区"（Sovereign Base Areas of Akrotiri and Dhekelia）。前奥斯曼帝国于 1878 年将塞浦路斯租给英国，1960 年 8 月 16 日，经过艰苦的斗争，英国同意让塞浦路斯有条件独立。然而，独立的代价是英国政府坚持永久保留两个主权基地地区的主权，即德凯利亚和亚克罗提利这两个英国以外最大的皇家空军基地。1960 年大不列颠及北爱尔兰联合王国、希腊、土耳其和塞浦路斯之间订立的《关于建立塞浦路斯共和国条约》（尼科西亚条约）为建立塞浦路斯共和国提供了基础。该条约的第 1 条规定："塞浦路斯共和国的领土应包括塞浦路斯岛及其沿岸的岛屿，但本条约附件 A 所界定的两个地区（即亚克罗提利与德凯利亚英属基地区）除外，这

---

〔1〕 Article 3 of the 1934 Cuban-American Treaty of Relations："Until the two contracting parties a-gree to the modification or abrogation of the stipulations of the agreement in regard to the lease to the United States of America of lands in Cuba for coaling and naval stations signed by the President of the Republic of Cuba on February 16, 1903, and by the President of the United States of America on the 23d day of the same month and year, the stipulations of that agreement with regard to the naval station of Guantanamo shall continue in effect. The supplementary agreement in regard to naval and coaling stations signed between the two Governments on July 2, 1903, also shall continue in effect in the same form and on the same conditions with respect to the naval station at Guantanamo. So long as the United States of America shall not abandon the said naval station of Guantanamo or the two Governments shall not agree to a modification of its present lim-its, the station shall continue to have the territorial area that it now has, with the limits that it has on the date of the signature of the present Treaty."

〔2〕 See Robert Holland, *Britain and the Revolt in Cyprus*, *1954-1959*, Clarendon Press, 1998, p. 332.

些地区主权仍然属于联合王国。"[1]同时，该条约中的第 2 条第 2 款明确了塞浦路斯共和国应与联合王国充分合作，以确保位于亚克罗提利与德凯利亚英属基地区军事基地的安全和有效运作，并确保联合王国充分享有被条约授予的权利。[2]

两大基地的地理战略位置极为优渥，系位于地中海东部边缘，邻近苏伊士运河和中东地区，横靠直布罗陀，迭戈加西亚和南大西洋群岛。先前有许多其他行动是从皇家空军的亚克罗提利空军基地发起的，其中包括 1990 年伊拉克的格兰比行动（Operation Granby），[3]2003 年伊拉克的特里克行动（Operation Telic），2011 年利比亚的埃拉米行动（Operation Ellamy）和 2013 年在叙利亚化学武器危机期间塞浦路斯的"夜光行动"（Operation Luminous）。基地占塞浦路斯岛陆地面积的 3%，共 99 平方英里，大约相当于 1/4 的香港。[4]亚克罗提利皇家空军基地（RAF Akrotiri）也成为英国在地中海地区唯一一个有长期派驻单位的空军基地，基地区的最高负责人是行政长官，由英国君主任命，直接向英国国防部负责。

因此广义的海外军事行动，"海外"意指海外公地、领地、属地、海外省、海外托管地以及在他国领土，"军事行动"则更多指的是武装力量的驻扎，并要求制度性、长期性，其驻军形式主要为海外基地，往往需要签订部队地位协定等双边或多边条约来明确派遣国和东道国间的权利义务关系。

2. 中国语境下的海外基地

海外军事基地与海外保障基地在我国的语境下有所区别。国外学者在

---

[1] See Article 1 of Treaty Concerning Establishment of the Republic of Cyprus: "The territory of the Republic of Cyprus shall comprise the Island of Cyprus, together with the islands lying off its coast, with the exception of the two areas defined in Annex A to this Treaty, which areas shall remain under the sovereignty of the United Kingdom. These areas are in this Treaty and its Annexes referred to as the Akrotiri Sovereign Base Area and the Dhekelia Sovereign Base Area."

[2] See Article 2. 2 of Treaty Concerning Establishment of the Republic of Cyprus: "The Republic of Cyprus shall co-operate fully with the United Kingdom to ensure the security and effective operation of the military bases situated in the Akrotiri Sovereign Base Area and the Dhekelia Sovereign Base Area, and the full enjoyment by the United Kingdom of the rights conferred by this Treaty."

[3] "Operation Granby"系海湾战争期间英国军事介入的代号。

[4] See Richard Clogg, "The Sovereign Base Areas: Colonialism Redivivus?", *Byzantine and Modern Greek Studies*, Vol. 39, No. 1, 2015, pp. 138-150.

进行相关议题研究时都会使用"海外军事基地"这一术语，我国情况则不尽相同，在使用"海外军事基地"时特指以美国为代表的军事强国所部署的特定海外刚性军事存在，而在讨论我国的具体实践情况时，则运用的是"海外保障基地"或直接称"海外基地"。

海外保障基地和海外军事基地间的关系，其差异便体现在功能或者说目标上。2017 年 7 月 11 日，中国人民解放军驻吉布提保障基地成立暨部队出征仪式正式举行，引起了国际社会的瞩目，这一基地的设置能为我国军事合作、护航、撤侨、救援等海外军事任务的有效开展提供支持。[1]2017 年 9 月 28 日的国防部新闻发布会上，新闻发言人吴谦大校也提及："驻吉布提保障基地主要用于中国军队执行亚丁湾和索马里海域护航、人道主义救援等任务的休整补给保障"。[2]因此，中华人民共和国国防部对该保障基地的功能定位是清晰的，并非用于遂行派遣国也即中国的军事打击任务，而是撤侨护侨、应急救援等军事活动。当然，此处的核心问题在于"军事基地"的"军事"含义范围需要被延展到何种程度？如果基地动用军事力量，基地的性质便属于"军事基地"，那无疑海外保障基地和海外军事基地间并无差别，撤侨护侨、应急救援等活动目前都需动用军事武装人员。但如果以是否执行"非战争军事行动"（Military Operations Other Than War）任务，则保障基地显然与军事基地差异很大，因为武装撤侨等军事活动属于中低强度、非战争性质的军事行动。部分外媒指摘我国的海外基地系军事基地，其本质就是对海外军事行动论域中"军事"概念的外延内涵所进行的不当扩张解释。

战争状态下的战争性质军事行动自不必说，显然系属海外军事基地的范畴，其法律问题由战争法来调整。而"非战争军事行动"在美国的军事学说中，被用以遏制战争，解决冲突，促进和平以及支持民政当局应对国内危机。[3]其类型包含：军备控制、打击恐怖主义、国防部对禁毒行动的

---

〔1〕 参见《中国人民解放军驻吉布提保障基地成立》，载 http://www. mod. gov. cn/shouye/2017-07/11/content_ 4785240_ 2. htm，最后访问日期：2021 年 6 月 30 日。

〔2〕 鲁赫等：《国防部：吉布提保障基地修建情况将适时发布》，载 http://www. mod. gov. cn/v/2017-09/28/content_ 4793394. htm，最后访问日期：2021 年 6 月 30 日。

〔3〕 See Keith E. Bonn, Anthony E. Baker, *Guide to Military Operations Other Than War: Tactics, Techniques, and Procedures for Stability and Support Operations Domestic and International*, Stackpole Books, 2000, p. 2.

支持、执行制裁和/或海上安全行动、海上拦截、检查、登船、搜查和扣押（Visit，Board，Search and Seizure）、实施禁区、确保航行和飞越自由、军事支持民政当局、国家对平叛的援助和/或支持、非战斗人员撤离行动、维和行动、运输保护、袭击与突袭（Strikes and Raids）等。[1]"非战争军事行动"虽然在当今世界被广泛运用，但其所适用的交战规则目前并无国际层面统摄性的共识，在何种情况下可以使用较低强度的武力仍由各国自己制定的交战规则或者指挥官来自由裁量，[2]但一般而言行使自卫权是各国公认允许使用武力的情形。[3]另外，联合国驻刚果（金）维持和平行动特派团的《交战规则》《联合国维和行动交战规则发展指南》《联合国维持和平行动战术训练手册》[4]和2008年新修改的《联合国维和行动原则和准则》等联合国维和部队框架下的交战规则也可以提供有价值的参考。

综合来说，笔者在此援引"非战争军事行动"的概念，意在指出：其一，海外保障基地和海外军事基地间本质性的差别体现于是否执行战争性质的军事行动，如果某海外基地为战争提供帮助、援助、后勤保障，则必然属于海外军事基地；其二，依托海外基地执行"非战争军事行动"的情况下，对于功能旨在执行正常情况下无使用武力需要的军事行动如人道主义援助、运输保护、救灾、联演联训等的海外基地，为海外保障基地；其三，对于功能旨在执行需要使用武力的军事行动如打击恐怖主义、国家对平叛的援助和/或支持、袭击与突袭等的海外基地，需判断执行此种军事行动是否属于其设立的主要目标，是则属于海外军事基地，否则归属于海外保障基地。综上可见，我国的中国人民解放军驻吉布提保障基地很显然并非海外军事基地，而属海外保障基地。

值得关注的是，我国早期在吉布提部署了"海外保障设施"，其隶属于柔性海外军事存在。我国吉布提海外保障基地在2017年成立，在此之前

---

〔1〕 参见朱之江：《论非战争军事行动》，载《南京政治学院学报》2003年第5期。

〔2〕 参见谢丹、胡文巧：《交战规则相关问题研究》，载《法学杂志》2012年第7期。

〔3〕 参见《英国国家交战规则手册》《美国海上军事行动法指挥官手册》《圣雷莫交战规则手册》等。

〔4〕 参见曹成程：《全球视域下交战规则的起源与发展》，载《西安政治学院学报》2013年第6期。

都称为"海外保障设施",但大量外媒却并不认同,认为这就是"海外军事基地"。如《华尔街日报》称,"这处中国在海外的第一处军事前沿基地将于明年竣工,预计会有武器仓库以及船舶和直升机维护设施,可能还会部署一小批中国特种部队……"。但我国国防部及军媒并不承认这一论调,国防部网站上发布的军媒视点栏目中曾有提及:中国在吉布提建设了首个海外后勤保障设施,之所以称为"设施"而并非"军事基地",是因为其在规模和功能上都并未按照军事基地的标准。[1]以及"中方将建设可以接纳1万人的军事后勤补给港口,以保护在该地区巨大的经济和商业利益,保证运输、工业、能源的安全。根据相关的技术指标,该后勤保障设施的目标、功能和规模均距离军事基地有较大差距,根本不具有停泊军舰的能力"。[2]

海外保障设施与海外军事基地分属柔性海外军事存在与刚性海外军事存在,也即其根本差异体现在规模和功能上。2015年末,中国和吉布提就在吉建设保障设施一事进行协商,2016年初建设工程正式启动。根据国防部的新闻发布会信息,其建设目的是加强在人员培训、海军护航补给、参与联合国维和行动保障等方面的合作,并主要用于中国军队执行亚丁湾和索马里海域反海盗护航、人道主义救援等任务的休整补给保障。[3]海外保障设施与海外军事基地间最大的区别毫无疑问仍然是在规模上,国防部曾提及此种区分有相关的技术指标,但并未详细公开。仅仅抽象而言,也能体会此种区别所在,例如武官机构、军事补给站、联合情报站、侦察设施、海外军火库等,既无大型军事设施,甚至可能也无相当数量的军事人员驻扎,其规模显然无法用"基地"来定义,而只能定义为"设施"。《南极条约》《外空条约》《关于各国在月球和其他天体上活动的协定》等涉及军事基地与设施的国际公约的规定也能提供佐证。比如《外空条约》第4条中提及:"各缔约国必须把月球和其他天体绝对用于和平目的。禁

---

〔1〕 参见《中国在吉布提保障设施建设,这些值得了解》,载 http://www.mod.gov.cn/jmsd/2016-12/04/content_ 4765618_ 2.htm,最后访问日期:2019年6月30日。

〔2〕 参见王登科、苏成民:《吉布提被冠为"军事基地",外媒在唱哪出戏》,载 http://www.mod.gov.cn/jmsd/2016-10/25/content_ 4752414_ 2.htm,最后访问日期:2019年6月30日。

〔3〕 参见《国防部:吉布提保障设施建设进展顺利》,载 http://www.mod.gov.cn/1dzx/2016-11/30/content_ 4765158.htm,最后访问日期:2021年6月30日。

止在天体建立军事基地、设施和工事。"此处的规定是非常明晰的,"基地"、"设施"和"工事"截然不同。我国吉布提海外保障基地的规模只有40公顷,大部分的空间都用于布置被服仓库、维修设施、直升机停机坪、医院和供军舰靠泊的码头,外加少量基地警备部队的营房。从规模就可以看出,这样的基地只能够容下规模有限的武器弹药库,显然无法满足大规模驻军的需求。[1]

综合上文,"海外军事行动"的概念应当包括临时部署的武装力量、联合军事演习场地部署、军事巡逻、派驻军事训练人员及顾问等柔性海外军事存在,以及海外基地等刚性海外军事存在。

(三)中国的海外军事行动

随着国家利益的不断拓展,国际和地区局势动荡、恐怖主义、海盗活动、重大自然灾害和疾病疫情等都可能对国家安全构成威胁,海外能源资源、战略通道安全以及海外机构、人员和资产安全等海外利益安全问题凸显。中国军队需要在维护海外利益安全、参加地区和国际安全合作及维护地区和世界和平等方面贡献力量。正因如此,我国军队近些年来越来越多地执行维和、护航、救灾等海外军事任务。虽然此种柔性海外军事存在目前尚未形成规模化、制度化的军人派驻,但可以预见,我国军队未来将更多地参与到海外军事行动中,并可能形成制度化、常态化的海外军事行动。正如2015年《中国的军事战略》国防白皮书中所提及的,"随着国力不断增强,中国军队将加大参与国际维和、国际人道主义救援等行动的力度,在力所能及范围内承担更多国际责任和义务,提供更多公共安全产品,为维护世界和平、促进共同发展作出更大贡献。"[2]

1. 中国的海外保障基地

2017年,中国在非洲吉布提,曼德海峡附近建立了中国人民解放军驻吉布提保障基地,其战略目的是面向亚丁湾航道。而吉布提作为中国有史以来第一个海外保障基地,用于中国人民解放军执行亚丁湾和索马里海域

---

〔1〕 参见王登科、苏成民:《吉布提被冠为"军事基地",外媒在唱哪出戏》,载 http://www. mod. gov. cn/jmsd/2016-10/25/content_ 4752414_ 2. htm,最后访问日期:2021年6月30日。

〔2〕 中华人民共和国国务院新闻办公室:《中国的军事战略》,载《人民日报》2015年5月27日,第10版。

护航、人道主义救援等任务的休整补给保障。中国人民解放军在吉布提建设保障基地，并派驻必要的军事人员，是中吉两国政府经过友好协商作出的决定，符合两国人民共同利益。正如前文第一章中所述，我国驻吉布提基地虽然有派驻必要的军事力量，但并不执行战争性质的军事行动，其功能旨在执行正常情况下无使用武力需要的军事行动如人道主义援助、运输保护、救灾、联演联训等，仍应系属海外保障基地，并非海外军事基地。

中国人民解放军驻吉布提保障基地位于吉布提共和国首都吉布提市，主要为我国在非洲和西亚方向参与护航、维和、人道主义救援等任务提供有效保障，也有利于我国更好执行军事合作、联演联训、撤侨护侨、应急救援等海外任务，与有关方面共同维护国际战略通道安全。[1]中国人民解放军驻吉布提保障基地成立三年多来，积极开展全员练兵比武活动，并先后与法国、意大利、西班牙等多国驻吉军队开展联演联训联赛，为吉方组织 7 期近 400 人次军事技能训练，发挥了中外军事交流合作"前哨"作用。[2]

中国人民解放军驻吉布提保障基地还在当地开展人道主义救援，例如2019 年 8 月 14 日，我国驻吉布提保障基地参与当地灭火救援。再例如自2019 年 11 月 21 日开始，吉布提市区因遭遇连续强降雨而发生严重内涝，大量房屋被淹、居民被困，我国驻吉布提保障基地应吉方要求，紧急派遣救援分队奔赴灾区，开展人道主义救援。[3]再到 2019 年年底，我国驻吉布提保障基地与吉卫生部合作开展的"光明行动"专项医疗服务，累计成功为百余名吉布提白内障患者带去光明。[4]再如向当地学校捐赠物资，我国驻吉布提保障基地目前已向吉方的学校捐赠了 600 余件教学器材，并还将与吉方建立常态化教育援助机制，定期定点向当地学校提供物资援助，助

---

〔1〕 参见《中国人民解放军驻吉布提保障基地成立》，载 http://www.mod.gov. cn/shouye/2017-07/11/content_4785240_2.htm，最后访问日期：2021 年 6 月 30 日。

〔2〕 参见《领航强军，铁流浩荡——习近平主席领导推进新时代军事训练纪实》，载 http://www.mod.gov.cn/topnews/2020-11/24/content_ 4874515.htm，最后访问日期：2021 年 6 月 30 日。

〔3〕 参见《吉布提市区发生严重内涝 我驻吉保障基地开展人道主义救援》，载《解放军报》2019 年 11 月 30 日，第 4 版。

〔4〕 参见《我驻吉保障基地启动"光明行动"专项医疗服务活动》，载《解放军报》2019年 12 月 6 日，第 4 版。

力改善当地办学条件。[1]以上充分彰显了中国军人铁肩担道义的国际人道主义精神，驻吉布提保障基地必将不忘初心、牢记使命，坚决完成各项任务，为维护国家主权、安全、发展利益作出新的更大贡献。

2. 中国的联演、维和、反恐、救援、护航行动

除却晚近在吉布提设立的海外保障基地，我国在海外亦有柔性军事存在的部署。总括而言，我国的柔性海外军事存在主要是参与联演、维和、反恐、救援、护航等海外军事行动的军事人员。这些以柔性海外军事存在为主要形式的海外军事行动有效维护了国家海外利益，也为地区稳定和世界和平贡献了力量。

其一是参与中外联合演习行动。例如近年来我国参与中外联演联训，包括巴基斯坦卡拉奇附近海域的"和平－21"多国海军联合演习、"海洋卫士－2020"中巴海上联合演习、中德"联合救援－2019"卫勤实兵联合演习、"科摩多－2018"多国联合演习、"和平友谊－2015"中马实兵联合演习、2002年中吉反恐演习等。

其二是参与海外的维和行动。联合国维和行动帮助各国从冲突走向和平。其拥有独特的优势，包括合法性、责任分担以及从世界各地部署军队和警察的能力，将他们与文职维和人员结合起来，以完成联合国安理会和大会确定的一系列任务。联合国维和行动是一个独特的全球伙伴关系。它将大会、安全理事会、秘书处、部队和警察派遣国以及所在国政府召集到一起，联合各方力量维持国际和平与安全。其力量源于《联合国宪章》的合法性以及广泛参与和提供宝贵资源的贡献国。

更具体来说，中国军队派出维和官兵的数量和类型全面发展，不仅有初期的军事观察员，现如今亦有步兵营、直升机分队、工兵分队、警卫分队、医疗分队、运输分队等成建制部队，还覆盖了大量维和军事专业人员，例如参谋军官、军事观察员、合同制军官等。中国参与的维和行动涵盖柬埔寨、刚果（金）、利比里亚、苏丹、黎巴嫩、塞浦路斯、南苏丹、马里、中非等20多个国家和地区，在监督停火、稳定局势、保护平民、安全护卫、支援保障及播撒希望等多个方面为推进和平解决争端、维护地区

----

[1] 参见《我驻吉布提保障基地向当地学校捐赠物资》，载《解放军报》2019年1月26日，第4版。

安全稳定、促进驻在国经济社会发展作出了重要贡献。如前所述，中国参与联合国维和行动的 30 多年来，已经累计向 25 个维和特派团及联合国总部派出维和军事专业人员 2064 人次，并且其中有 13 名军事专业人员担任重要职务如特派团司令、副司令，战区司令、副司令等。2020 年 8 月的数据显示，有 84 名维和军事专业人员正活跃在维和特派团和联合国总部，主要担负巡逻观察、监督停火、联络谈判、行动指挥、组织计划等任务。再例如，2015 年以来，中国军队先后向联合国南苏丹特派团（联南苏团）派遣 6 批维和步兵营。截至 2020 年 8 月，维和步兵营累计完成长途巡逻 51 次、短途巡逻 93 次，武装护卫任务 314 次，武器禁区巡逻 3 万余小时，为稳定当地局势发挥了重要作用。[1]截至 2020 年 1 月 31 日，中国仍有警察 23 名、联合国特派团军事专家 27 名、军人 2437 名、文职人员 57 名，总计 2544 人正在执行联合国维和任务。[2]

其三是参与海外反恐活动。近 5 年来，除却上海合作组织军事合作框架内的联合反恐军事演习，我国军队也与吉布提、泰国、柬埔寨、白俄罗斯、沙特、蒙古国等国进行过包括"联合·突击 -2019"中泰反恐联训、"金龙 -2018"中柬反恐联合训练暨人道主义救援、中白"联合盾牌 -2017"联合反恐训练、"猎鹰 -2015"中蒙特种部队首次联合反恐训练等联合反恐演习活动，且上述演习、演练、联训活动的开展地点都是在海外。

其四是参与海外救援行动。例如中国军队向世界各国政府或军队提供新冠疫苗等抗疫物资、向塞拉利昂援派第四批军事医学专家组、与老挝联手在湄公河上救援老挝籍搁浅货船、与美泰等国军人完成"金色眼镜蛇"演习人道主义救援演练、驻吉布提保障基地为吉布提内涝灾害开展人道主义救援等。

其五是参与海外护航行动。例如海军护航编队前往亚丁湾、索马里海域执行护航任务、开展反恐反海盗演练、海军护航编队对阿拉伯联合酋长国等国开展友好访问、为我国渔船开展随船护卫通过危险海域、为临时申

---

〔1〕 参见中华人民共和国国务院新闻办公室：《中国军队参加联合国维和行动 30 年》，载《人民日报》2020 年 9 月 19 日，第 5 版。

〔2〕 See Contributors to UN Peacekeeping Operations by Country and Post：Police, UN Military Experts on Mission, Staff Officers and Troops, available at https://peacekeeping. un. org/sites/default/files/1_ summary_ of_ contributions_ 20. pdf（last visit on 21 Apr. 2024）.

请护航的我国商船及外籍商船护航、在亚丁湾参与营救海盗劫持的外籍货船、为世界粮食计划署船舶护航、救助斯里兰卡渔船等。

二、上海合作组织执法合作：跨境联合执法

上海合作组织执法合作（Law Enforcement Cooperation）在上海合作组织安全合作中的地位逐年攀升，尤其是非法贩运武器和非法移民等跨国犯罪活动，以及非法贩运和滥用麻醉药品、精神药物及贩运易制毒化学品对国际和地区安全与稳定构成严重威胁。上海合作组织元首理事会会议也曾表达了特别担忧毒品犯罪与恐怖主义交织，包括以毒资恐带来的严峻挑战。[1]因此，近年来以打击毒品走私和跨国有组织犯罪为重点的执法安全合作领域，逐步成为各成员国最关切且最具潜力的领域。首先，总体来说，跨境联合执法的方式是对国内行政联合执法模式的引进，是不同国家间执法力量的集中、执法资源的整合和执法手段的创新，体现了国家间一种全方位、多层次、高水平的执法合作关系。[2]目前我国已经主导建构了两大区域性的执法安全合作机制：上海合作组织框架下的执法安全合作机制与湄公河流域执法安全合作机制。

（一）上海合作组织执法合作的机制构建

上海合作组织当前在执法安全领域已然形成安全会议秘书会议、公安内务部长会议、地区反恐怖机构理事会等一系列会晤机制，分别协调解决不同领域的执法安全问题。以成员国安全会议秘书会议为例，该会议是上海合作组织内安全合作的协调和磋商机制，主要任务是研究、分析上海合作组织成员国所在地区安全形势、确定组织安全合作方向、协调成员国在打击"三股势力"、贩毒、非法武器交易、跨国有组织犯罪等方面的合作，同时负责向元首理事会提出开展安全合作的建议，协助落实峰会通过的安全合作决议等。2010年通过的《上海合作组织成员国政府间合作打击犯罪协定》成为上海合作组织执法合作的框架性法律基础。

---

〔1〕 参见《上海合作组织成员国元首理事会关于应对毒品威胁的声明》，2020年11月10日。

〔2〕 参见王君祥：《论国际联合执法安全合作》，载《辽宁大学学报（哲学社会科学版）》2017年第4期。

1. 合作打击恐怖主义

开展联合演习是上海合作组织框架下安全合作的一大突出特点，时至今日已发展成一种机制。国际警务合作领域内的联合演习是执法安全部门的联合反恐演习，具体包括公安内务部门、边防部门的反恐演习以及网络反恐演习等。2008 年上海合作组织成员国元首理事会第八次会议通过了《上海合作组织成员国组织和举行联合反恐演习的程序协定》，为开展联合演习铺垫了法律基础。2006 年以来，上海合作组织成员国执法安全部门每年都举行联合反恐演习，公安内务部门的反恐演习有"伊塞克湖反恐 2007""伏尔加格勒反恐 2008""诺拉克反恐 2009""萨拉托夫反恐 2010"等。边防部门的反恐演习有"天山""东方""团结"系列的边防联合反恐演习执法行动。网络反恐演习则以"厦门"系列网络反恐演习为主，截至 2020 年年初，已开展"厦门–2015""厦门–2017""厦门–2019"三届网络反恐演习行动。演习增进了成员国间的互信，提升了成员国主管机关在打击恐怖主义领域的合作水平。[1]

具体到边防合作方面，《上海合作组织成员国边防合作协定》第 2 条明确规定了中方落实协定的主管机关是中华人民共和国公安部。根据 2006 年《关于合作查明和切断在上海合作组织成员国境内参与恐怖主义、分裂主义和极端主义活动人员渗透渠道的协定》和 2015 年《上海合作组织成员国边防合作协定》，各成员国开展合作，实行有效的边界管制，交换与恐怖主义活动有关的人员信息，识别伪造或被盗的身份证件，对跨国恐怖主义犯罪实施联合调查，从而防止恶意活动和外国恐怖分子、武装分子和恐怖主义集团的流动。上海合作组织边防合作致力于打击边境地区恐怖主义、极端主义和分裂主义，非法贩运武器、弹药、爆炸物和有毒物品及放射性材料，走私麻醉药品、精神药物及前体，以及非法移民和其他跨国犯罪活动。

2. 合作打击贩毒

2004 年，上海合作组织首次通过打击贩毒的合作文件，即上海合作组织成员国元首签署的《上海合作组织成员国关于合作打击非法贩运麻醉药品、精神药物及其前体的协议》。其中规定，各方根据本国法律确定的中

---

〔1〕 参见王雷：《国际警务合作研究》，中共中央党校 2021 年博士学位论文。

央主管机关通过直接接触、按协议的规定开展合作。各方中央主管机关为：外交部；麻醉药品和精神药物流通管制部门；总检察院（检察院）；内务部（公安部）；国家安全机关和特种部门；边防部门；海关部门；司法部；卫生部；教育部；其他与落实本协议有关的职能部门。

2006 年 4 月，成员国首次缉毒执法研讨会在北京召开，会议确定了禁毒部门高官级定期会晤制度和联络员机制。2009 年，上海合作组织建立领导人、高官、专家三级禁毒合作机制，成员国间禁毒合作进入务实发展的新阶段。此后，陆续有联合打击贩毒的合作文本问世。例如：2011 年 6 月，上海合作组织成员国元首在阿斯塔纳峰会上批准了《2011-2016 年上海合作组织成员国禁毒战略》及其《落实行动计划》，明确了成员国在应对阿富汗毒品威胁、禁毒预防教育、戒毒康复、国际合作等领域的相关措施及落实机制，为成员国禁毒合作指明方向；2015 年，上海合作组织成员国元首在俄罗斯乌法发表《上海合作组织成员国元首关于应对毒品问题的声明》；2018 年 6 月 10 日，上海合作组织青岛峰会批准通过了《2018-2023 年上海合作组织成员国禁毒战略》及其《落实行动计划》、《上海合作组织预防麻醉药品和精神药品滥用构想》；2020 年，上海合作组织以视频方式举行元首理事会会议，并发布《上海合作组织成员国元首理事会关于应对毒品威胁的声明》。

3. 合作打击非法武器交易

2008 年，上海合作组织成员国签署《上海合作组织成员国政府间合作打击非法贩运武器、弹药和爆炸物品的协定》，积极应对非法武器交易等跨国有组织犯罪。[1]

4. 上海合作组织与其他国际组织、主权国家的执法合作

除却上海合作组织本身的执法合作法律文本，上海合作组织还与其他国际组织、主权国家缔结了合作协议或形成了合作实践，例如联合国、集安条约组织、欧盟、独联体、欧安组织、北约和"亚信"论坛等。

仅就与联合国的合作而言，上海合作组织已经于 2010 年 4 月与联合国秘书处（The Secretariat of the United Nations）、2011 年 6 月与联合国毒品和

---

〔1〕 参见邓浩：《上海合作组织安全合作的进程、动力与前景》，载《当代世界》2021 年第 9 期。

犯罪问题办公室（United Nations Office on Drugs and Crime）、2012 年 12 月与联合国安理会反恐委员会（UN Counter-Terrorism Committee）签署了合作的法律文件。联合国和上海合作组织还曾共同主持发起了许多特别倡议，为加强国际合作以应对共同的安全挑战和威胁作出了重要贡献，2011年上海合作组织还与联合国签署打击贩毒和有组织犯罪合作备忘录，尤其是 2016 年 11 月在纽约举办的"联合国和上海合作组织：共同应对挑战和威胁"高级别特别会议和 2017 年 3 月与联合国毒品和犯罪问题办公室合作在维也纳举办的"联合国与上海合作组织打击毒品犯罪：共同威胁与联合行动"高级别会外活动所取得的重要成果。

2005 年 4 月 12 日，上海合作组织与独联体签署了《上海合作组织秘书处与独立国家联合体执行委员会谅解备忘录》，其中就强调了优先合作领域包含了保障地区和国际安全，打击恐怖主义、极端主义、分裂主义、非法贩卖毒品和武器、跨国有组织犯罪。

2005 年 4 月 21 日，上海合作组织与东盟在雅加达签署了《上海合作组织秘书处与东盟秘书处谅解备忘录》。该文件确定的优先合作领域即包括反恐、打击毒品和武器走私、反洗钱和打击非法移民。

2007 年 10 月 5 日，上海合作组织与集体安全条约组织在杜尚别签署了《上海合作组织秘书处与集体安全条约组织秘书处谅解备忘录》。该文件明确了上海合作组织秘书处和集安组织秘书处就保障地区和国际安全与稳定、打击恐怖主义、打击非法贩卖毒品、杜绝非法贩运武器、打击跨国有组织犯罪、其他共同关心的问题、建立并发展平等和建设性合作的"切入点"。

由于上海合作组织成员国深受阿富汗局势外溢影响，比如毒品等跨国有组织犯罪和暴恐极端活动干扰地区稳定，上海合作组织于 2005 年 11 月建立"上海合作组织-阿富汗联络组"。2009 年，上海合作组织与阿富汗签署了《上海合作组织成员国和阿富汗伊斯兰共和国关于打击恐怖主义、毒品走私和有组织犯罪的声明》，并提出建立并加强公安内务部长会议机制同其他国家主管机关、国际及地区组织间的联系。近年来，2019 年 6 月14 日，上海合作组织在比什凯克通过了《"上海合作组织-阿富汗联络组"下一步行动路线图》；2021 年，上海合作组织发布《上海合作组织成员国外长关于"上海合作组织-阿富汗联络组"会议成果的联合声明》，重申上海合作组织愿进一步开展同阿富汗的合作，应对地区安全威胁和挑战，首先是打击一切形式的恐怖主义和毒品犯罪，共同反对"双重标准"。

总结来说，上海合作组织框架下对话会晤机制已相当成熟，但其最大问题在于合作机制仍然是以会议机制为主。例如执法部门的会议机制包括安全会议秘书会议、公安内务部长会议、边防部门领导人会议、禁毒部门领导人会议等。然而，高层对话会晤频繁的同时，实战部门的合作并不成熟，签署的合作协议往往是框架性质，缺乏落实的机构和具体措施，从而导致合作协议仅停留在框架层面，法律效力不强。[1]而在具体的机制落实方面，上海合作组织形成了联合反恐执法演习、联合安保与禁毒合作等多个领域的合作实践。

（二）跨境联合执法的定义与性质

跨国行政执法，是晚近以来各国行政机构的普遍现象，也是我国国内法治、涉外法治以及参与国际法治的重要面向。然而相关研究方兴未艾，目前国内外均未见学术著作专门论述跨国行政执法的相关问题。中山大学法学院博士后刘捷在 2022 年撰文《跨国行政执法：基于属地秩序的类型化分析》对核心概念进行了厘定，认为跨国行政执法概指国家行政机构依据本国法、外国法、国际法在域外执法或者在域内针对域外目标执法。

实践中执法对象与执法目标可能相互分离。执法对象是直接承担执法行为效果的自然人、法人、组织，执法目标则是执法目的所在，通常是作为整体的目标国，或者作为部分的目标国（外国）的政府、企业、组织或个人。以次级制裁为例，行政机构对本国人或第三国人执法，其执法目的不在于惩罚执法对象，而是通过限制交易打击执法目标。此外，执法行为性质因不同执法依据而存在三种定性可能。其中，狭义说认为，执法是部分处分性的行政行为，也是执行行政处罚的行为。例如，中国行政机构依据《中华人民共和国国家安全法》《中华人民共和国反外国制裁法》《阻断外国法律与措施不当域外适用办法》等法律和规章，代表国家具体执行限制性、处分性、惩罚性的执法措施。广义说则认为，执法是执行法律的全部行政行为，广泛涵盖管理、认证、采购等能够在国外产生影响的行

---

〔1〕 参见王雷：《国际警务合作研究》，中共中央党校 2021 年博士学位论文。

为。例如，根据《中华人民共和国政府和美利坚合众国政府经济贸易协议》（亦称《中美第一阶段经贸协议》），中国在特定领域承认美国行政机构的认证、决定、可追溯体系、监管效力等。司法衔接说特指公安机关对于刑事案件实施逮捕、审讯、调查等跨国行为。例如，中国依据《中华人民共和国监察法》、双边刑事司法协助条约、《联合国反腐败公约》等实施跨国追逃追赃的执法行动。[1]

跨境联合执法已有相当成熟的历史经验，除却情报信息的共享外，还包含国际侦查合作、境外追逃与联合巡逻执法等。国际侦查合作可谓是最为直接的合作形式，其形式又可涵盖联合侦查、联合调查取证、跨境追缉和追缴犯罪收益等。从国际范围看，最为直接有效但也最需通过法律文本加以确认权利义务关系的跨境联合执法形式当属联合侦查、跨境追缉与跨国控制下交付。

联合侦查起源于 1965 年比利时、荷兰和卢森堡三国缔结的《关于实现比利时、荷兰和卢森堡经济联盟宗旨以及行政、司法合作公约》，该公约规定了两条基本规则：一是允许外国官员参与在本国进行的侦查活动，由此形成的侦查报告与单独由本国制作的侦查报告具有同等效力；二是明确了外国官员对案件材料的调阅权和复制权，并允许作为诉讼证据使用。[2] 2006 年的《关于合作查明和切断在上海合作组织成员国境内参与恐怖主义、分裂主义和极端主义活动人员渗透渠道的协定》为上海合作组织联合侦查行动赋予了法律基础。在《上海合作组织成员国关于合作打击非法贩运麻醉药品、精神药物及其前体的协议》的第 4 条中也有 "一方根据另一方的请求，对涉及非法贩运麻醉品及其前体的活动采取专业侦查措施" 的具体联合侦查条款。

而跨境追缉是指一国执法机关派员到对方国境内对潜逃到该国的犯罪分子追缉的一项侦查措施。跨国追缉以合作协议为依据，一般坚持协议在先的原则，若两国事先无协议，一国需经他国同意方可入境开展追缉，否则不能单独采取跨境追缉行动。为确保跨境追缉时效性，部分国家或地区

---

〔1〕 参见刘捷：《跨国行政执法：基于属地秩序的类型化分析》，载《国际法研究》2022 年第 5 期。

〔2〕 参见吴瑞：《联合侦查的由来与立法比较：以欧洲法为重点考察对象——兼论联合侦查组织体的地位、性质与构成》，载《净月学刊》2014 年第 5 期。

间还签署了"紧急追捕"协定，赋予了缔约国在紧急情况下可直接进入对方当事国境内实行追捕犯罪嫌疑人的权力。如 1997 年美国先后同南美洲的 10 个国家签署"紧急追捕"协定，依据协议规定，美国发现可疑船只和人员涉嫌侵犯美国利益或构成威胁时，无需事先通知，美国有关执法机关可直接进入缔约当事国领海，并且可以在缔约当事国的领海对船只进行检查、扣押。[1]

而就"跨国控制下交付"而言，中国公安部禁毒局国际合作处副处长佟立国曾在接受《环球时报》采访时对"跨国控制下交付"进行过解释说明。"跨国控制下交付"是指两个以上国家或地区进行联合缉毒办案，该案件最显著的特点是跨境交易。"比如，某个成员国警方在长期跟踪一个贩毒组织的时候发现，该毒品交易可能会在中国境内进行，案件侦办需要和中国禁毒部门合作。该国警方会派人入境中国，掌握涉毒嫌疑人的一举一动，全程保证毒品安全和人员安全。"[2] 在《上海合作组织成员国关于合作打击非法贩运麻醉药品、精神药物及其前体的协议》的第 4 条中就有"采取措施在反对非法贩运麻醉品及其前体方面相互协作，包括进行控制下交付"的相关规则。

不同国家执法人员共同执法难免会产生争议，这些争议可能是因犯罪嫌疑人引渡、移交、判决承认和执行等过程中执法权限、执法标准和执法依据不同而产生。国际执法合作中产生的争议问题必须由国家间进行协商处理。争议解决需要考虑以下几个因素：（1）各国地位平等。这是国家主权平等的要求，也是开展联合执法安全合作的一个基础；（2）最有利于案件的侦破。如对于跨国犯罪的管辖中，犯罪地国家或者被害人国籍国行使管辖权或许更利于案件侦破；（3）求同存异。对争议问题进行划分，分类解决。对于执法过程中争议问题经过协商能够就争议事项涉及主要问题达成一致意见的，可以就这部分开展合作，其他细节问题再进行协商解决。[3]

---

〔1〕 参见王雷：《国际警务合作研究》，中共中央党校 2021 年博士学位论文。

〔2〕 郭媛丹：《公安部禁毒局副局长魏晓军：上合应成立禁毒常设机构》，载《环球时报》2018 年 6 月 8 日，第 7 版。

〔3〕 参见王君祥：《论国际联合执法安全合作》，载《辽宁大学学报（哲学社会科学版）》2017 年第 4 期。

就上海合作组织安全合作中的跨境联合执法而言，根据 2010 年上海合作组织成员国签署的《上海合作组织成员国政府间合作打击犯罪协定》，上海合作组织成员国的各方主管机关可以通过以下方式开展合作："（一）交换有关本协定第一条所列举的犯罪活动及其参与人员的情报信息，包括交换各方国家公民在其他各方国家境内犯罪或受到非法侵害的情报信息；（二）查找犯罪嫌疑人、逃犯及失踪人员；（三）执行有关采取侦查措施的请求；（四）确认无名尸体及因健康或年龄原因无法说清自己身份的人员的身份；（五）交换法律、法规文本；（六）交流工作经验，包括举行会议和研讨会；（七）在执法官员培训和进修方面提供协助；（八）交换科技书籍和信息。"此外，该协定也规定，"为履行协定，各方根据各自国内法律在协商一致基础上可开展控制下交付行动。各方主管机关可在符合协议宗旨的前提下开展其他形式的合作。"

（三）全球跨境执法合作实践

全球警务合作方面，大致呈现三个层次：全球跨境执法合作、区域跨境执法合作以及双边跨境执法合作。

1. 全球跨境执法合作

在全球跨境执法合作方面，国际刑事警察组织（International Criminal Police Organization，INTERPOL）是相对成熟且有效的制度成果。INTERPOL 成立于 1923 年，最初名为国际刑警委员会，总部设在奥地利首都维也纳。1956 年，该组织更名为国际刑事警察组织，1989 年，该组织总部迁到法国里昂。截至 2023 年 11 月，成员数量 196 个，使命是使世界各地的警察共同努力，预防和打击犯罪。INTERPOL 提供的有针对性的培训、专家调查支持和全球网络，助力各地区警务人员协调努力，使世界变得更安全。具体到跨境执法合作，应成员国要求，INTERPOL 可以提供专家团队，在发生重大灾害或严重犯罪事件后协助成员国警察，或帮助进行高级别会议或大型体育赛事的安保工作。INTERPOL 还协助国家执法机构开展实地警务行动，进行逃犯调查，打击人口贩运、偷运非法货物和伪造旅行证件等一系列犯罪。但由于 INTERPOL 不是一个超国家的执法机构，也就相应没有具有逮捕权的执法人员。

关于全球警务合作，在不同的研究者之间似乎有一些共识，即全球警务围绕以下五个重要的方面：（1）引渡协议；（2）刑事司法互助协议；（3）刑事诉讼程序转移；（4）判决转移；（5）监督转移。[1]为了应对和管理全球挑战，全球层面的警务工作可以按照以下方面进行分类：（1）有序适用反映人权原则的规则；（2）建立刑事司法程序的统一化；（3）发展电信网络；（4）引渡条约。[2]

此外，部分主权国家也有一些新合作形式。比如美国设置有国际执法学院（ILEA）。1995年10月22日，时任总统克林顿在联合国大会成立50周年大会上发表讲话，呼吁在世界各地建立一个国际执法学院网络，通过加强国际合作打击国际贩毒、犯罪和恐怖主义。随后，美国和参与国建立了共计6个学院，[3]为欧洲、非洲、南美和亚洲的区域伙伴提供服务。来自100个国家的70 000多人已从ILEA计划毕业。国际执法学院通过提升美国外国刑事司法伙伴的能力，并将这些伙伴彼此联系起来，并与美国执法部门联系起来，以应对共同的威胁，从而推进打击犯罪。国际执法学院的使命是通过法治加强治理；通过改进立法和执法来加强市场的运作；通过打击毒品贩运和犯罪来加强社会、政治和经济稳定。

2. 区域跨境执法合作

区域跨境执法合作方面，自20世纪90年代恐怖主义爆发以来，亚太地区的双边和区域合作更多地致力于发展执法合作项目，两项重要倡议包括所罗门群岛区域援助团（RAMSI）和澳大利亚-巴布亚新几内亚部长级论坛沃克·华纳泰姆（Wok Wanataim）项目。俄罗斯的毒品管制组织与集体安全条约组织成员国的执法机构合作，在边境地区拥有约5000多个行动小组和66 000名工作人员，以打击该地区的毒品贩运。

再者就是欧盟的欧洲刑警组织（Europol），其总部位于荷兰海牙，2010年1月1日成为欧盟官方机构，使命是支持其成员国预防和打击一切

---

〔1〕 See John Roach, Jürgen Thomaneck, *Police and Public Order in Europe*, Croom Helm Ltd, 1985, pp. 273-286.

〔2〕 See Korni Swaroop Kumar, Mahesh K. Nalla, "Policing Global Challenges", *Journal of Security Education*, Vol. 1, 2006, pp. 85-94.

〔3〕 加纳阿克拉（区域培训中心），服务于西非；匈牙利布达佩斯，服务于中欧/东欧和中亚；泰国曼谷，服务于东南亚和中国；博茨瓦纳哈博罗内，服务于萨赫勒以南和西非部分地区；圣萨尔瓦多，服务于拉丁美洲和加勒比地区；新墨西哥州罗斯威尔，为参加国际执法学院的所有国家的行政级刑事司法部门官员提供服务。

形式的严重国际和有组织犯罪、网络犯罪和恐怖主义。欧洲刑警组织有超过 1400 名员工、264 名欧洲刑警组织联络官，每年支持数以千计的国际调查。欧洲刑警组织听取欧盟成员国的需求，并分析欧盟的犯罪趋势。该机构支持成员国发起的调查，尽管欧洲刑警组织与国际刑警组织一样，其官员从不逮捕公民或发起调查。欧洲刑警组织的工作通常包括处理需要采取国际方法的犯罪以及欧盟内外多个国家之间的合作。

东非和南部非洲国家亦曾达成普遍协议，决心打击一切形式的跨境犯罪，包括控制该地区国家内部的枪支和弹药流动。成员国国家均为南非发展合作组织国家以及东非国家，包括坦桑尼亚、肯尼亚、乌干达、赞比亚、莫桑比克、博茨瓦纳、安哥拉、纳米比亚、南非、塞舌尔、科摩罗、马达加斯加、埃塞俄比亚和毛里求斯。该协议的预期目标是控制所有枪支部件和弹药，并创建一个没有非法枪支和弹药活动的和平地区。[1]

再包括美洲地区的《美洲国家禁止非法制造和贩运火器、弹药、爆炸物及其他有关材料公约》（The Inter-American Convention Against the Illicit Manufacturing of and Trafficking in Firearms, Ammunition, Explosives, and Other Related Materials）。该公约的目的是防止、打击和根除非法制造和贩运枪支、弹药、爆炸物和其他有关材料；促进国家机构间的合作、信息和经验交流以防止、打击和镇压非法制造和贩运枪支、弹药、爆炸物和其他相关材料。

在加勒比，积极采取区域主动行动的主要机构/组织是美洲刑警组织、加勒比警察局长协会、加勒比海关执法理事会和地区安全体系，它们都同意有必要更好地分享信息。它们目前正在努力开发更快、更便宜、更安全、更有效的通信手段，以便更好地共享关于毒品、有组织犯罪、枪支和暴力的情报。其他机构，如缉毒局、联邦调查局和英国海关也协助赞助了关于搜查毒品和枪支技术的培训。

晚近中国与东盟的执法安全合作尤其是中国牵头搭建的湄公河流域执法安全合作机制也是比较有代表性的区域跨境执法合作机制。2002 年，中国与东盟共同发表《关于非传统安全领域合作联合宣言》，标志着双方执

---

〔1〕　See Mahesh K. Nalla, "Assessing the Proliferation of Illicit Firearms: Some Policy Options", *Indian Journal of Criminology and Criminalistics*, Vol. 21, No. 1-3, 2000, pp. 62-78.

法安全合作进入新的历史阶段。目前,中国与东盟已建立了完善的合作机制,包括10+1、10+3打击跨国犯罪部长级会议、高官会议以及东盟国家警察首长会议等。2004年,中国公安部与东盟秘书处正式签署了《非传统安全领域合作谅解备忘录》,为加强中国与东盟在非传统安全领域的合作奠定了坚实的法律基础;2009年,中国与东盟举办首届打击跨国犯罪部长级会议,并续签谅解备忘录,成为东盟对话伙伴中第一个与东盟在执法安全领域确立部长级合作机制的国家;2011年,在第二次中国与东盟打击跨国犯罪部长级会议上,双方签署了《关于落实〈谅解备忘录〉的行动计划》,该文件的签署进一步深化双方互信,推动中国与东盟打击跨国犯罪执法合作提升到一个新的层次;2014年9月,时任国务委员、公安部部长郭声琨与访华的老挝公安部代部长宋乔签署两国政府间《关于合作预防和打击拐卖人口犯罪的协定》,奠定了两国打拐合作的法律基础。

2011年,在湄公河"10·5"惨案中,13名中国船员遭案件主犯糯康非法武装残忍杀害。为维护湄公河航道安全稳定和流域百姓的合法权益,中老缅泰四国创造性地建立湄公河流域执法安全合作机制,并以中老缅泰湄公河联合巡逻执法为先行者率先开展务实合作。在"10·5"案件发生后的第18天,中国呼吁建立中老缅泰四国维护澜沧江—湄公河国际航运安全的执法合作机制;第25天,湄公河流域执法安全合作会议在北京成功召开,中老缅泰四国共同发表《关于湄公河流域执法安全合作的联合声明》。2011年至2021年的十年间,中老缅泰四国执法部门累计派出执法人员17118人次,执法船艇843艘次,经历了111次湄公河联合巡逻执法。

2021年,中老缅泰四国执法部门以联合"扫毒"百日攻坚行动和联合打击湄公河流域跨境犯罪专项行动为牵引,仅此一年就在湄公河流域边境地区成功破获各类案件8325起,抓获各类犯罪嫌疑人8043人,缴获毒品34.43吨,枪支11支,行动成效显著,治安状况得到有效改善,震慑和遏制了流域内各类违法犯罪活动。[1]

3. 双边跨境执法合作

双边跨境执法合作方面,案例不胜枚举。例如俄罗斯和乌克兰就曾在

---

[1] 参见《第114次中老缅泰湄公河联合巡逻执法启动》,载 http://www.gov.cn/xinwen/2022-02/22/content_ 5675047. htm,最后访问日期:2024年4月21日。

基辅签署了一项合作打击国际腐败的协议，中美之间也有执法合作联合联络小组（JLG）以及《中美刑事司法协助协定》，美国与邻国墨西哥、加拿大有广泛双边合作打击边境跨国人口走私组织，等等。美国当局通过司法部长梅里克·加兰（Merrick B. Garland）于 2021 年 6 月成立的阿尔法联合特遣部队（JTFA）的协调，向墨西哥总检察长办公室提供援助，该工作队旨在与国土安全部（DHS）合作，调动司法部的调查和起诉资源，以加强美国对在墨西哥、危地马拉、萨尔瓦多和洪都拉斯等地人口走私和贩运集团的执法工作。该联合特遣部队的重点是瓦解和摧毁虐待、剥削或危害移民、构成国家安全威胁并参与有组织犯罪的偷运和贩运网络。就在 2022 年 3 月，双方在美墨边境索诺拉州，共同执行了六份对走私人员的逮捕令。

美国和加拿大长期以来也一直保持合作执法关系。根据两国各自的国内法，通过联合威胁评估、调查、行动和起诉支持，促进合法旅行和贸易。三个正在进行的机制是促进跨境执法合作的关键。

（1）ShipRider 试点行动：即综合跨境海上执法行动（ICMLEO）的 ShipRider 试点行动，指定执法人员在两国之间的海域进行联合巡逻。美国海岸警卫队（USCG）和加拿大皇家骑警（RCMP）是 ShipRider 试点行动的主要参与者。

（2）综合边境执法队（IBET）：通过识别、调查和拦截威胁一国或两国国家安全或参与有组织犯罪活动的个人、组织和货物，加强美加边境指定入境口岸之间的边境安全性。五个核心 IBET 机构是：加拿大皇家骑警；加拿大边境服务局（CBSA）；美国海关和边境保护局（CBP）；美国移民和海关执法局（ICE）和美国海岸警卫队。

（3）边境执法安全工作队（BEST）：负责识别、调查、破坏和摧毁对边境安全构成重大威胁的犯罪组织。由 ICE 领导的 BEST 基于边境两端联邦，州/省，地方和部落执法伙伴调查跨国犯罪。

第三节　上海合作组织安全合作的合法性

对于上海合作组织安全合作而言，如果需要确保该框架下行动的正常运行，首先需要解决跨境联合执法及海外军事行动在国际法上的合法性及正当性问题。遗憾的是，现有国际法在这方面的规定不甚明确。以海外军事基地为例，一方面，有关国际条约似乎并不一般性禁止一国在他国领土上建立军事基地。另一方面，从相关习惯国际法来看，也找不到一条明确禁止有关国家在海外设立军事基地的国际法规则。而即使是有关国家订立的有关军事共同防御条约和部队地位协定，也没有针对一国海外军事基地的合法性问题作出过一般性规定，更别说明确禁止一国在海外建立军事基地了。这种情况表明，一国是否在他国领土上建立或拥有海外军事基地，或者一国是否接受他国在其领土上建立军事基地，主要取决于主权国家本身的政治意志和自主选择。

一、上海合作组织安全合作的合法性来源

外国执法人员、部队在东道国领土上的存在原则上侵犯了东道国的主权，然而东道国的同意消除了执法人员、外国部队进入东道国领土的不法性，因此同意是上海合作组织安全合作的法律基础，这从《国家对国际不法行为的责任条款草案》中也能得出相同的结论。《国家对国际不法行为的责任条款草案》第 20 条明确规定："一国以有效方式表示同意另一国实施某项特定行为时，该特定行为的不法性在与该国家的关系上即告解除。但以该行为不逾越该项同意的范围为限。"换言之，国家同意能够消除不法性。《国家对国际不法行为的责任条款草案》第 20 条的评注更是直接以外国来访部队为例说明国家同意的相关问题。[1]

而国家同意原则亦是国际法上的基础性原则，是指非经主权国家同意，任何国际组织或者其他国家都不得对此国家行使管辖权，不得干预主权国家内部事务。也就是说，一个主权国家在不依赖其他外部势力或者机构的前提下，能够实现自主决定的权力，体现了国家作为国际社会的主体，能够决定国家的运营模式，维护国家的稳定和发展。国家同意原则的基础是国家之间主权平等。面对与本国利益相关的国际事务时，国家应当通过自己的意愿在合理的情况下选择是否加入合约，是否加入某种国际组织，或者国家之间的争端解决，国际诉讼和仲裁，等等。

---

〔1〕 See Draft Articles on Responsibility of States for Internationally Wrongful Acts, with commentaries, UN Doc A/56/10（2001），p. 73.

　　一些国家要求允许外国警务人员、武装部队入境有明确的法律依据，或要求议会或政府的同意。[1]此外，同意必须是明示的，不能仅仅基于默示同意，这点从《国家对国际不法行为的责任条款草案》第 20 条的评注中能得到证明。例如评注提及必须自由给予并明确表示同意，必须由国家实际表达，而不是仅仅根据国家"如果被要求就会同意"的假设。[2]

　　以部队在东道国领土上的存在为例，一国武装部队在和平时期在另一国领土上军事存在的东道国同意，可以通过多种方式实现。在实践中，同意取决于两个因素——双边或多边条约确认来访部队的合法性，以及东道国的宪法和实践。就前者而言，东道国通常会与派遣国签订具体的部队地位协定，其中可能进一步详细说明访问部队的职责、部队规模、访问期限、使用地点等。但部队地位协定并非条约的具体名称，实践中部队地位协定的具体名称纷繁复杂，但只要是明确了访问部队的地位，便应当被归入部队地位协定的范畴。部队地位协定为外国部队在东道国的存在提供了具体的法律依据，这些协定往往建立在一项更一般的条约基础上，例如国防协定或军事合作协定，其中载有一国部队部署到另一个条约缔约国领土时适用的一般原则。

　　就后者而言，某些东道国也会通过国内法附加限制，最为典型的当为一国之宪法。当然，一般而言执法人员入境协同、联合执法不会有太多国内法限制，而军队因其特殊性呈现截然不同的样态。譬如柬埔寨 1993 年 9 月 21 日经柬埔寨制宪会议通过，由西哈努克国王于同年 9 月 24 日签署生效的现行宪法第 53 条："柬埔寨王国不得在其领土上授权任何外国军事基地，也不得在国外拥有自己的军事基地，除非在联合国的要求范围内。柬埔寨王国保留接受外国援助的军事装备，武器，弹药，训练其武装部队以及其他自卫和确保其领土内公共秩序和安全的援助的权利。"再例如于 1987 年 2 月 2 日由全民投票通过，同年 2 月 11 日生效的菲律宾宪法第 18 条第 25 款规定，在 1991 年菲律宾共和国与美利坚合众国关于军事基地，

----

〔1〕　例如《比利时王国宪法》（2019）第 185 条："除法律规定外，不得接纳外国军队为国家服务、占领或越境。"

〔2〕　See Draft Articles on Responsibility of States for Internationally Wrongful Acts, with commentaries, UN Doc A/56/10（2001），p. 73.

外国军事基地，部队或设施的协定于 1991 年期满后，除非参议院和美国国会正式同意的条约，否则不得在菲律宾进行军事行动。如果国会有此要求，则应由人民为此目的举行的全民公决中的多数票批准，并由另一缔约国承认为条约。[1]

一国国内立法机构之立法、决议等同样可以在国内法层面对他国驻外部队给予限制。2020 年初，美军空袭伊拉克首都巴格达国际机场，实施"斩首行动"。伊朗伊斯兰革命卫队下属"圣城旅"指挥官卡西姆·苏莱曼尼（Qasem Soleimani）和伊拉克什叶派民兵武装"人民动员组织"副指挥官阿布·迈赫迪·穆汉迪斯（Abu Mahdi al-Muhandis）等在袭击中身亡，举世震惊。伊拉克总理阿卜杜勒·迈赫迪［Adil（Adel）Abdul-Mahdi］谴责美国袭击，认为这是对伊拉克主权的侵犯，公然违反了美军在伊拉克存在的条件。而根据新华社的报道："伊拉克国民议会 5 日举行特别会议，通过了有关结束外国军队驻扎的决议。根据决议内容，伊拉克政府取消先前向国际联盟发出的与极端组织'伊斯兰国'作战的援助请求。伊拉克政府应致力于结束任何外国军队在其领土上驻扎。"[2]

再如一国之国防政策，可归入广义的国内法，亦可对他国驻外部队给予限制。从国家实践来看，或者因为历史上形成了被西方国家殖民统治的记忆，或者因为曾经饱受大国军事基地带来的肆意干涉之苦，许多国家对外国军事基地往往持抵制的态度，诸如比利时、厄瓜多尔、希腊、伊朗、菲律宾、乌兹别克斯坦等国就通过国内立法明确反对他国在自己领土上建立军事基地。但是，也有国家明确表达了不反对在其境内设立军事基地的意思，有的国家甚至还主动邀请他国在境内设立军事基地，尤其是在应对海盗侵扰和恐怖袭击等非传统安全威胁时，突出的例子便是非洲的吉布提。越南第四次发布的国防白皮书即 2019 年国防白皮书中明确提出了"四不"政策，声称将对外实行四不政策，即不参加军事联盟、不联合一国反对另一国、不允许外国在越建立军事基地、不使用武力或威胁使用武力对付其他国家。2019 年 9 月，印尼海军参谋长贝纳根·宋达上将也曾就

---

〔1〕参见杨超：《菲律宾、日本和韩国反美军基地社会运动比较研究》，载《东南亚纵横》2010 年 7 期。

〔2〕《伊拉克议会要求美军撤离 特朗普威胁大规模制裁》，载《解放军报》2020 年 1 月 7 日，第 4 版。

美国将在印尼建造军港一事表示，东盟国家已经一致达成协议，不允许在本地区建立外国军事基地。类似的例子还有许多，比如斯洛伐克、乌兹别克斯坦、阿尔及利亚、马尔代夫、哈萨克斯坦、格鲁吉亚以及塔吉克斯坦均不允许在本国境内建立新的外国军事基地等。

二、上海合作组织安全合作的合法性边界

现代世界各国的安全合作实践，尤其是如果形成制度性安排如海外基地的设立，往往需要依托双边条约来实现，而其背后的根本原则遵循便是国家同意原则。随着殖民主义的消亡，只要派遣国和东道国的真实意思一致便能够形成哪怕主权的让渡。但这并不意味着派遣国和东道国的缔约自由是没有边界的。就笔者的检索结果而言，目前国际法和国内法层面都有对安全合作的限制，但是需要指出的是，此处所谈之"限制"是安全合作本身的限制，主要在谈选择驻军对象时的限制，而非安全合作之"权限"或者说安全合作双方、多方的权利阈值。

（一）安全合作的时间边界

一般而言，依据双边部队地位协定，派遣国与东道国间会约定安全合作的具体时限，派遣国需严格恪守此种时间限制。以美国与伊拉克间于2008年11月签署的部队地位协定为例，该协定第24条规定："所有美军应在2011年12月31日之前撤出伊拉克所有领土；所有美国作战部队应至迟于伊拉克安全部队对伊拉克一个省的安全承担全部责任之时，从伊拉克的城市、村庄和地点撤出，前提是必须在2009年6月30日之前完成这一撤离。"如果派遣国未遵守此种时间要求，需承担违反双边条约相应的国家责任。

除了条约义务所致责任，派遣国的执法人员、武装部队一旦超期仍然驻扎在东道国领土，特别是武装部队的超期驻扎，其法律后果不仅仅是承担赔偿等一般性的国家责任那么简单，甚至可能被认定为实施了侵略行为，个人也有可能被认定为侵略罪。根据联合国大会作出的1974年12月14日第3314（XXIX）号《关于侵略定义的决议》的第3条第5款规定："在遵守并按照第二条规定的情况下，任何下列行为，不论是否经过宣战，都构成侵略行为：（e）一个国家违反其与另一国家订立的协定所规定的条

件使用其根据协定在接受国领土内驻扎的武装部队，或在协定终止后，延长该项武装部队在该国领土内的驻扎期间。"

（二）安全合作的空间边界

在国际法层面，安全合作的空间范围一般基于东道国同意，例如美国在海外军事基地有 598 处，遍及六大洲（除南极洲）、四大洋，辐射全球 40 个国家。[1]但事实上安全合作的选址有许多限制，这主要体现在许多国际公约之中。

1. 特殊地区的限制

首先是在某些特殊地区不能部署武装力量、军事基地，例如南极地区、天体、月球等。此种规定在 1959 年《南极条约》第 1 条[2]，1966 年《外空条约》第 4 条[3]，和 1979 年《关于各国在月球和其他天体上活动的协定》第 3 条第 4 款[4]之中都有所体现。

上述国际公约之共性在于禁止缔约国在极地、外空设立军事基地、设施以及军事演习等军事活动。但是，类似国际公约都普遍不禁止为科学研究或为任何其他和平目的而使用军事人员。结合上海合作组织安全合作的论域，显然军事合作形式中的刚性军事存在即军事基地是被禁止的，但部分柔性军事存在则是不受限制的。更为关键的问题是，上述国际法规则是否已然形成习惯国际法？仅以《外空条约》为例，截至 2017 年 1 月有 129

---

〔1〕 参见《图解：美国在亚太的重要军事基地》，载 http://www. mod. gov. cn/wqzb/2014-05/06/content_ 4506996. htm，最后访问日期：2021 年 6 月 30 日。

〔2〕 参见 1959 年《南极条约》第 1 条："①南极洲应仅用于和平目的。在南极洲，应特别禁止任何军事性措施，如建立军事基地和设防工事，举行军事演习，以及试验任何类型的武器。②本条约不阻止为科学研究或任何其他和平目的而使用军事人员或设备。"

〔3〕 参见 1966 年《外空条约》第 4 条："各缔约国保证：不在绕地球轨道放置任何携带核武器或任何其他类型大规模毁灭性武器的实体，不在天体配置这种武器，也不以任何其他方式在外层空间部署此种武器。各缔约国必须把月球和其他天体绝对用于和平目的。禁止在天体建立军事基地、设施和工事；禁止在天体试验任何类型的武器以及进行军事演习。不禁止使用军事人员进行科学研究或把军事人员用于任何其他的和平目的。不禁止使用为和平探索月球和其他天体所必须的任何器材设备。"

〔4〕 参见 1979 年《关于各国在月球和其他天体上活动的协定》第 3 条第 4 款："禁止在月球上建立军事基地、军事装置及防御工事，试验任何类型的武器及举行军事演习。但不禁止为科学研究或为任何其他和平目的而使用军事人员。也不禁止使用为和平探索和利用月球所必要的任何装备或设备。"

个国家签署，其中 105 个国家批准并交存加入书，可见其覆盖范围尚十分有限，非缔约国并不受此规定拘束。由于目前暂无材料可佐证"禁止缔约国在极地、外空设立军事基地、设施以及军事演习等军事活动"已成为习惯国际法规则或者一般法律原则，此种限制尚在条约法层面，完全基于国家同意。当然，上海合作组织安全合作并不涉及这些特殊地区，因此只要是得到作为东道国的上海合作组织成员国的同意，实现执法人员、武装部队在东道国领土上的派驻便没有合法性上的障碍。

2. 使馆的限制

一国之驻外使馆内是否允许派驻执法人员、武装部队亦是值得考察的问题。驻外使馆内一般会设有武官（Military Attaché），以中国驻美使馆武官处为例，其职能就是作为国家武装力量的驻外代表，与美国军方保持外交联系；办理中美两军之间的交往和交涉事宜；参与双边和多边军事外交活动。虽然驻外武官多由陆海空三军的校官或将官中选派，但驻外使馆内的武官与驻外部队亦有区别。《维也纳外交关系公约》第 7 条规定："派遣国得自由委派使馆职员。关于陆、海、空军武官，接受国得要求先行提名，征求该国同意。"再加之第 11 条规定："关于使馆之构成人数如另无协议，接受国得酌量本国环境与情况及特定使馆之需要，要求使馆构成人数不超过该国认为合理及正常之限度。"可见关于在驻外使馆内派驻军人，《维也纳外交关系公约》无论从程序上还是人数上都做了应有的限制，未经接受国的同意，在使馆内驻军是不符合国际法的。然而就以美国为例，美国驻伊拉克大使馆是其在世界上占地面积最大、最昂贵的使馆。2012 年美国完成伊拉克撤军伊始，驻伊拉克大使馆的人员编制最多达到了 16 000名，其中武装军事力量占比 50%，30% 是生活用品承包商，10% 是空中安保和使馆管理人员，专业外交人员作为使馆的核心仅占比 10%。[1]除了上述人员，兰德公司发布的报告显示，美国占领伊拉克后曾向该国派遣了300 名情报官、500 名情报工作人员。[2]此外，美国还在大使馆内安装了众多军事设施，其中不乏驻伊美军撤退时转移过来的高端军用装备。综合

---

〔1〕 See Rick Brennan et al., *Ending the U. S. War in Iraq: The Final Transition, Operational Maneuver, and Disestablishment of United States Forces-Iraq*, RAND Corporation, 2013, p. 206.

〔2〕 See Bruce Hoffman, *Insurgency and Counterinsurgency in Iraq*, RAND Corporation, 2004, p. 10.

资料来看，2011 年从伊拉克撤军之后，美国在驻伊拉克使馆内派驻了万余名士兵，这首先要求伊拉克对此知晓且同意。更重要的是，此种规模的使馆驻军能否符合伊拉克认为的"合理及正常之限度"，否则此种派驻模式亦可能存在违反《维也纳外交关系公约》的情形。

上海合作组织安全合作的主体范畴

在讨论上海合作组织安全合作中的管辖及豁免问题前，需要先厘清一个重要的问题即上海合作组织安全合作涉及的主体，其对管辖、豁免的意义不可不察。此处所谈的主体并非指建构区域安全合作的派遣国、东道国或其他国际组织，而是指具体参与、落实海外军事行动和跨境联合执法的主体，也即派遣国、东道国意在行使管辖权的对象。在本章中，笔者将分上海合作组织军事合作与上海合作组织执法合作两种具体合作模式来开展对主体范畴的讨论，盖因海外军事行动与跨境执法合作的参与主体截然不同，所涉管辖、豁免的议题也将有显著不同。具体来说，上海合作组织军事合作中的主体范畴包括军人、文职人员、随军人员和军事雇员，上海合作组织执法合作中的主体范畴包括公安机关及其警务人员，以及海关、边防、国家安全机关及其执法人员。

第一节　上海合作组织军事合作中的主体范畴

上海合作组织军事合作中，各国所派出的驻外部队，其外延并不局限于军人，实践中可能还包括文职人员、随军人员及承包商等。由于上述各主体的管辖与豁免规则有显著区别，因此先行厘清。值得一提的是，我国对于军事主体也曾用过"武装力量"这一概念加以包容。2013 年，国务院新闻办公室曾发布过《中国武装力量的多样化运用》，其中明确"中国武装力量由人民解放军、人民武装警察部队、民兵组成，在国家安全和发展战略全局中具有重要地位和作用，肩负着维护国家主权、安全、发展利益的光荣使命和神圣职责。"[1]

一、军人

上海合作组织军事合作的核心主体系驻外部队，而驻外部队最为重要的主体是"军人"。然而，对"军人"的内涵及外延，并不是十分清晰。国内法层面，例如美国在《统一军事司法法典》（Uniform Code of Military Justice）中规定下列人员都将受其管辖："（一）武装部队正规组成部分的成员，包括在应征期满后等待遣散的人员；从其召集或接受加入武装部队之时起的志愿人员；从其实际加入武装部队之时起应征入伍的人员；以及依法被征召或命令进入武装部队或在武装部队中服役或接受训练的其他人员，自征召或命令要求他们遵守征召或命令的规定之日起算。（二）陆军、空军和海军军校学生。（三）后备役部队中接受军事训练的人员（最新修改中有所细化）。[2]（四）武装力量现役部队中有资格领取薪饷的退职人员。（五）从武装部队住院治疗的预备役部队退休人员。（六）舰队后备役和舰队海军陆战队后备役人员。（七）由军事审判法庭判决羁押在武装力量中服刑的人犯。（八）派往并且在武装力量中服务的环境科学署、公共卫生局和其他机构的人员。（九）羁押在武装力量中的战俘。（十）战时在战场为武装力量服务或者随军的人员。（十一）按照美国签订或者加入的条约或者协定，或者承认的国际法则，在美国本土以及巴拿马运河区、波各黎多、关岛和维尔京群岛以外的武装力量中服务、受雇或者随军的人员。（十二）按照美国签订或者加入的条约或者协定，或者承认的国际法则，在美国本土以及巴拿马运河区、波各黎多、关岛和维尔京群岛以外的，由有关军种的部长管理的美国租借或者保留，或者拥有使用权的地区之内的人员。（十三）属于1949年8月12日在日内瓦订立的《关于战俘待遇的

---

〔1〕 我国国防部官方网站中也采用了这一表述。

〔2〕 （A）While on inactive-duty training and during any of the periods specified in subparagraph （B）—（i）members of a reserve component; and （ii）members of the Army National Guard of the United States or the Air National Guard of the United States, but only when in Federal service. （B）The periods referred to in subparagraph （A）are the following: （i）Travel to and from the inactive-duty training site of the member, pursuant to orders or regulations. （ii）Intervals between consecutive periods of inactive-duty training on the same day, pursuant to orders or regulations. （iii）Intervals between inactive-duty training on consecutive days, pursuant to orders or regulations.

公约》（6 UST 3316）第 4 条所列八类之一违反战争法的个人。"〔1〕上述人员理论上都将归属于军人的范畴。

而我国对"军人"的界定相对明确，根据《最高人民法院关于军事法院管辖民事案件若干问题的规定》，"军人是指中国人民解放军的现役军官、文职干部、士兵及具有军籍的学员，中国人民武装警察部队的现役警官、文职干部、士兵及具有军籍的学员。"根据《最高人民法院关于进一步加强人民法院涉军案件审判工作的通知》，"军人是指现役军（警）官、文职干部、士兵及具有军籍的学员。"而《中华人民共和国刑法》及最高人民法院、最高人民检察院、公安部等发布的司法解释《办理军队和地方互涉刑事案件规定》等规范性文件的规定与《最高人民法院关于军事法院管辖民事案件若干问题的规定》亦是相同的。

俄罗斯联邦法律 27.05.1998 N 76-FZ《关于军事人员的地位》的第 2 条指出，俄罗斯的军事人员包括："1. 军官、准尉和见习官、军事专业教育机构和高等教育军事教育机构的学员、中士和士官、根据合同服兵役的士兵和水手；中士、士官、士兵和水手在征兵中服兵役，军事专业教育机构和高等教育军事教育机构的学员，直到与他们签订关于服兵役的合同（以下简称-征兵服兵役的军事人员）。兵役合同的条款由俄罗斯联邦的联邦宪法、联邦法律和其他监管法律确定。2. 公民（外国公民）应在兵役开始时获得军人身份，并在兵役结束时丧失军人身份。被征召参加军事训练的公民和留在动员人力储备（预备役）的公民，在本联邦法律、联邦法律和俄罗斯联邦其他规范性法律所规定的情况下和方式中，受军事人员地位的约束……4. 在本条第 3 款未规定的国家领土上服兵役的军事人员以及按军事合作顺序派往这些国家武装部队的军事人员的地位应根据俄罗斯联邦的国际条约确定。"

国际法层面，首先是条约法维度，根据《北大西洋公约缔约国关于其军队地位的协定》（下文简称《北约部队地位协定》），"军人"（Force）是指《北大西洋公约》一缔约方在另一缔约方领土内执行公务的陆、海、空武装部队人员。为本协定之目的，在此前提下，双方可以约定某些个人、单位或编队不应视为构成或包括在"军人"中。可见从《北约部队地

---

〔1〕　10 U. S. Code § 802 - Art. 2. Persons subject to this chapter.

位协定》的角度，一个人要被纳入"军人"的范畴必须满足三个基本条件：该个人必须属于缔约一方的陆海空武装部队；该个人在《北大西洋公约》的另一缔约国领土内；该个人因公务而在该领土停留。北约国家也可以通过特别安排或协议同意将某些人排除在这一范畴之外。此处的"执行公务"尚有可供探讨的余地，即如果部队成员并未在执行公务，而是在休假，那么是否就失去"军人"的身份了呢？理论上，"执行公务"仅仅在管辖与豁免问题上具有意义，我们很难得出结论说，休假期间的驻外军人就不是"军人"。而事实上，为了使得已获授权休假的人员不失去其受保护地位，美国已经签订了几项特殊协议。在德国，部队成员离开欧洲和北非国家仍能保持其"军人"地位，[1]而在法国，同样有规定指出休假期间的军人仍享有《北约部队地位协定》赋予其的地位。

二、文职人员

《北约部队地位协定》中的"文职人员"（Civilian Component）则是指一缔约方部队的随行文职人员，他们受雇于该缔约方的武装部队，不是无国籍人，也不是《北大西洋公约》缔约国的任何国家的国民，不是该部队所在国的国民或通常居住在该国。[2]美国与伊拉克缔结的部队地位协定（Status of Forces Agreement between The Republic of Iraq and the United States of America）中也有类似界定："美国部队"是指由美国武装部队成员，其相关的民用组成部分以及存在于伊拉克境内的美国武装部队的所有财产、设备和物资组成的实体。"美国部队成员"是指作为美国陆军、海军、空

---

〔1〕 See Agreement between the Federal Republic of Germany and the United States of America on the Status of Persons on Leave（3 August 1959）.

〔2〕 See Article 1. 1 of Agreement between the Parties to the North Atlantic Treaty regarding the Status of their Forces："a.'force' means the personnel belonging to the land, sea or air armed services of one Contracting Party when in the territory of another Contracting Party in the North Atlantic Treaty area in connexion with their official duties, provided that the two Contracting Parties concerned may agree that certain individuals, units or formations shall not be regarded as constituting or included in a'force' for the purpose of the present Agreement；b.'civilian component' means the civilian personnel accompanying a force of a Contracting Party who are in the employ of an armed service of that Contracting Party, and who are not stateless persons, nor nationals of any State which is not a Party to the North Atlantic Treaty, nor nationals of, nor ordinarily resident in, the State in which the force is located."

军、海军陆战队或海岸警卫队成员的任何个人。"文职人员"是指美国国防部雇用的任何文职人员。该术语不包括通常居住在伊拉克的个人。

而从习惯国际法的维度，只有国家官员"以公务身份实施的行为"才可享有属事刑事豁免。从这个角度说，作为国家官员的军人及文职人员都符合这一主体要件，更可佐证两者在刑事管辖论域具有几乎等价的法律地位。

值得关注的是，虽然国际法层面大量的部队地位协定将"军人"与"文职人员"分开定义，也即意味着两者的概念有所区别，但在关于刑事管辖的规定中却是统摄规定而非有所区别。例如在《北约部队地位协定》第 7 条第 3 款规定的并存管辖权中，若驻外部队的军人或文职人员的行为同时违反了派遣国和东道国的法律，在该种情况下，东道国是享有优先管辖权的。因此，即使我国是将"文职人员"划归"军人"的范畴，但并不影响刑事管辖权的分配。换言之，"军人"与"文职人员"在刑事管辖权上享有相同的法律地位。

三、随军人员

上海合作组织安全合作中的"随军人员"主要指的是军人、文职人员的家属。美国《军事域外管辖权法》（Military Extraterritorial Jurisdiction Act）中对"随军人员"的定义为武装部队成员、国防部的文职雇员、国防部承包商（包括任何级别的分包商）或国防部承包商（包括任何级别的分包商）员工的眷属（Dependent）。同时，上述人员需满足两个条件，即与美国境外的部队成员、文职雇员、承包商或承包商雇员共同居住，且并非东道国国民或普通居民。[1]《统一军事司法法典》中也提及此种"随军人员"。[2] 眷属的范畴在少数部队地位协定中有更具体的规定，如美日间的部队地位协定对眷属的定义是：配偶和 21 岁以下的子女；父母及 21 岁以上的子女，条件是他们一半以上的赡养或抚养费是由美国武装部队的军

---

〔1〕　See 18 U. S. Code § 3267, "Definitions".

〔2〕　See 10 U. S. Code § 802−Art. 2. Persons subject to this chapter: "Subject to any treaty or a-greement to which the United States is or may be a party or to any accepted rule of international law, persons serving with, employed by, or accompanying the armed forces outside the United States and outside the Com-monwealth of Puerto Rico, Guam, and the Virgin Islands."

人或文职人员提供。[1]美韩部队地位协定对眷属的定义更加宽泛一些：配偶和 21 岁以下子女；父母、21 岁以上的子女或其他亲属，条件是他们一半以上的赡养或抚养费是由美国武装部队的军人或文职人员提供。[2]

"随军人员"在驻外部队刑事管辖权之中的法律地位与"军人""文职人员"有所不同。首先是条约法的维度，例如在《北约部队地位协定》中，其第 7 条第 1 款规定："a. 派遣国军事当局有权对东道国领土上派遣国军事法管辖的所有人员行使所有由派遣国法律赋予的刑事和纪律管辖权；b. 东道国当局对于在东道国领土内犯下的不法行为并应受该国法律处罚的，对部队、文职人员或家属具有管辖权。"该条系对派遣国属人管辖权及东道国属地管辖权的一般性确认，但由于随军人员通常并不受派遣国军事法管辖，而东道国的属地管辖却明确覆盖了部队家属，这在派遣国与东道国的刑事管辖权之间产生了明显的差异。而在第 7 条第 3 款关于"并存管辖权"的规定中，"在并存管辖权的情况下，则应适用以下规则：a. 下列情况下派遣国军事当局应享有对部队或文职人员的优先管辖权……"，《北约部队地位协定》明确排除了随军人员。而在习惯国际法的维度上，由于海外军事行动中的随军人员并非国家官员，因而无法享有属事刑事豁免，这与军人及文职干部产生了显著的差异。

四、军事雇员

海外军事行动中亦有大量的承包商（Contractor）存在，《军事域外管辖权法》第 7 条（即美国法典第 3267 条）第 1 款规定："受雇于美国境外武装部队"一词是指——（A）受雇于国防部的文职雇员（包括国防部的非划拨资金机构），作为国防部承包商（包括任何级别的分包商），或作为国防部承包商的雇员（包括任何级别的分包商）；（B）居住或存在于美国境外，与此雇佣工作有关的人；以及（C）非东道国国民或常住居民。

---

〔1〕 See Agreement under Article VI of the Treaty of Mutual Cooperation and Security between the U-nited States of America and Japan, Regarding Facilities and Areas and the Status of United States Armed Forces in Japan (19 January 1960).

〔2〕 See Agreement under Article IV of the Mutual Defense Treaty between the United States of Amer-ica and the Republic of Korea, Regarding Facilities and Areas and the Status of United States Armed Forces in the Republic of Korea (9 July 1966).

通常而言，承包商的定义及管辖豁免问题会由部队地位协定的补充协议规定，或者在部队地位协定中与军人、文职人员区分规定。例如美韩部队地位协定的第 15 条、美国和罗马尼亚的部队地位协定补充协议第 21 条第 1 款〔1〕、美国和保加利亚之间《防务合作协议》及其附件的第 34 条〔2〕以及美国和波兰之间的部队地位协定补充协议第 33 条〔3〕。

在各国的实践中，承包商的具体形式主要是私营军事和安保服务公司（Private Military and Security Companies）。根据《蒙特勒文件——武装冲突期间各国关于私营军事和安保服务公司营业的相关国际法律义务和良好惯例》（The Montreux Document on Private Military and Security Companies，以下简称《蒙特勒文件》）之序言，"私营军事和安保服务公司"是指提供军事和（或）安保服务的私营商业实体，不论这些实体如何称呼自己。军事和安保服务特别包括武装护卫和保护人员和物品，例如运输队、大楼和其他地点；维修和操作武器系统；羁留犯人；向地方部队和安保人员提供咨询或培训。"私营军事和安保服务公司人员"是指私营军事和安保服务公司雇用的、直接租用的或约定的人员，包括其雇员和管理人员。

而以部队地位协定为代表的条约法通常也有类似界定。美国与伊拉克缔结的部队地位协定中明确"美国承包商"和"美国承包商雇员"是指根据伊拉克与美国部队或为了美国部队的权益与美国部队订立合同或分包合同而存在的非伊拉克人、法人实体及其雇员，他们是美国或第三国的公民，并且在伊拉克为美国提供货物、服务和安保。但是，此项不包括通常居住在伊拉克境内的个人或法人实体。

一般而言，除非双边条约作出特殊约定，东道国有权对私营军事和安保服务公司的刑事犯罪进行管辖。根据《蒙特勒文件》第一部分，缔约国和领土所属国均"有义务对实施或下令实施严重违反《日内瓦四公约》以及在相关情况下违反《第一附加议定书》的人员予以有效的刑事制裁"。2010 年《私营安保公司国际行为守则》序言第 6 段也要求签字公司承诺，

〔1〕　See Agreement regarding the status of United States forces in Romania（30 October 2001）.

〔2〕　See Agreement between the Government of the United States of America and the Government of the Republic of Bulgaria on Defense Cooperation, with annexes（28 April 2006）.

〔3〕　See Agreement on the status of armed forces of the United States of America in the territory of the Republic of Poland（11 December 2009）.

在特别是涉及违反国家和国际刑法、违反国际人道主义法或者侵犯人员事件的国家和国际调查过程中，要诚心诚意地与行使正当管辖权的国家和国际当局合作。[1] 并且，部队地位协定通常也会赋予东道国优先管辖权。例如，在美国与伊拉克缔结的部队地位协定的第 12 条中规定，伊拉克享有对美国承包商和美国承包商雇员的优先管辖权。[2]

目前私营军事和安保服务公司在海外军事行动中涉及刑事管辖分配的议题得到了国际上的广泛关注。2007 年，受雇于私营军事和安保服务公司"黑水国际"的 4 名安保人员尼古拉斯·斯拉滕（Nicholas Slatten）、保罗·斯劳（Paul Slough）、埃文·利伯蒂（Evan Liberty）和达斯汀·赫德（Dustin Heard）在伊拉克首都巴格达的纳苏尔广场射杀 14 名手无寸铁的平民，并致使至少 17 人受伤。2015 年，美国法院判定尼古拉斯·斯拉滕犯有一级谋杀罪，而其余 3 人被判故意杀人和谋杀未遂罪。然而，时任美国总统特朗普于 2020 年 12 月 22 日将上述 4 名罪犯全部赦免。联合国人权理事会任命的雇佣军问题工作组主席兼报告员耶莱娜·阿帕拉茨（Jelena Aparac）说："赦免黑水合同承包者是对正义以及对纳苏尔广场大屠杀受害者及其家庭的一种冒犯。"她说："《日内瓦公约》责成各国追究战争罪犯的罪行，即使他们是私营公司的安全合同雇佣工。这些赦免违反了美国根据国际法应承担的义务，并且在全球范围内对人道主义法和人权造成了更广泛的破坏。"除却对实体法意义上的国际人道主义法的违反，海外军事行动中私营军事和安保服务公司的刑事管辖权分配问题也是非常棘手的问题之一。

综合来看，当谈及"上海合作组织军事合作的主体"时，不论是我国的国内法维度还是国际法实践，其指向一般仅包括军人及文职人员，也即武装力量。随军人员与合同雇员一般并不包括在内，其管辖权与豁免权需要双边或多边条约的特别约定。

---

〔1〕 参见匡增军、王菁菁：《美国在伊拉克军事存在的管辖与豁免问题及行动合法性探析》，载《国际法研究》2020 年第 3 期。

〔2〕 See Article 12. 2 of Iraqi-U. S. Status of Forces Agreement："Iraq shall have the primary right to exercise jurisdiction over United States contractors and United States contractor employees. "

第二节 上海合作组织执法合作中的主体范畴

国际法上对执法人员的相关法律文本包含联合国大会第 106 次全体会议 1979 年 12 月 17 日第 34/169 号决议通过的《执法人员行为守则》、联合国第八届预防犯罪和罪犯待遇大会 1990 年 9 月 7 日通过的《执法人员使用武力和火器的基本原则》等软法。在《执法人员行为守则》第 1 条的评注中，"'执法人员'一词包括行使警察权力、特别是行使逮捕或拘禁权力的所有司法人员，无论是指派的还是选举的。"并且，"在警察权力由不论是否穿着制服的军事人员行使或由国家保安部队行使的国家里，执法人员的定义应视为包括这种机构的人员。"而在上海合作组织执法合作的语境中，执法人员的范畴应当包括警察、海关、边防、国家安全机关等执法主体。而如果具体到反恐这一事项，根据《中华人民共和国反恐怖主义法》，"国务院公安部门、国家安全部门可以派员出境执行反恐怖主义任务。"[1]加之在 2009 年《上海合作组织成员国首次公安内务部长会议关于打击跨国犯罪的联合声明》中强调了成员国边境地区公安、内务机关，在打击跨国有组织犯罪领域开展更加密切的合作。因此可以说，在上海合作组织执法合作的语境中，最为重要的主体应当是公安部门、国家安全部门及其执法人员。

一、公安机关及其警务人员

警察，是一个由国家授权执法的公共或私人机构，有权部分或全部用于规范执行的专门武装力量。[2]警察行使的权力通常被称为执法，在英国传统上被称为 "Constabulary Powers"，时至今日则更多地被称为 "Policing Powers"。

尽管 "警察部队" 一词越来越多地被回避，取而代之的是 "警察服

---

〔1〕 参见《中华人民共和国反恐怖主义法》第 71 条。

〔2〕 See Richard D. Schwartz, James C. Miller, "Legal Evolution and Societal Complexity", *American Journal of Sociology*, Vol. 70, No. 2, 1964, pp. 159-169. See also R. Reiner, *The Politics of the Police*, 4th edition, Oxford University Press, 2010, p. 6.

务",就如红十字国际委员会(ICRC)曾发布的《服务与保护:适用于警察和安全部队的人权与人道法》及《国际警务规则和标准》,其中就提及执法人员的职责应当是维持公共秩序、预防和调查犯罪和向有困难的人或社区提供帮助。而在这些职能中,预防和调查犯罪是警察的本质职能。

(一)警务人员与武装力量的界限

一个显著的现象是国家的种族、政治、社会和经济性质决定了警察的性质,因此各国警察的性质通常差别很大。并且尽管随着时间的推移,执法的性质和形式在社会内部发生了显著变化,但纵观历史,执法的概念始终存在一个固有的特点:暗示或明确使用或威胁使用武力。尤其是历史上欧洲大陆国家对警察制度的设立正是基于合并警察和军事力量的模式,如法国的国家宪兵队和意大利的宪兵队(*Gens D' Armes*)。[1]因此,红十字国际委员会的《服务与保护:适用于警察和安全部队的人权与人道法》及《国际警务规则和标准》都指出,执法人员的执法权首先包含了武力和火器的使用,其次是逮捕、拘押、搜查和扣押。

1. 反恐行动中的"高级别警务"

"9·11"事件之后,警察、国家安全机关的执法人员受到的影响是明显的,正如国际警察局长协会(IACP)所观察到的那样,国土安全"凌驾于"(Towers Above)所有其他议程之上。[2]特别是,警方将强调对恐怖主义的预防性打击,诉诸一些相对不公开的手段,而忽视公众的监督。[3]当前,被认为对社会构成明显严重威胁的犯罪,如恐怖主义、贩毒和非法移民,而不是只影响个人的微犯罪的警务工作,被认识为"高级别警务"(High Policing)。在高级别警务中,预防是关键目标,利用情报收集、监视和破坏潜在暴力颠覆活动的策略更加普泛。相比之下,与其相对的概念"低级别警务",强调通过可见的巡逻进行预防,并通过适用刑法进行威

---

〔1〕 See P. J. Stead, *The Police of France*, Macmillan, 1983, p. 65.

〔2〕 See David H Bayley, David Weisburd, "Cops and Spooks: The Role of Police in Counterterrorism", in David L. Weisburd et al., *To Protect and To Serve: Policing in an Age of Terrorism*, Springer, 2011, p. 81.

〔3〕 See Michael Kempa et al., "Policing Communal Spaces: A reconfiguration of the Mass Private Property Hypothesis", *British Journal of Criminology*, Vol. 44, No. 4, 2004, pp. 562–581.

愓。高级别警务与低级别警务的标准做法有很大不同，因为高级别警务通常在人权保障方面缺乏一定透明度、谨慎性。[1]

目前来说，一国国内从事反恐工作的机构在全球范围内呈现三种模式：专门机构负责；一个或多个国家警察局负责；任何政府级别的所有警察机构负责。这三种模式并非互斥，而是可能共存于一个司法管辖区内。在国家层面设立专门反恐机构的包括澳大利亚的澳大利亚安全情报组织（Australian Security Intelligence Organization，ASIO）、加拿大的信息安全局（Communications Security Establishment，CSE）、法国的领土监护局（*Direction de la Surveillance due Territoire*，DST）、英国的军情五处（MI5）、日本的公安调查局（*Koan Chosa Koancha*）等；国家层面警察机构来负责反恐行动的机构包括澳大利亚联邦警察局（Australian Federal Police，AFP）、德国联邦刑事调查局（*Bundeskriminalamt*，BKA）、印度中央调查局（Central Bureau of Investigation，CBI）、美国的联邦调查局（Federal Bureau of Investigation，FBI）等；任何政府级别的所有警察机构参与的包括澳大利亚、加拿大、德国、印度、日本、英国、美国等。其中，一些国家反恐机构确实拥有完全的警察权力，可以拘留、逮捕和起诉，例如印度中央调查局（CBI）、日本公共安全调查局（PSIA）、西班牙国家情报中心（*Centro Nacional de Inteligencia*，CNI）、瑞典国家安全局（*Säkerhetspolisen*，SAPO）。因此，他们应该被视为专门从事反间谍活动的警察部队。

全球范围来看，几乎所有我们熟知的主权国家的中央警察部门都参与反恐。也就是说，他们在负责常规执法工作的同时也从事反恐工作。他们的活动可能会得到专门的军事化反恐部队的补充，例如英国的航空安全局（CAA）、美国的三角洲部队（CAG）、加拿大的第二特遣部队（JTF 2）、法国的国家宪兵干预组（GIGN）、德国边防警察第9反恐怖大队（GSG 9）和西班牙的反恐特别行动小组（GEO）。一些规模较大的美国警察部队通过派驻国外的联络官（Liaison Officers）收集外国情报。例如，纽约市有常驻伦敦、里昂、特拉维夫、汉堡、马德里和多伦多的联络官。[2]在大多数

---

〔1〕　See Ian Loader, "Policing, Securitization and Democratization in Europe", *Criminal Justice*, Vol. 2, No. 2, 2002, pp. 125-153.

〔2〕　See Jermoe H. Skolnick, "Democratic Policing Confronts Terror and Protest", *Syracuse Journal of International Law and Commerce*, Vol. 33, 2005, p. 191.

情况下，警察部队中的不少成员都接受过特殊任务的训练，如营救人质和被绑架者，以及如何应对特定地区的恐怖分子。[1]这使警察部队既有能力应对平民的犯罪，又有能力以准军事战术应对一定程度的暴力活动。最明显的例子之一是以色列。在以色列，人们可能会认为战争和刑事司法模式有些模糊。也就是说，以色列军队和以色列国家警察（INP）之间的密切联系已经模糊了军事和民事对恐怖主义的反应之间的界限。如果说美国的情况我们还能说是一种反恐工作中警察对部队的"模仿"，那么在以色列，这种职能的整合则是有意为之。[2]

聚焦到美国作为例子，其至少存在五种所谓"军警"（Military Police），包括美国陆军警察部队（U. S. Army Police Corps）、美国海军陆战队警察部队（U. S. Marine Corps Police Force）、美国空军安全部队（U. S. Air Force Security Forces）、美国海军安全部队（Naval Security Forces Master‒at‒Arms）、美国海岸警卫队（U. S. Coast Guard Police）。军警的职能包含拘留、审讯、维稳、情报搜集、守卫、巡逻、反恐、培训、收集证据并保护犯罪现场，等等，某种意义上兼具了执法与军事的职能。

2. 警务人员参与海外军事行动

还有一些国家存在宪兵部队（*Gendarmerie*）或军事化的警察队伍，此种部队虽然具有一些执法职能，但实际上是武装部队的一部分。例如，法国的国民宪兵队（*Gendarmerie Nationale*）、意大利的宪兵队（*Arma dei Carabinieri*）和荷兰的皇家宪兵队（*Koninklijke Marechaussee*）。他们在行动中的地位取决于他们被要求的职责——军事或执法。在一些国家，边境或海岸警卫队也组成武装部队的一个分支，美国海岸警卫队和意大利的一支警察队伍（*Guardia di Finanza*）就是如此。我们常能发现美国的海岸警卫队与武装部队一起被部署参与海外军事行动甚至海外的武装冲突，例如，美国海岸警卫队负责提供港口安全和海上拦截，以支持在伊拉克的大规模军

---

〔1〕 See Grant Wardlaw, *Political Terrorism*：*Theory*, *Tactics and Counter‒Measures*, Cambridge University Press, 1989, pp. 92‒93. See also Peter Chalk, "The Response to Terrorism as a Threat to Liberal Democracy", *Australian Journal of Politics and History*, Vol. 44, No. 3, 1998, pp. 373‒388.

〔2〕 See Peter Brandon Kraska, *Militarizing the American Criminal Justice System*：*The Changing Roles of the Armed Forces and the Police*, Northeastern University Press, 2001, pp. 3‒5.

事行动。[1]而德国的边境警卫队的职能由联邦警察（*Bundespolizei*）履行，这显然是一个执法机构。然而，到 2005 年，同一个组织被称为联邦边防卫队（*Bundesgrenzschutz*），具有明显的准军事性质，完全有权在武装冲突中与武装部队一起参与敌对行动。

再例如，20 世纪 90 年代，所罗门群岛发生暴乱，2003 年 7 月，澳大利亚组建所罗门群岛区域援助团进驻所罗门群岛干预局势。这一援助团由澳大利亚（澳大利亚联邦警察和澳大利亚国防军）和新西兰领导的由 2200 名警察及军人组成的庞大国际安全特遣队组成。2003 年《关于部署到所罗门群岛协助恢复法律、秩序和安全的警察、武装部队及其他人员的行动和地位的协定》的第 5.7 条明确规定：“参与所罗门群岛区域援助团的警察部队不受任何有关所罗门群岛警察部队行政或纪律的条例的约束，也不受任何所罗门群岛纪律当局、法院或法庭的管辖。”在其后的第 10.2 条进一步指出：“访问特遣队成员和援助国应享有所罗门群岛法院和法庭就访问特遣队或其成员在执行公务过程中或伴随执行公务采取的行动而提起的法律诉讼的豁免权。本款所指的法律程序包括刑事、民事、纪律和行政程序，以及为执行习惯法而选择的程序。”[2]

前文所述的美国军警也是如此，甚至不仅参与平时的海外军事行动，还在战时参战。例如自 1941 年 9 月 26 日以来，美国陆军警察部队一直活跃于第一次世界大战，第二次世界大战，朝鲜战争，越南战争，波斯湾战争，科索沃战争等战场当中。就区域安全合作的维度而言，《北约驻军地位协定》中就有明文提及军警，其第 5 条第 10 款规定：“正规编制的军事单位或部队的组成部分，应有权对其根据与接受国的协定所安排的任何营地、建筑物或其他房地进行警戒。该部队的军警可采取一切适当措施，确保维持这种场所的秩序和安全。在这些场所以外，此种军警的雇用，仅应根据与接受国当局的安排并与该当局协商，并在为维持部队成员的纪律和秩序所必需时才可使用。”除却多边部队地位协定，美国与其他国家的双

---

[1] See Basil Tripsas, Patrick Roth and Renee Fye, “*Coast Guard Operations During Operation Iraqi Freedom*”, Report CRM D0010862. A2/Final（CNA Corporation, October 2004）.

[2] Agreement between Solomon Islands, Australia, New Zealand, Fiji, Papua New Guinea, Samoa and Tonga concerning the Operations and Status of the Police and Armed Forces and other Personnel Deployed to Solomon Islands to Assist in the Restoration of Law and Order and Security, 24 July 2003.

边部队地位协定中也类似地加入了关于军警的条款，就例如《根据〈日美共同合作和安全条约〉第六条关于在日本的设施和地区以及美国武装部队的地位协定》第 17 条第 10 款。

由此可见，在区域安全合作的语境下，很多时候呈现执法人员和军人共同参与海外军事行动，也会出现执法人员和军人共同参与跨境执法活动。这种执法力量与武装力量在实践中的混同对于刑事管辖权分配而言，某种意义上是一种简化，因为在当前的部队地位协定中虽有对警察等执法人员的规定，但较少存在细致的管辖权分配规则，而是需要另外进行谈判和缔约。在未来的区域安全合作实践中，仅就管辖权分配规则的安排而言，其实已然可以考虑合并规范。

（二）上海合作组织安全合作中的警务人员

上海合作组织成员国的国内法维度方面，《中华人民共和国人民警察法》第 2 条第 2 款规定："人民警察包括公安机关、国家安全机关、监狱、劳动教养管理机关的人民警察和人民法院、人民检察院的司法警察。"《中华人民共和国人民警察法》第 2 章规定了警察的职权，其中公安机关人民警察的职权具体包括："（一）预防、制止和侦查违法犯罪活动；（二）维护社会治安秩序，制止危害社会治安秩序的行为；（三）维护交通安全和交通秩序，处理交通事故；（四）组织、实施消防工作，实行消防监督；（五）管理枪支弹药、管制刀具和易燃易爆、剧毒、放射性等危险物品；（六）对法律、法规规定的特种行业进行管理；（七）警卫国家规定的特定人员，守卫重要的场所和设施；（八）管理集会、游行、示威活动；（九）管理户政、国籍、入境出境事务和外国人在中国境内居留、旅行的有关事务；（十）维护国（边）境地区的治安秩序；（十一）对被判处管制、拘役、剥夺政治权利的罪犯和监外执行的罪犯执行刑罚，对被宣告缓刑、假释的罪犯实行监督、考察；（十二）监督管理计算机信息系统的安全保护工作；（十三）指导和监督国家机关、社会团体、企业事业组织和重点建设工程的治安保卫工作，指导治安保卫委员会等群众性组织的治安防范工作；（十四）法律、法规规定的其他职责。"而国家安全机关、监狱、劳动教养管理机关的人民警察和人民法院、人民检察院的司法警察，分别依照有关法律、行政法规的规定履行职权。

俄罗斯 2011 年《俄罗斯联邦警察法》第 4 条规定：①警察是联邦行政机构在内政领域的统一中央集权系统的组成部分。②警察可以包括为履行分配给警察的职责而设立的单位、组织和部门。③警察的活动应在其职权范围内接受联邦内务执行机构负责人、联邦内政执行机构领土机构（下称领土机构）负责人和警察单位负责人的监督。这些机构和单位的负责人负责履行分配给警察的职责。④警察的组成，警察单位的创建、重组和清算程序由俄罗斯联邦总统决定。⑤在内政机构的既定人员配置范围内，警察单位的人员配置标准和限制应由联邦内务执行机构负责人确定。俄罗斯警察的职能规定在了第 2 条：①保护个人、社会和国家免受非法侵犯；②预防和惩治犯罪和行政违法行为；③侦查和披露犯罪情况，对刑事案件进行初步调查；④搜查人员；⑤行政违法案件的诉讼裁决、行政处罚的执行；⑥确保公共场所的法律和秩序；⑦确保道路安全；⑧国家保护受害者、证人和其他刑事诉讼参与者、法官、检察官、调查人员、执法和监督机构的官员以及其他受保护人；⑨实施法医活动。此外，根据俄罗斯联邦总统的决定，警察可以参加维护或恢复国际和平与安全的活动。

二、海关、边防、国家安全机关及其执法人员

必须指出的是，海关、边防、国家安全机关在各国都有不同的性质界定，其具体职能也在不同国家间产生重叠和交织，因此本书也仅仅是进行大体职能划分。例如，俄罗斯联邦安全局自然属于国家安全机关，但依据《俄罗斯联邦安全局条例》，其主要职能也涵盖与联邦边防局机关及边防军共同保卫国界安全。俄罗斯联邦安全总局在收编联邦边防总局后，原联邦边防总局的六个边防军区（西北边防区、高加索特区边防区、后贝加尔边防区、远东边防区、太平洋边防区、东北边防区），三个边防军集群（驻地分别为沃罗涅日市、加里宁格勒市、塔吉克斯坦），北极独立边防支队、"莫斯科"边防监督独立支队和数个战役集群等全部由联邦安全局管辖。

首先，就海关来说，海关的执法主体更多指的是海关侦查走私犯罪公安机构，在上海合作组织安全合作中则主要负责的是打击走私犯罪。就海关联合执法来说，可能更多指代的是协助执法，一般也不涉及派员到对方国境内对犯罪分子进行追缉。根据《中华人民共和国海关法》第 4 条规

定，"国家在海关总署设立专门侦查走私犯罪的公安机构，配备专职缉私警察，负责对其管辖的走私犯罪案件的侦查、拘留、执行逮捕、预审。海关侦查走私犯罪公安机构履行侦查、拘留、执行逮捕、预审职责，应当按照《中华人民共和国刑事诉讼法》的规定办理。海关侦查走私犯罪公安机构根据国家有关规定，可以设立分支机构。各分支机构办理其管辖的走私犯罪案件，应当依法向有管辖权的人民检察院移送起诉。"

其次，就边防而言，《上海合作组织成员国边防合作协定》明确规定"边防行动"指各方主管机关按照本国法律保卫国界，以及对出境入境人员、交通工具、货物和动植物进行验放活动。并且，各国的主管机关分别是哈萨克斯坦共和国国家安全委员会、中华人民共和国公安部、吉尔吉斯共和国国家边防局、俄罗斯联邦安全局、塔吉克斯坦共和国国家安全委员会、乌兹别克斯坦共和国国家安全总局。对我国而言，边防原属武警部队序列。根据《最高人民法院关于军事法院管辖民事案件若干问题的规定》，军人是指中国人民解放军的现役军官、文职干部、士兵及具有军籍的学员，中国人民武装警察部队的现役警官、文职干部、士兵及具有军籍的学员。那么也即边防原属"军人"。2018年3月，中共中央印发了《深化党和国家机构改革方案》，方案指出，公安边防部队不再列武警部队序列，全部退出现役。公安边防部队转到地方后，成建制划归公安机关，现役编制全部转为人民警察编制。因此，就中国的公安边防部队而言，当前应认为属于执法主体。

再到国家安全机关，仅就反恐这一上海合作组织安全合作的核心工作而言，其就有相当程度的参与。例如《中华人民共和国反恐怖主义法》中就规定国家安全机关需要依法做好反恐怖主义工作，国家安全机关因反恐怖主义情报信息工作的需要，根据国家有关规定，经过严格的批准手续，可以采取技术侦察措施。经与有关国家达成协议，并报国务院批准，国务院公安部门、国家安全部门可以派员出境执行反恐怖主义任务。[1]从我国的立法实践看，国家安全机关的工作人员仍属于执法人员范畴，而非"军人"，根据《中华人民共和国人民警察法》第2条规定，中华人民共和国的人民警察包括国家安全机关的人民警察。但诚如前文所言，上海合作组

---

[1] 参见《中华人民共和国反恐怖主义法》第8条、第45条、第71条。

织成员国对国家安全机关执法人员的定性未必一致，例如俄罗斯联邦安全局下辖有数支特种部队，用以打击恐怖分子和打击非法武装，该局装备有武装直升机、装甲战车、火炮、武装舰艇等重型武器，那么至少该国家安全机关的特种部队成员系"军人"而非常规意义上的行政执法人员。

安全合作中的刑事管辖权分配

    本章将从两个维度来剖析安全合作中派遣国对驻外执法人员及部队成员的刑事管辖权问题。首先是一般国际法，国际法委员会在某些情况下采用"一般国际法"这一词组来泛指除条约规则之外的国际法规则。同样，在某些情况下，委员会似乎交替使用了"一般国际法"和"习惯国际法"这两个词组。委员会还将"一般国际法"这个词组作为同时包括习惯国际法和一般原则的总称使用。[1]对于派遣国而言，这涉及其属人管辖权及国内法律的域外适用、域外管辖，而对于东道国来说则是基于主权的属地管辖。另外，第三国及世界各国可能在特定情形下分别享有对某国驻外执法人员及部队成员的保护性管辖权或者普遍管辖权。其次则是特殊国际法，即与一般国际法相对的概念，主要指条约。基于双边或者多边部队地位协定的管辖权问题，由于派遣国属人管辖权与东道国属地管辖权的竞合，需要通过条约的形式明确管辖权的分配。

    上海合作组织成员国进行海外军事行动的实践非常丰富，尤其以俄罗斯与中国为代表，且就在上海合作组织范畴内的多边、双边安全合作实践而言，自21世纪初开始已有成熟的实践可供总结特征。上海合作组织安全合作中，一国之驻外部队的刑事管辖权具体应当如何与东道国分配，驻外部队在东道国的刑事管辖权可以分为两个维度，一个是基于一般国际法的刑事管辖权，另一个则是基于双边部队地位协定的刑事管辖权，两种形态的管辖权各有什么特质，具体如何进行管辖以及在现行国际法实践中是如何进行运作的等话题是核心需要探讨的。

---

    [1] See UN Doc. A/CN. 4/659, p. 37.

第一节　一般国际法下的刑事管辖权及其分配

如果在没有双边、多边部队地位协定存在的情况下，派遣国与东道国间显然存在对驻外执法人员及部队成员的刑事管辖冲突。在二战结束前的历史时期，海外军事行动就早已广泛存在，而为了解决此种管辖权冲突，海外军事行动中的派遣国往往主张其对驻外军人享有专属管辖权。这一实践的合法性得到了大量国家法院、英美国际法学者乃至海牙常设仲裁法院的认可。并且，随着普遍管辖权的兴起，对于某些特定的犯罪，越来越多国家开始主张刑事管辖权，而不论犯罪地、被定罪人国籍、受害人国籍等是否与本国有联系，这对跨境执法合作及海外军事行动的影响不可不察。

一、派遣国与东道国间存在管辖权冲突

安全合作中的管辖权仍不出传统国际法的管辖权理论。管辖权是国家主权的象征，常设国际法院审判的"荷花号案"（*The case of the S. S. Lotus*）中就明确指出，除非受到国际法的明确禁止，在确定自身管辖体制上，国家享有相当程度的自由裁量权。[1]一般国际法解决的是国际法在多大程度上允许一国对其领土内、有时在国外的人或物行使管辖权。这个问题是国家主权的一个重要方面，基于主权平等和不干涉别国内政的原则。从国内法的角度，管辖权被英美法系和部分大陆法系国家两分，即立法管辖权与执法管辖权（司法和行政部门执行法律）。而美国则采三分法，分为立法管辖权、执法管辖权和司法管辖权。[2]将管辖权分为立法层面的和执行层面的并非只具有单纯学术意义。就执行管辖权而言，其始终受到如下限制：在没有获得另一国同意前，一国不能在该另一国领土上行使任何执行层面的管辖权，否则即构成对该另一国领土主权的侵犯。相比之下，立法层面的管辖权则不存在这种限制，即一国有权在本国法律体系内确立某些域外管辖权而无需征得他国同意。例如，一国有权针对本国国民在他国所

---

〔1〕　See *the case of the S. S. Lotus*, PCIJ, Series A. No. 10, p. 19.

〔2〕　See Malcolm N. Shaw, *International law*, 6th ed., Cambridge University Press, 2008, pp. 649-650.

犯罪行而确立本国的立法性属人管辖权。一国也有权针对发生在他国的犯罪确立本国的立法性普遍管辖权。[1]

从管辖权的效力来说,管辖权可以分为属地管辖权(*Ratione Loci*)、属人管辖权(*Ratione Personae*)、保护性管辖权和普遍管辖权。[2]上述分类方法可被概括为"四类说",但亦有"八类说",系指属地管辖权、船舶、航空器上的管辖权、行为人国籍国管辖权(Active Personality Jurisdiction)、被害人国籍国管辖权(Passive Personality Jurisdiction)、保护性管辖权、代位管辖权、行为人所在地国管辖权和被告人缺席的普遍管辖权。还有"七类说",将最后两者即行为人所在地国管辖权和被告人缺席的普遍管辖权统称为"普遍管辖权"。[3]

属地管辖权是管辖权的首要依据,[4]一个国家可以在其领土内自由地立法和执行这项立法,主要的例外是这项自由受到条约的限制,比如驻外部队中的部队地位协定。一个国家一般可以自由地对其领土内的任何人,包括外国国民适用其立法。[5]对于在国内实施的全部罪行,不论行为人、被害人的国籍如何,国内法都具有适用的效力。[6]1764年著名的意大利刑法学家贝卡里亚(Cesare Bonesana Beccaria)提出了属地管辖权的理论基础,他认为:"由于各国的法律规定不同,行为人只能在其违反法律的地方才能受到惩罚。犯罪违反了社会契约,违约人在契约签署地受到惩罚才

---

[1] 参见宋杰:《我国刑事管辖权规定的反思与重构——从国际关系中管辖权的功能出发》,载《法商研究》2015年第4期。

[2] 参见〔英〕M. 阿库斯特:《现代国际法概论》,汪瑄等译,中国社会科学出版社1981年版,第122-123页。

[3] See Luc Reydams, *Universal Jurisdiction: International and Municipal Legal Perspectives*, Oxford University Press, 2004, p. 21.

[4] 前联合国秘书长潘基文就表示过,属地管辖权是国家行使其职责的基石性(bedrock)原则,并且物理上空间位置的概念将被放置于一系列的容易确定边界的地方,而这些地方又能够足够表现出国家主权的功能。See Anne Orford, "Jurisdiction Without Territory: From the Holy Roman Empire to the Responsibility to Protect", *Michigan Journal of International Law*, Vol. 30, No. 3, 2009, pp. 1003-1004.

[5] See Sir Robert Jennings, Sir Arthur Watts ed., *Oppenheim's International Law*, Longman, 1992, pp. 456-478.

[6] 参见〔日〕森下忠:《国际刑法入门》,阮齐林译,中国人民公安大学出版社2004年版,第33页。

符合正义。"〔1〕一国还可对悬挂其国旗或在其登记的飞机、船舶以及船上人员适用其法律。虽然一国对其领空拥有主权，但在外国注册飞机上的行为主要受注册国的管辖。领海、专属经济区或公海的管辖权将由别的依据处理。

而对属人管辖权而言，包含了行为人国籍国管辖权和被害人国籍国管辖权。行为人国籍国管辖权赋予一个国家可以立法管制其国民在国外的活动，无论是在那里居住还是仅仅访问。"国籍的一个好处是，如果你住在国外，或者你有外国投资或从事商业活动，你的国家的税法可能仍然适用于你，并且管理政府官员行为的立法将适用于他们在国外的工作。各国的立法在不同程度上规定，在国外犯罪的本国国民可在本国受到起诉，为此目的可提供引渡。"〔2〕各国的国家实践对属人管辖是否要加诸限制态度并不完全一致，德国、奥地利、朝鲜和匈牙利等国刑法采取的是完全排斥罪行和罪种限制的立法规定，而另一些国家或是对罪种，或是对刑期，再或是对犯罪地国家的国内法是否也认为该行为构成犯罪有所考虑，也可能综合考虑上述因素作出立法规定。比如日本和捷克等国的刑事立法中涉及的属人管辖条款规定了重罪及轻罪限制，我国则是综合考虑上述因素，《中华人民共和国刑法》第 7 条第 1 款规定："中华人民共和国公民在中华人民共和国领域外犯本法规定之罪的，适用本法，但是按本法规定的最高刑为三年以下有期徒刑的，可以不予追究。"第 8 条规定："外国人在中华人民共和国领域外对中华人民共和国国家或者公民犯罪，而按本法规定的最低刑为三年以上有期徒刑的，可以适用本法，但是按照犯罪地的法律不受处罚的除外。"而被害人国籍国管辖权系指被害人在国外受到了伤害，受害人的国籍国有权以此为根据对该罪行主张管辖权，在 1988 年《制止危及海上航行安全非法行为公约》中有所体现，公约第 6 条第 2 款（b）项规定："在案发过程中，其国民被扣押、威胁、伤害或杀害"，一缔约国也可以对任何此种罪行确定管辖权。

在一般国际法的框架下，安全合作中涉及派遣国属人管辖权与东道国属地管辖权的重叠。〔3〕细分讨论的话，如果派遣国所派遣的驻外执法人员

---

〔1〕 ［意］贝卡里亚：《论犯罪与刑罚》，黄风译，中国大百科全书出版社 1993 年版，第 10 页。

〔2〕 Anthony Aust, *Handbook of International Law*, Cambridge University Press, 2010, p. 43.

〔3〕 参见李伯军：《论海外军事基地人员之刑事管辖权的冲突及其解决》，载《环球法律评论》2021 年第 1 期。

或部队成员是犯罪行为人，那么就存在派遣国"行为人国籍国管辖权"和东道国"属地管辖权"的重叠。当然，重叠出现的条件，以中国作为派遣国为例，需要中国国籍的驻外执法人员或部队成员所犯罪行其最高刑超过三年有期徒刑。而如果系东道国的国民对中国驻外执法人员或部队犯下罪行，则既要满足东道国国民所犯罪行最高刑超过三年有期徒刑，又要满足按照犯罪地的法律亦需受到处罚，才能出现派遣国"被害人国籍国管辖权"和东道国"属地管辖权"的重叠。

在面对此种管辖权的重叠或者说竞合时，如何确定何者优先、何者劣后是非常困难的问题，目前为止难以得出统摄性的结论。刘大群法官曾提出："最重要的要素是行使管辖权的国家必须与犯罪之间存在着联系因素（Nexus or Connection）。当几个国家对同一国际犯罪都具有管辖权的情况下，就可能发生管辖权的冲突。解决这种冲突的办法就是要确立优先管辖的顺序规则。哪个国家与犯罪之间存在着最紧密的联系，哪个国家就具有优先管辖权，一般而言，行为发生地国与犯罪存在着最紧密的联系，应排在首位，其次是行为人国籍国管辖权，被害人国籍国管辖权，保护性管辖权以及行为人所在地国的管辖权。"[1]然而，各国出于国家主权或其他利益相关的目的总会倾向于争夺管辖权，在影响非凡的"孟晚舟案"中美国甚至依托最低限度的联系，而试图获得对孟晚舟的管辖权。因此，理论上联系紧密程度的判断方式在实践中往往存在不能判断或不愿遵循的结果，而使得管辖权的冲突仍无法得到妥善解决。

当然，安全合作中亦有可能出现第三国的"被害人国籍国管辖权"，即派遣国的驻外执法人员或部队成员对东道国领土上的第三国国民实施了犯罪。而保护性原则的管辖权系指一国对在外国从事针对本国主权和人身安全的犯罪具有管辖权，由于派遣国的驻外执法人员或部队成员存在于东道国的领土上，故而跨境执法合作及海外军事行动中的保护性管辖权不会出现在派遣国与东道国之间，而是可能出现在派遣国与第三国之间。代位管辖权指一国在条约或多边公约的基础上，委托另一国或机构对本国所具有管辖权的犯罪行使管辖权，比如国际刑事法院。由于国际刑事法院的代

---

〔1〕 刘大群：《论国际刑法中的普遍管辖权》，载《北大国际法与比较法评论》2006年第7期。

位管辖权往往与基于条约的部队地位协定发生管辖权冲突，故而不在本节的讨论范围，将在第四章进行讨论。下文将讨论剩余的管辖权形态，即普遍管辖权。

二、第三国享有对国际罪行的普遍管辖权

普遍管辖权作为目前国际法界蔚为关注的话题，在上海合作组织安全合作中亦有发生的可能，系指仅基于犯罪性质的刑事管辖权，不论罪行是在何处发生，不论被指控或被定罪人的国籍，不论受害人的国籍，也不论行使管辖的国家是否与罪行有任何其他联系。[1]有学者提出普遍管辖权可被分为两种，一种是"有限普遍管辖权"即行为人所在地国管辖权（*Forum Deprehensionis*），另一种是"绝对普遍管辖权"即被告缺席的普遍管辖权（*Universal Jurisdiction In Abstentia*）。[2]

当然，目前为止普遍管辖权尚未获得学界的一致认可以及广泛的国家实践。第一次世界大战结束以来各国建立国际司法机构的集体实践，包括五个国际调查委员会和四个国际特设刑事法庭，它们都没有建立在普遍管辖权理论的基础上。[3]2002年设立的国际刑事法院也很大程度是基于代位管辖权理论，需要缔约国的同意，唯有联合国安全理事会对法院管辖范围内罪行进行的"移交"可能构成普遍管辖权，因为它们可以超越缔约国的领土管辖权，例如国际刑事法院的苏丹达尔富尔情势。[4]而能够适用普遍管辖权的国际罪行也是模糊的，普林斯顿原则提出："1. 为本原则目的，国际法上的严重犯罪包括：（1）海盗行为；（2）奴役；（3）战争罪；（4）危害和平罪；（5）危害人类罪；（6）灭绝种族罪；（7）酷刑。2. 普遍管辖权适用于本条原则第1款所列国际犯罪，并不妨碍其适用于国际法规定的其他犯罪。"[5]然而，这只是学者们的学术观点，如果我们把目光放到条约

---

[1] 参见马福威译，马新民校：《普林斯顿普遍管辖权原则》，载《北大国际法与比较法评论》2008年第9期。

[2] See Antonio Cassese, *International Criminal Law*, Oxford University Press, 2003, p. 283.

[3] See M. Cherif Bassiouni, "From Versailles to Rwanda in Seventy-Five Years: The Need to Establish a Permanent International Criminal Court", *Harvard Human Rights Journal*, Vol. 10, 1997, p. 11.

[4] See UN Doc. S/RES/1593 (2005).

[5] 马福威译，马新民校：《普林斯顿普遍管辖权原则》，载《北大国际法与比较法评论》2008年第9期。

法以及习惯国际法上，情况并不乐观。

著名的国际刑法学家 M. 谢里夫·巴西奥尼（M. Cherif Bassiouni）统计了 1985 年至 1999 年涉及国际罪行的 276 项条约，共可分为 27 类。分别为：侵略、种族灭绝、危害人类罪、战争罪、危害联合国人员和有关人员罪、非法拥有和/或使用武器、盗窃核材料、雇佣军、种族隔离、贩奴和与奴隶有关的罪行、酷刑、非法人体实验、海盗、劫持飞机、非法打击海上民用航行、针对受国际保护人员的非法行为、劫持平民人质、非法使用邮件、核恐怖主义、资助国际恐怖主义、非法贩运毒品和危险物质、破坏和（或）盗窃国宝和文化遗产的行为、危害环境的非法行为、国际贩卖淫秽材料、伪造货币、非法干扰海底电缆和贿赂外国公职人员。在这些公约规定中，只有 32 项公约作了刑事管辖权的规定，在这 32 项公约中只有非常少数明确或含蓄地被解释为反映了普遍管辖权。[1]

海盗罪是最早被确定为适用普遍管辖权的国际罪行，《联合国海洋法公约》第 105 条规定："在公海上，或在任何国家管辖范围以外的任何其他地方，每个国家均可扣押海盗船舶或飞机或为海盗所夺取并在海盗控制下的船舶或飞机，和逮捕船上或机上人员并扣押船上或机上财物。扣押国的法院可判定应处的刑罚，并可决定对船舶、飞机或财产所应采取的行动，但受善意第三者的权利的限制。"而贩卖奴隶或与奴隶制有关的罪行作为强行法罪行，目前为止的公约尚没有明确可以实行普遍管辖的条款，1904 年和 1910 年的《禁止贩卖白奴国际协定》、1921 年《禁止贩卖妇女和儿童国际公约》、1930 年《强迫劳动公约》及 1957 年《废止强迫劳动公约》等都未包含普遍管辖的条款。就海盗罪与贩卖奴隶罪而言，虽然前者可以而后者不可以适用普遍管辖，但两者在海外军事行动的论域中出现概率极为有限，并非探讨的重点。而战争罪、灭绝种族罪、危害人类罪及酷刑等作为强行法罪行则在海外军事行动中可能并确实已然出现案例。

规制战争罪的国际公约中我们尚无法直接得出可以适用普遍管辖的结论，但 1949 年《日内瓦四公约》和《第一附加议定书》为各国适用普遍管辖权以防止和制止"严重违反"这些公约提供了充分的基础。根据《日

---

〔1〕 See M. Cherif Bassiouni, "Universal Jurisdiction for International Crimes: Historical Perspectives and Contemporary Practice", *Virginia Journal of International Law*, Vol. 42, No. 1, 2001, p. 81.

内瓦四公约》的相关条款（分别为第 49 条、第 50 条、第 129 条和第 146 条），各缔约国有义务搜捕被指控的犯罪人，并且"不分国籍"将其送交各该国法庭，或者将其送交能指出案情显然者之另一缔约国审判。尽管公约没有明确表示可以不考虑犯罪地而主张管辖，但通常均将其解释为规定了强制性普遍管辖权。根据"或引渡或起诉"原则，缔约国除了起诉或引渡被指控实施了严重破约行为的人以外别无选择。此外，尽管《日内瓦公约》的相关条款限于"严重破约行为"，但国家实践已确认，各国有权授权其法院针对一切违反战争法律与习惯且构成战争罪的行为行使普遍管辖权（ICRC《习惯国际人道法》，规则 157，2005 年）。[1]因此，战争罪可以实行"有限普遍管辖权"即行为人所在地国管辖权当无疑问，但是否能据此实行被告缺席的普遍管辖权仍有争议。

而灭绝种族罪作为"罪中之罪"，无论是 1948 年《防止及惩治灭绝种族罪公约》还是其后的 1993 年前南斯拉夫国际刑事法庭、1994 年卢旺达问题国际刑事法庭及国际刑事法院都未明确规定灭绝种族罪可以适用普遍管辖。尤其是《防止及惩治灭绝种族罪公约》第 6 条规定："凡被诉犯灭绝种族罪或有第三条所列其他行为之一者，应交由行为发生地国家的主管法院，或缔约国接受其管辖权的国际刑事法庭审理之"，但该条并没有反映出普遍管辖权的存在。[2]在此种情况下，出于灭绝种族罪的特殊地位、性质，学者们仍一致认为，尽管没有国家实践支持这一论点，但习惯国际法承认灭绝种族罪管辖权的普遍性。[3]正如西奥多·梅隆（Theodor Meron）教授所说，"权威学者们日益认识到，灭绝种族罪（尽管《防止及惩治灭绝种族罪公约》没有关于普遍管辖权的规定）也可能被任何国家起诉。"[4]

---

〔1〕 参见红十字国际委员会：《普遍管辖权的范围与适用：红十字国际委员会在 2013 年联合国大会上的发言》，2013 年 10 月 18 日，纽约，联合国大会，第 68 届会议，第六委员会，项目 68，红十字国际委员会的发言。

〔2〕 See William A. Schabas, *Genocide in International Law: the Crime of Crimes*, Cambridge University Press, 2000, pp. 353-378.

〔3〕 See Christopher C. Joyner, "Arresting Impunity: The Case for Universal Jurisdiction in Bringing War Criminals to Accountability", *Law and Contemporary Problems*, Vol. 59, No. 4, 1996, p. 159. See also Jordan J. Paust, "Congress and Genocide: They're Not Going to Get Away With It", *Michigan Journal of International Law*, Vol. 11, No. 1, 1989, p. 91.

〔4〕 Theodor Meron, "International Criminalization of Internal Atrocities", *The American Journal of International Law*, Vol. 89, No. 3, 1995, p. 569.

《美国对外关系法重述》第三版也解释说："惩罚种族灭绝的普遍管辖权被广泛接受为习惯法的一项原则。" 在前南斯拉夫国际刑事法庭的塔迪奇案（*Prosecutor v. Tadic*）以及卢旺达问题国际刑事法庭的恩图亚哈案（*Prosecutor v. Ntuyahaga*）中，法院都确认了灭绝种族罪能够适用普遍管辖。[1]而1973年《禁止并惩治种族隔离罪行国际公约》第4条第2款规定："本公约缔约国承诺：……（b）采取立法、司法和行政措施，按照本国的司法管辖权，对犯有或被告发犯有本公约第二条所列举的行为的人，进行起诉、审判和惩罚，不论这些人是否住在罪行发生的国家的领土内，也不论他们是该国国民抑或其他国家的国民，抑或是无国籍的人。"该公约也显然赋予了各缔约国对种族隔离罪行行使普遍管辖权的权利。

由于目前尚无危害人类罪的公约，很难从条约法角度判断危害人类罪是否能够适用普遍管辖。但首先，从国际法的实践，尤其是纽伦堡审判和东京审判来看，各国以及国际法的权威学者们认为"危害人类罪"被推定承担起诉或引渡的义务，并允许各国依赖普遍管辖进行起诉、惩罚和引渡，虽然其军事宪章中的管辖权条款更多的是基于属地和被害人国籍国管辖权。[2]其次，近年来国际法委员会起草的《防止及惩治危害人类罪条款草案》第7条中明确规定："1. 各国应采取必要措施，确立在下列情况下对本条款草案所述罪行的管辖权：（a）罪行发生在该国管辖的任何领土内，或发生在该国注册的船只或飞行器上；（b）被指控罪犯为该国国民，或该国认为应予管辖的、惯常在该国领土内居住的无国籍人；（c）受害人为该国国民，而该国认为应予管辖。2. 各国还应采取必要措施，在被指控罪犯处于其管辖的任何领土内而本国不按照本条款草案予以引渡或移交的情况下，确立对本条款草案所述罪行的管辖权。3. 本条款草案不排除一国行使根据其国内法确立的任何刑事管辖权。"该条的第1款规定了属地、属人管辖权，而其中的第2款及第3款就是意在对危害人类罪允许适用普

---

〔1〕 See *Prosecutor v. Tadic*, Case No. IT-94-1-AR72, Decision on the Defence Motion for Interlocutory Appeal on Jurisdiction, para. 62（Oct. 2, 1995）. See *Prosecutor v. Ntuyahaga*, Case No. ICTR-90-40-T, Decision on the Prosecutor's Motion to Withdraw the Indictment（Mar. 18, 1999）.

〔2〕 "纽伦堡法庭和远东法庭根据其军事法庭宪章对二战中犯有反和平罪、战争罪、反人道罪的罪犯进行了审判和处罚，其普遍管辖权得到了国际社会的普遍承认。"参见张志勋：《刑事普遍管辖权的发展趋势与我国的对策》，载《江西社会科学》2011年第9期。

遍管辖权。

类似的以明示或暗示方式确认普遍管辖的国际罪行还包括一些非强行法罪行，例如劫机罪、非法打击海上民用航行、危及大陆架固定平台安全的非法行为、针对受国际保护人员的非法行为、劫持平民人质、非法贩运毒品和危险物质等。[1]无论是否是强行法罪行，这些国际犯罪在驻外部队中存在的可能性或大或小都是值得关注的，而其衍生开来的普遍管辖权在海外军事行动中同样有可能被予以行使，从而发生与派遣国属人管辖或者东道国属地管辖的冲突。

而在晚近国际法的发展过程中，我们可以看到在实践中已然诞生了与执法人员、驻外部队刑事豁免权相关的新议题，即非属派遣国与东道国的第三国行使普遍管辖权意图管辖国际罪行。2020 年 1 月 28 日，德国联邦最高法院作出一项具有里程碑意义的裁定，坚定表达了德国仍打算继续对战争罪行使普遍管辖，并且在国际罪行面前，一国之军人不能享有在作为第三国的德国法院的属事刑事豁免权。该案系对一名前阿富汗中尉军官的审判，该军官涉嫌在审讯中虐待 3 名被俘的塔利班武装分子，且用电击威胁他们，并把一名塔利班指挥官的尸体像战利品一样悬挂起来进行侮辱，因此违反了《德国国际刑法典》第 8 条第 1 款第 3 项中的战争罪。该案将对未来许多类似案件产生深远影响，例如正在德国西部城市科布伦茨进行的关于两名前叙利亚秘密警察被控反人类罪的案件，该案亦是对国际罪行行使普遍管辖，且涉及强行法对国家官员属事刑事豁免的限制问题。

当然，相对于派遣国属人管辖与东道国属地管辖之间的管辖权争夺，无论是行为人所在地国管辖权还是被告缺席的普遍管辖权与犯罪的联系都相对较为薄弱。正如刘大群法官所说："在一些特殊的情况下，普遍管辖权只能作为一种补充性的管辖原则，即在所有其他具有管辖权的国家都不行使管辖权的情况下，一国才能行使这种管辖权。而且，普遍管辖权绝不能作为干涉别国内政的借口。"[2]也正因如此，笔者认为，如果在上海合作组织安全合作中发生一般的国际罪行，仍应交由派遣国和东道国首先行

---

〔1〕　See M. Cherif Bassiouni, "Universal Jurisdiction for International Crimes: Historical Perspectives and Contemporary Practice", *Virginia Journal of International Law*, Vol. 42, No. 1, 2001, p. 81.

〔2〕　刘大群：《论国际刑法中的普遍管辖权》，载《北大国际法与比较法评论》2006 年第 7 期。

使管辖权，而如果系属国际刑事法院管辖的四类强行法罪行，此种冲突就较为复杂，笔者在第四章第二节会予以专节论述。

三、习惯国际法上派遣国的专属管辖权

如前所述，传统上依据习惯国际法，一国应当对于任何在其领土上所犯罪行具有属地刑事管辖权，而无论行为人是本国国民抑或是外国国民。[1]但在前部队地位协定时代，也即二战结束之前，美国对于驻外部队广泛地主张"船旗国法"（Law of the Flag State of Ship）即享有绝对主权豁免，或者说驻外部队的派遣国对其驻军享有专属管辖权。由于缺乏管辖权条约，此种专属管辖权的理论正当性就来自于"暗含权利"。此种权利暗含于东道国对派遣国军队过境或驻军于东道国领土的同意之中，如果这些部队不进行军事法庭审判，军队的纪律就将无法维持。此外，即使友好东道国的法院系统介入军队的纪律，也会在实质上破坏这一纪律，不符合任何主权国家必须对自己军队实施控制的基本要求。再者，几乎每个文明国家都禁止携带武器和持有爆炸物，或至少受法律管制。那么派遣国的士兵当然也包括执法人员，在东道国的邀请或同意下，是否会因为不遵守东道国关于这些问题的法律而受到当地法院的审判和定罪？显然答案是否定的。

1812年美国联邦最高法院首席大法官马歇尔（John Marshall）主理的"交易号案"（*The Schooner Exchange v. McFaddon*）中第一次对这个问题进行了讨论，该判决被视为"关于外国豁免的原则的第一份明确声明"。[2]其得出的结论是美国法院对进入美国港口的友好国家的军舰没有管辖权。同样，一国允许外国军队、执法人员自由通过其领土通常意味着放弃对该军队的管辖权。"如果没有任何明确声明放弃被授予这一通行权的军队的管辖权，那么试图行使这一权利的君主肯定会被视为违反了他的信仰。一旦行使这一权利，自由通行的目的将被打破，外国独立国家的一部分军事力量其目标和义务会被移除，并将从君主的控制下撤出，君主的权力和安

---

[1] See Restatement (Second) of Foreign Relations Law of the United States § 20 (1965). See Chief Justice Marshall of the U.S. Supreme Court, *Schooner Exchange v. McFaddon*, 11 U.S. (7 Cranch.) 116, 136 (1812).

[2] See Lee M. Caplan, "State Immunity, Human Rights, and Jus Cogens: A Critique of the Normative Hierarchy Theory", *The American Journal of International Law*, Vol. 97, No. 4, 2003, p. 745.

全在很大程度上取决于保留这支部队的专属指挥权和处置权。因此，准许自由通行意味着在部队通行期间放弃对其所有管辖权，并允许外国指挥官保有并实施其军队政府可能要求的纪律惩罚。"[1]

美国内战结束之后，其国内司法实践普遍证明了这一观点。1878 年最高法院审理的"科尔曼诉田纳西案"（*Coleman v. Tennessee*）中，法院认为"一支外国军队，经其政府或主权国家许可，获准通过友好国家，或获准驻扎在友好国家，是可以免除该地的民事和刑事管辖权的。"[2]1879 年最高法院审理的"道诉约翰逊案"（*Dow v. Johnson*）中也提出了类似的观点。[3]随后 1902 年最高法院审理的"塔克诉亚历山德罗夫案"（*Tucker v. Alexandroff*）也是持相同观点，俄国派遣一名海军指挥官至美国进行舰艇制造的工作，对于其下属逃兵的管辖问题，最高法院在该案中提出一个法律推理："外国的武装船只，在国际礼让的原则下，可凭政府许可进入我国港口，而在我国港口不受地方法院管辖；那么根据同等推理，如果允许外国军队进入或穿越我国领土，他们仍受其官员的控制，不受地方管辖。"[4]

在"卡萨布兰卡案"（*Deserters of Casablanca*）中，海牙常设仲裁法院认可了友好外国军队豁免的一般原则。1908 年 9 月 25 日，来自法国军队的 6 名逃兵向摩洛哥卡萨布兰卡的德国领事申请保护，其中 3 人是德国国籍。摩洛哥名义上是一个独立的国家，但法国在其同意下在卡萨布兰卡及周围驻军。欧洲列强对在摩洛哥的公民享有治外法权，只能由他们自己的领事审判。德国领事的代表试图护送这 6 名逃兵到水边，并将他们安置在一艘即将启航的德国船只上，但一支法国士兵分队强行将他们带走。德国提出抗议，要求归还 3 名德国籍逃兵，并将此事提交常设仲裁法院。可以看出，在本案中，两种不同的域外管辖权之间存在冲突：第一，本国驻军在友好关系的外国，受本国军官和军事法庭专属管辖；第二则是特殊时期的领事裁判权。常设仲裁法院认为："基于在摩洛哥有效的治外法权，德国领事当局通常对该国的所有德国国民行使专属管辖权；另一方面，驻军

---

〔1〕　*Schooner Exchange v. McFaddon*, 11 U. S.（7 Cranch）116, p. 139.

〔2〕　*Coleman v. Tennessee*, 97 U. S. 509, p. 516.

〔3〕　See *Dow v. Johnson*, 100 U. S. 158, p. 165.

〔4〕　*Tucker v. Alexandroff*, 183 U. S. 424, p. 433.

通常也对属于其的所有人行使专属管辖权。"[1]可以看出，法院承认一个国家的军官和军事法庭对其在友好的外国的驻军拥有专属管辖权。在其他国家的国内法院也有类似案例支撑，比如1944年，美国海军在巴西的一个海外基地，双方没有管辖权协议，发生一起案件系一名巴西平民试图进入基地，被哨兵开枪打死。巴西最高法院在1944年11月22日作出的一项决定认为巴西民事或军事法院都没有管辖权，而美国军事法庭有权审判有关的美国哨兵。[2]

这种实践在一战期间亦有迹可循。英国当时和其他盟军主要在法国进行军事行动，他们有协定规定，在战场上违反当地法律时，来访的武装部队成员将豁免盟国军事法院的管辖，所有协定都"共同赋予部队当局对其人员的专属管辖权"。[3]"奥格特案"（*R. v. Aughet*）中，英国刑事上诉法院推翻了伦敦中央刑事法院对一名比利时军官奥格特的定罪，该名军官在英国开枪射伤了一名比利时士兵。法院认为似乎没有任何理由将奥格特移交给比利时当局，因为他在伦敦开枪射击比利时士兵的行为并非在战场实施。因此比利时并不因而根据协定享有专属管辖权，根据英国法律，英国法院显然拥有审判他的管辖权。

而美国国际法学界也提供了丰富的材料和论著来支持这一观点。早期的如1863年美国的法学家亨利·惠顿（Henry Wheaton）在著作《万国公法》中认为："外国军队或舰队，在另一国领土上行进、航行或驻扎，与他们所属的外国君主和睦相处，也同样不受该地的民事和刑事管辖。"[4]查尔斯·切尼·海德博士（Dr. Charles Cheney Hyde）也指出："出于便利和必要性这两项有力的理由，对经领土主权同意进入其领土的外国有组织军事部队不能行使管辖权。犯下罪行的部队成员由其所属国家的军队或其他当局处理，除非罪犯自愿放弃。"[5]美军的伯克希尔（Birkhimer）少校

---

〔1〕 Archibald King, "Jurisdiction over Friendly Foreign Armed Forces", *The American Journal of International Law*, Vol. 36, No. 4, 1942, p. 543.

〔2〕 See Archibald King, "Further Developments Concerning Jurisdiction over Friendly Foreign Armed Forces", *The American Journal of International Law*, Vol. 40, No. 2, 1946, pp. 257-279.

〔3〕 See G. P. Barton, "Foreign Armed Forces: Immunity from Criminal Jurisdiction", *British Year Book of International Law*, Vol. 27, 1950, pp. 186-234.

〔4〕 Henry Wheaton, *Elements of International Law*, Sampson Low, Son and Company, 1863, p. 95.

〔5〕 Charles Cheney Hyde, *International Law*, Vol. 1, Little, Brown and Company, 1947, p. 247.

也表示："一支外国军队获准通过一个友好国家，或经其政府或主权国家允许驻扎在该国，不受该国的民事和刑事管辖，这一点是很明显的。"〔1〕

　　欧洲不少国际法学者也持相同或近似的观点。比如剑桥大学韦斯特莱克（John Westlake）教授就表示过认可美国法学家亨利·惠顿的主张，〔2〕再比如英国学者威廉·爱德华·霍尔（William Edward Hall）在他的著作《国际法》中认为："毫无疑问，向地方当局放弃对过境部队的管辖权将是极不方便的；而且对于驻扎在那里的部队，指挥官原则上也应对其指挥下的人所犯的罪行进行专属管辖。"〔3〕在第一次世界大战期间，在其盟国土耳其领土上服役的德国军队行使这种专属管辖权，而土耳其法院则被排除在外。在巴拿马共和国，该共和国最高法院收到了对一名美军士兵的起诉，该士兵在巴拿马执勤时驾驶救护车，造成一名平民死亡。法院认为，国际法原则是，一国武装部队在经过另一友好国家领土时，在后者的默许下，不受领土主权的管辖，而受其指挥的军官和上级当局的管辖。〔4〕

　　因此，根据英国、美国和其他当局承认的国际法原则，一国允许另一国对进入或留在前一国领土上的部队具有治外法权，豁免有关部队在法院受审，并准许来访军队的军事法庭运作。还有一些前部队地位协定时代主要是英国学者的观点类似于下文会涉及的属事豁免，即认为此种专属管辖是有条件的，条件一般是"公务行为"。托马斯·劳伦斯（Thomas J. Lawrence）指出："现代世界公认的规则是，一个国家必须获得明确许可，其军队才能通过另一个国家的领土。许可可以作为一项永久性特权，通过条约给予，也可以作为一项特殊的优惠，在请求时给予。《通行协定》一般载有维持部队内部秩序的规定，并规定他们和他们所服务的国家对其士兵对居民的行为负责。在没有特别协定的情况下，只要在自己的职权范围或当值状态，部队将不受当地法律的约束，而是由自己的指挥官管辖和控制。"〔5〕而奥本海（Lassa F. L. Oppenheim）在其著作中也认为在外国领土上的军队

---

〔1〕　William E. Birkhimer, *Military Government and Martial Law*, James J. Chapman, 1892, p. 114.

〔2〕　See John Westlake, *International Law*, Facsimile Publisher, 1910, Part I, p. 265.

〔3〕　William Edward Hall, *International Law*, Clarendon Press, 1917, p. 56.

〔4〕　See Archibald King, "Jurisdiction over Friendly Foreign Armed Forces", *The American Journal of International Law*, Vol. 36, No. 4, 1942, p. 546.

〔5〕　T. J. Lawrence, *The Principles of International Law*, DC Heath & Company, 1923, p. 246.

所犯之罪应当由本国专属管辖，但同样指出，然而这条规则只适用于在部队驻地犯罪，或者在罪犯当值的某个地方；例如，如果驻军的士兵离开要塞，不是当值而是为了娱乐和消遣然后在那里犯罪，则不适用。在这种情况下，地方当局有权惩罚他们。

当然，我们必须注意到彼时的所谓"属事豁免"并不是主流观点，代之的是在任何情况下派遣国都应享有专属管辖权。这是具有一定合理性的，由于我们正在讨论的是二战结束之前的前部队地位协定时代，绝大多数的驻外部队行为处在一种战争或预备战争的状态。此种状态使得区分"公务行为"与否以及"驻地内犯罪"与否变得难以操作。例如第一次世界大战期间，在法国有数以百万计的美国和英国士兵。他们大多数不在单独的营地或驻地，而是驻扎在每一个村庄，经常是在民居之中。并且在现代战争中，公务行为与非公务行为的区别也逐渐消失，战斗机的飞行员可能要随时起飞，步兵必须时刻准备击退伞兵或突击队，部队成员始终处于一种广义的"公务行为"状态。而二战结束，禁止武力成为一种常态之后，"属事豁免"才具备意义和实操性。此时的"属事豁免"成为与部队地位协定并存的豁免权，后文将详细展开。

第二节　特殊国际法下的刑事管辖权及其分配

一般国际法下的刑事管辖权系基于管辖权的国际法理论与习惯国际法规则，而特殊国际法下的刑事管辖权及其分配规则相应地由各国签署的双边或多边条约来建构。从现行相关国际条约的缔结实践来看，安全合作中的刑事管辖权分配规则主要在军事合作中订立的部队地位协定、执法合作中订立的执法合作协定（International Cooperation Agreement in Law Enforcement）中呈现。当然，需要指出的是，"部队地位协定"与"执法合作协定"并不是固定的名称，就好比 1969 年的《维也纳条约法公约》第 2 条第 1 款第（a）项所言，"称'条约'者，谓国家间所缔结而以国际法为准之国际书面协定，不论其载于一项单独文书或两项以上相互有关之文书内，亦不论其特定名称如何。"实践中，部队地位协定与执法合作协定可能以各种不同的名称呈现，如部队地位协定可能以驻军地位协定、国防合作协议、访问部队协定等各类名称出现，而执法合作协定则经常以合作打击某类犯罪协定的名称出现。

一、部队地位协定对驻外部队的管辖权分配

目前世界军事强国及北大西洋公约组织等国际军事集团普遍在海外军事行动中与东道国签署双边部队地位协定进行管辖权的分配，部队地位协定可能包含许多条款，但最常见的问题是哪个国家可以对派遣国的驻外部队行使刑事管辖权。部队地位协定中的其他规定包括但不限于制服、纳税和收费、携带武器、使用无线电频率、许可证和海关规定。部队地位协定经常与其他类型的军事协议一起作为特定国家全面安全安排的一部分，美国目前已经签署了100多个可以被视为部队地位协定的协议。[1]由于美国军事和外交当局没有将任何协议明确定义为美国军事人员的部队地位协定，事实上性质为部队地位协定的法律文件种类繁多，包括有《北约部队地位协定》、双边部队地位协定、交换外交照会、国防合作协议、访问部队法和其他东道国国内立法[2]、访问部队协定，等等。

需要指出的是，部队地位协定是和平时期的文件，因此不涉及战争规则、武装冲突法或海洋法。部队地位协定的存在不影响或减少双方在战争法下固有的自卫权。如果部队地位协定各方之间发生武装冲突，部队地位协定的条款将不再适用。不少部队地位协定中明确规定了派遣国享有对本国驻外部队的专属刑事管辖权，直接排除了东道国的管辖权。亦有部队地位协定实行的是并存管辖权模式，多数情况东道国优先管辖而派遣国在例外情况下才能优先管辖。部队地位协定可以是为特定的目的或活动而编写的，也可以是预期的长期关系，并提供最大的灵活性和适用性。除了关于管辖权分配的规定外，更详细的部队地位协定通常还包括关于逮捕、调查、审前羁押和监禁的详细规则。例如，在某些情况下，美国寻求外国同

---

〔1〕 由于美国军事和外交当局没有将任何协议明确定义为美国军事人员的部队地位协定，因此也没有办法确定究竟有多少这样的协议生效。国务卿赖斯和盖茨在2008年向国会作证时估计，美国是超过115个SOFA的缔约国。What We Need In Iraq, By Condoleeza Rice and Robert Gates, February 13, 2008, available at http://www.washingtonpost.com/wp-dyn/content/article/2008/02/12/AR2008021202001.html (last visit on 30 Jul. 2024).

〔2〕 例如联合王国、牙买加和伯利兹，一般来说，这些法案要求派遣国提供所有人员的名单，并适用两种管辖权中的一种：并存管辖权（北约模式）或等同于A&T模式的保护。

意，东道国法院的判决可以在美国军事监狱服刑。在日本的一个案例中，东道国日本甚至为在本国法庭上被定罪的美军人员设立了一个特别监狱。

（一）双边及多边部队地位协定的历史变迁

笔者在本书主要讨论美国、北约的部队地位协定。但需指出的是，事实上部队地位协定的签署国并不局限于此。仅仅在 21 世纪就有不少国家之间签署过部队地位协定，例如在 2006 年，澳大利亚、新西兰、马来西亚和葡萄牙就与东帝汶签署了一份部队地位协定协议。德国 2003 年与俄罗斯签订过部队地位协定，以解决德国军队从德国到阿富汗的过境问题。苏联在《华沙条约》中也使用部队地位协定，[1] 以及双边的部队地位协定如《苏维埃社会主义共和国联盟政府与罗马尼亚人民共和国政府关于临时驻扎在罗马尼亚人民共和国领土上的苏维埃部队法律地位的协定》。

北约也与他国签订过部队地位协定，例如 1995 年《波斯尼亚和黑塞哥维那共和国与北大西洋公约组织（北约）关于北约及其人员地位的协定》、1995 年《克罗地亚共和国与北大西洋公约组织（北约）之间关于北约及其人员地位的协定以及南斯拉夫联盟共和国与北大西洋公约组织（北约）之间的关于和平计划行动的过境安排的协定》、1999 年《阿尔巴尼亚共和国政府与北约之间关于北约及其人员在阿尔巴尼亚共和国境内的地位的协定》、2001 年《北大西洋公约组织与保加利亚共和国之间关于北约部队和北约人员过境的协定》、2014 年《北约与阿富汗伊斯兰共和国关于北约部队和北约人员在阿富汗进行相互商定的北约领导的活动的地位协定》，等等。

对美国来说，第二次世界大战后不久，随着美国海外军事存在从战时的战斗和占领发展到美国军队在完全主权国家的长期驻扎，部队地位协定发展的第一个阶段拉开序幕，即部队地位协定成为双边或多边联盟或共同安全关系中的重要组成部分。在这一时期，美国首次开始在外国领土上建立大规模的、长期的军事存在。通常，这些部署涉及大型永久性设施，以及与当地社区和东道国当局的广泛互动。《北约部队地位协定》，以及与日本、大韩民国和澳大利亚等主要盟国签订的双边部队地位协定即是这一时

---

〔1〕 See George S. Prugh, "The Soviet Status of Forces Agreements: Legal Limitations or Political Devices", *Military Law Review*, Vol. 20, 1963, p. 1.

期的产物。彼时，华沙条约组织就已经采用了《北约部队地位协定》的某些规则，包括其关于管辖权分配的原则。当时有人已经提出，这些规则由于其公平性和合理性而可以纳入习惯国际法中。

冷战结束之后，部队地位协定发展的第二阶段开始。这一时期的驻军对象通常是在第三世界国家，或者苏联解体后独立的苏联国家。对这部分主权国家，美国没有安全承诺，也不存在正式的联盟。美军向这部分主权国家派遣人员进行演习、培训、熟悉装备、提供人道主义援助，并通常与其军事机构建立友好关系和联系。一般而言，驻扎在一个国家的美军人数及其停留时间都是有限的，尽管总体接触关系（Engagement Relationship）往往是持续的。

第三种与部队地位协定相关的美国军事存在也出现在 20 世纪 90 年代初。当时美国开始在困难的安全局势中处理冲突后过渡、维和和人道主义救援等问题，有时有明确的联合国安理会授权，有时没有授权。几乎所有这些行动都涉及潜在的非良性环境，至少是地方性的低级冲突、非西方文化背景以及与东道国政府的复杂关系。

"9·11"事件之后，随着伊拉克和阿富汗的战争的展开，以及一些国家的大规模反恐行动，产生了第四种情况：美国的驻外部队将反恐战争、训练当地部队和更广泛的所谓"国家建设"结合起来。这些新型美国军事存在的出现带来了对部队地位保护的需要，但可能出现的驻军地位问题种类是不同的。在美军的部署目的和部署性质发生变化的同时，外国对部队地位协定的看法也发生了变化，主要是基于主权考虑的一些担忧。对许多东道国政府来说，由于官方和民众的态度往往使东道国政府在政治上不愿意在主权利益上进行妥协，例如提供刑事管辖豁免或税收、关税豁免，部队地位协定的谈判变得愈加困难。这一阶段部队地位协定谈判的重点便是要寻求各缔约方之间主权利益的平衡点，特别是在范围非常广泛、极其复杂和不对等的协定中。此外，越来越多的情况中，美国军队与东道国在政治、经济和文化上的差异，要比先前进行双边或多边联盟或共同安全关系中部署的国家更大。

（二）双边及多边部队地位协定的并存管辖权模式

传统上，依据习惯国际法，一国应当对于任何在其领土上所犯罪行具有属地刑事管辖权，而无论行为人是本国国民抑或是外国国民。[1]应对这一国际法基本规则，在部队地位协定诞生之前，美国的惯常做法是主张驻外部队的特权，认为其拥有完全的主权豁免，其军事力量"不受外国接收国的管辖"，[2]这一原则被称为"船旗国法"。[3]19世纪直至二战结束，这一原则都有被广泛地使用。[4]但在二战之后，由于民族主义思潮的高涨和半永久基地后勤的日益复杂化对"船旗国法"提出了挑战，因此采用了部队地位协定来澄清和稳定美军在国外的法律地位。[5]

1951年，多边的《北约部队地位协定》签订，[6]可以说是之后美国部队地位协定的重要范本。《北约部队地位协定》于1953年8月23日在美国、比利时、法国和挪威之间生效。随后，该协定在加拿大、丹麦、卢森堡、意大利、荷兰、英国、葡萄牙、土耳其和希腊生效。谈判过程中美国关于"船旗国法"的原则受到了欧洲各国的强烈反对，[7]并因而致使《北约部队地位协定》建立了排他和并存管辖权的框架，以确定是派遣国还是东道国可以对美国士兵的行动主张管辖权。在该协定的第7条中明确规定，如果军人的行为只违反其中一国的法律，则该国有专属管辖权；[8]

---

〔1〕 See Restatement (Second) of Foreign Relations Law of the United States § 20 (1965). See Chief Justice Marshall of the U. S. Supreme Court, *Schooner Exchange v. McFaddon*, 11 U. S. (7 Cranch.) 116, 136 (1812).

〔2〕 See Benjamin P. Dean, "An International Human Rights Approach to Violations of NATO Sofa Minimum Fair Trial Standards", *Military Law Review*, Vol. 106, 1984, p. 219.

〔3〕 See Steven J. Lepper, "A Primer on Foreign Criminal Jurisdiction", *Air Force Law Review*, Vol. 37, 1994, p. 171.

〔4〕 See Ian Wexler, "Comfortable Sofa: The Need for an Equitable Foreign Criminal Jurisdiction Agreement with Iraq", *Naval Law Review*, Vol. 56, 2008, p. 55.

〔5〕 See John W. Egan, "The Future of Criminal Jurisdiction over the Deployed American Soldier: Four Major Trends in Bilateral US Status of Forces Agreements", *Emory International Law Review*, Vol. 20, No. 1, 2006, p. 297. See also Youngjin Jung, Jun-Shik Hwang, "Where Does Inequality Come From-An Analysis of the Korea-United States Status of Forces Agreement", *American University International Law Review*, Vol. 18, No. 5, 2003, p. 1103.

〔6〕 See the Agreement Between the Parties to the North Atlantic Treaty Regarding the Status of Their Forces, June 19, 1951, 4 U. S. T. 1792, 199 U. N. T. S. 67.

〔7〕 See Mark. R. Ruppert, "United States' Criminal Jurisdiction over Environmental Offenses Committed by its Forces Overseas: How To Maximize and When To Say No", *Air Force Law Review*, Vol. 40, 1996, p. 5.

〔8〕 See Art. VII (2) (a) - (2) (b) of the Agreement Between the Parties to the North Atlantic Treaty Regarding the Status of Their Forces.

如果存在双重违法，那么派遣国对于公务行为及该行为仅影响该国财产、人员或安全时有优先管辖权。[1]诸如此类的规定彰显了早期部队地位协定中管辖权的互惠特质，尽管管辖权谈判具备相互竞争的特点，且又是当事方非常关注的重点，《北约部队地位协定》的态度仍是以折衷为主要特征。[2]互惠性的另一个重要表现是驻在美国的北约国家军事人员与在北约国家的美军一样，享有同样的特权和豁免。

1.《北约部队地位协定》并存管辖模式述评

我们不妨具体审视下被作为诸多部队地位协定范本的《北约部队地位协定》，其中的管辖权条款主要规定在第7条第1~4款：

"1. 根据本条之规定，a. 派遣国军事当局有权对东道国领土上派遣国军事法管辖的所有人员行使所有由派遣国法律赋予的刑事和纪律管辖权；b. 东道国当局对于在东道国领土内犯下的不法行为并应受该国法律处罚的，对部队、文职人员或家属具有管辖权。

2. a. 派遣国军事当局有权对在该国军事法管辖下的人员所犯应受派遣国的法律但不受东道国法律予以惩处的、与该国国家安全有关的不法行为行使专属管辖权。b. 东道国当局有权对在该国军事法管辖下的人员所犯应受东道国的法律但不受派遣国法律予以惩处的、与该国国家安全有关的不法行为，行使专属管辖权。c. 就本款和本条第3款而言，针对一国的国家安全的不法行为应包括：i. 叛国罪；ii. 破坏、间谍或违反与该国官方机密有关的任何法律，或与该国国防相关的秘密。

3. 在并存管辖权的情况下，则应适用以下规则：a. 下列情况下派遣国军事当局应享有对部队或文职人员的优先管辖权：i. 仅侵犯该国国家财产或国家安全的不法行为，或仅侵犯该国部队、文职人员、家属或上述人员财产的不法行为；ii. 因履行公务而发生的作为或不作为而引起的不法行为。b. 在发生其他任何不法行为的情况下，东道国当局有优先管辖权。c. 具有优先管辖权的国家决定不行使管辖权时，应在可行时尽快通知另一国当

---

〔1〕　See Art. VII (3) (a) (ii) of the Agreement Between the Parties to the North Atlantic Treaty Regarding the Status of Their Forces.

〔2〕　See Richard J. Erickson, "Status of Forces Agreements: A Sharing of Sovereign Prerogative", *Air Force Law Review*, Vol. 37, 1994, p. 140.

局。在另一国认为此种放弃特别重要时，具有优先管辖权的国家当局应适当考虑该另一国当局提出的请求其放弃管辖权的请求。

4. 本条前述规定并不意味着派遣国军事当局对东道国国民或通常居住在东道国国民的人员行使管辖权，除非他们是派遣国部队的成员。"[1]

《北约部队地位协定》管辖权条款中的第 1 项也即第 7 条第 1 款是对一般国际法中属人和属地管辖权的条约法表达，部队地位协定首先明晰了派遣国和东道国都对驻外部队有管辖权。但有所区别的是，派遣国属人管辖之对象为"军事法管辖的所有人员"，而东道国属地管辖之对象为"部队、文职人员或家属"，从实践上看并无太大差别，但派遣国额外获得了某种类似"期权"的权利，当派遣国内国军事法律扩展了调整对象时则会相应延展部队地位协定中的管辖范围。就美国来说，其《统一军事司法法典》（Uniform Code of Military Justice）第 2 条就是用以具体规定该法调整对象的，[2]自 1950 年通过以来多次修改，几乎每次都对本条有所修订。而与之相反的，在管辖权具体内容上，东道国所享有的更广泛一些，包括"应受该国法律处罚的一切不法行为"，而派遣国限于"刑事和纪律管辖权"。

《北约部队地位协定》管辖权条款中的第 2 项也即第 7 条第 2 款则是对派遣国与东道国在某些情况下所享有之专属管辖权（Exclusive Jurisdiction）的表达。行使专属管辖或者表述为排他性管辖的条件对于派遣国与东道国是一致的，即驻外部队的不法行为之属性为"应受本国的法律但不受对方国家法律惩处"且必须"与该国国家安全有关"。第 7 条第 2 款第 3 项更具体地解释了何为"国家安全有关的不法行为"（Security Offence），避免在后续条约解释上的争议。

《北约部队地位协定》管辖权条款中的第 3 项也即第 7 条第 3 款则解决派遣国与东道国间多数情况下管辖权的分配，即所谓的"并存管辖权"（Concurrent Jurisdiction）。该管辖权分配模式适用于驻外部队的军人或文职人员的行为同时违反了派遣国和东道国的法律，在该种情况下，东道国是

---

[1] Art. VII (1) - (4) of the Agreement Between the Parties to the North Atlantic Treaty Regarding the Status of Their Forces.

[2] 参见《统一军事司法法典》第 2 条第 1 款。

享有优先管辖权的。此时亦有两种例外情形由派遣国优先管辖，即因执行公务所犯的作为或不作为而引起的不法行为以及仅侵犯派遣国的国家财产或国家安全的不法行为，或仅侵犯派遣国部队、文职人员、家属或上述人员财产的不法行为。因此，如果驻外美国士兵对另一名驻外美国士兵或其财产构成犯罪，就属于美国军事当局的主要管辖范围。如果美国士兵在执行任务时犯了罪，这种罪也将属于美国当局的主要管辖范围。而如果驻外美国士兵在非公务状态比如下班之后殴打了东道国的平民或者比如在醉酒的情况下驾驶汽车等情形中，都将由东道国享有优先管辖权，这就充分说明了《北约部队地位协定》的互惠性，因为此种优先权是条约赋予的，而并不存在于一般国际法中。第 7 条第 3 款最后的第 3 项同样非常重要，赋予了优先管辖权行使上的灵活性，即"具有优先管辖权的国家决定不行使管辖权时，应在可行时尽快通知另一国当局。在另一国认为此种放弃特别重要时，具有优先管辖权的国家当局应适当考虑该另一国当局提出的请求其放弃管辖权的请求"。

关于该款运用的著名案例可见意大利特伦托法院 1998 年 7 月 13 日审理的"检察官诉阿什比案"（*Public Prosecutor v. Ashby*）判决书。1998 年 2 月 3 日，一架在阿维亚诺空军基地进行调配的美国海军陆战队 EA-6B 飞机于执行"周密警卫行动"（Operation Deliberate Guard）时，切断了卡瓦莱塞附近塞尔米斯滑雪度假村的缆车线，导致 20 人死亡。根据《意大利宪法》第 112 条，必须提起刑事诉讼，因此检察官决定立即进行初步调查，以确定是否提起诉讼。1998 年 7 月 13 日，意大利法官在初步听证会上拒绝了检察官的要求，即 7 名美国军人因缆车事故受审。法官认为，根据《北约部队地位协定》第 7 条第 3 (a) (ii) 款，美国作为派遣国拥有对该案行使管辖权的优先权利，并且管辖权没有被放弃。因此，法官驳回了该案。

值得一提的是，中国曾在 2007 年与哈萨克斯坦共和国、吉尔吉斯共和国、俄罗斯联邦、塔吉克斯坦共和国和乌兹别克斯坦共和国签署过《上海合作组织成员国关于举行联合军事演习的协定》，其中第 22 条第 1 款规定："关于派遣方参加演习人员的司法管辖问题，各方遵循以下原则：①当参加演习人员实施危害派遣方或者其公民的犯罪以及在执行公务时实施犯罪，由派遣方行使司法管辖权；②当参加演习人员实施犯罪不属于本条第一款第一项时，由接受方行使司法管辖权。"该款就系借鉴了《北约部队地位协定》关于"并存管辖权"的规定。

2.《北约部队地位协定》并存管辖模式的作用

近年来，与豁免有关的法律普遍受到这样一种考量的强烈影响，即给予官员或外国或国际组织的豁免程度，无论是习惯国际法还是条约，都应由要求豁免的法人的职能需要来决定。如果我们要根据豁免法的一般方针来审查驻外部队的豁免问题，我们将得出结论：武装部队成员在执行公务时的行为所引起的犯罪方面所享有的豁免同样至少部分基于这一职能原则。在这方面，《北约部队地位协定》并存管辖模式将职务行为优先管辖权让与派遣国是国家本身享有的主权豁免的衍生，其目的是通过对为其服务的人行使管辖权，保护国家的活动不受可能的干扰。授予派遣国优先管辖权的另一个作用是允许派遣国在代表其履行职责的人员中维持纪律。在这两个方面，《北约部队地位协定》给予的豁免不是为了保护个人，而是为了保护其国家。然而，这一解释并不完全令人满意，因为派遣国行使这一管辖权的另一个原因是，让代表本国政府行事的人因受命实施的行为而受到东道国的刑事起诉对他来说是不公平的。因此，北约模式下东道国对派遣国在军事团体内所犯罪行的优先管辖权的让步，以及在更有限的程度上对个人在履行公务时所犯罪行的让步，似乎是基于保护个人而不是国家的愿望。[1]

这种在某种意义上可能是基于人权的考虑，不可否认是有道理的。由于一个国家的法律体系与另一个国家的法律体系之间存在巨大差距，而海外军事行动的特质是一名军人可能并非基于自己的意愿被带到外国，在那里接触法律制度、机构和他完全不熟悉的语言。在这种派遣国和东道国法律制度之间存在差异的情况下，宣布个人应当认识到某些行为可能违反外国法律，似乎并不具有说服力。我们期望一个人了解法律，因为他构成了法律所在社区的一部分，该法律适用于自己社会中的个人是合理的。如果延伸到非自愿地成为另一个政治团体的一部分的个人，这就变得不合理了。

（三）双边及多边部队地位协定的专属管辖模式

如果把《北约部队地位协定》的管辖权定义为并存管辖权模式或者说

---

〔1〕 See R. R. Baxter, "Jurisdiction over Visiting Forces and the Development of International Law", *American Society of International Law Proceedings*, Vol. 52, No. 4, 1958, pp. 174-180.

共享管辖权模式，那么美国在后冷战时期所广泛实施的就是专属管辖模式，这也是美国直至当前仍主要力图推进的管辖权战略。但需做区分的是，此处言及的专属管辖模式与《北约部队地位协定》中的专属管辖条款即第7条第2款并不相同，后者是并存管辖模式下的特殊情形，例如"AWOL"，即擅离职守。驻外美军擅离职守违反派遣国（美国）法律，但不违反东道国法律，此时仅违反一国法律便由该国专属管辖。但专属管辖模式则是原则上派遣国实施专属的全部刑事和违纪管辖权。

　　签订《北约部队地位协定》之前，英美之间关于驻外部队刑事管辖权分配的谈判就非常典型地体现了美国推进专属管辖模式的诉求。二战期间，在介绍1942年美利坚合众国来访部队条例草案时，英国内政大臣提出了拟议立法的理由，即"美国陆军习惯于自己的程序和自己的法律原则……他们会认为自己有必要在我们的法院为自己的士兵提供辩护……从宪法上来说，这是可取的，而且确实是有必要的，不论他们的部队去往何处，法律权威应该与他们一同前往。"[1]英国内政大臣继续指出，如果政府要抵制美国对专属管辖权的主张，"我们将会处于较差的辩论立场，因为我们自己对英国人的主张完全相同。在上一次战争中我们对法国要求的军事管辖权与美国政府现在要求的管辖权有些相似。"[2]最终1942年法案文本的范围没有限制，它涵盖了美国军人在英国任何地方犯下的所有违法行为。

　　现代国际法实践中规定派遣国专属管辖权的一个典型例子是适用于联合国维和行动的《维持和平行动部队地位协定范本草案》和《联合国和向联合国维持和平行动捐助资源的参加国之间的谅解备忘录》。联合国大会于1989年12月8日通过第44/49号决议，其第11段请秘书长编制一份联合国和东道国之间部队地位协定范本，并将范本提供给各会员国。秘书处根据惯例和广泛利用以前和当前的协定，编写了部队地位协定范本。联合国大会1990年10月9日第45/594号决议通过了《维持和平行动部队地位协定范本草案》，该范本可作为联合国与维持和平行动部署在其领土的国家之间订立个别协定的起草基础，并且部队地位协定范本可根据联合国与

---

〔1〕　Hansard, HC (series 5) Vol. 382, col. 877 (4 August 1942).
〔2〕　Hansard, HC (series 5) Vol. 382, col. 883 (4 August 1942).

东道国所达成协议的个别情况加以修改。1991 年秘书处又制定了《联合国与提供联合国维持和平行动人员和装备的会员国之间的协定范本草案》，该范本经过 2007 年和 2011 年两次修订，目前各派遣国适用最新修订的范本。2011 年修订后的范本系《联合国和向联合国维持和平行动捐助资源的参加国之间的谅解备忘录》，被规定在《参加维持和平任务的部队/警察派遣国特遣队所属装备的补偿和控制政策与程序手册》（《特遣队所属装备手册》）之中。

虽然《维持和平行动部队地位协定范本草案》和《联合国和向联合国维持和平行动捐助资源的参加国之间的谅解备忘录》是以联合国大会的会议文件形式通过的，并非条约，没有国际法意义上的拘束力。但是，上述文件往往能作为联合国与派遣国签订有关部队地位协定的条约蓝本。可以说，《维持和平行动部队地位协定范本草案》和《联合国和向联合国维持和平行动捐助资源的参加国之间的谅解备忘录》参考了大量的既有部队地位协定，并且总结了联合国维和行动几十年的实践，可被视作是联合国维和行动中的惯例编纂。实践中有时因情况紧急，安理会依据《联合国宪章》第七章做出决议部署维和行动前，联合国来不及与东道国签订协定，或者由于东道国境内已不存在合法有效运行的政府等原因而无法签订协定。此时安理会决议中通常会规定，在具体的《维和部队地位协定》签订前，对维和部队及其成员临时适用《维持和平行动部队地位协定范本草案》。[1] 此种临时适用会使得上述文件产生法律拘束力，盖因联合国安理会决议本身具备法律拘束力，对全体会员国生效，而无需事前获得东道国的国家同意。

《维持和平行动部队地位协定范本草案》第 46 条规定："联合国维持和平行动的所有成员，包括当地征聘的人员，在执行公务时发表的口头或书面言论和进行的一切行为应豁免于法律程序。此种豁免在上述人员停止作为联合国维持和平行动的成员或停止受聘用之后，或在本《协定》其他条款效力终止之后，仍继续适用。"第 27 条规定："派往联合国维持和平行动军事部队服役的国家特遣队军事人员应享有本协定专门规定的特权和

---

[1] 参见蒲芳：《论联合国军事维和人员犯罪的刑事管辖与豁免》，载《南京大学法律评论》2018 年第 1 期。

豁免。"第 47 条规定："联合国维持和平行动军事部门的军事人员在〔东道国/领土〕内如犯任何刑事罪行，应由该员所属的参加国行使其专属管辖权。"

《联合国和向联合国维持和平行动捐助资源的参加国之间的谅解备忘录》的第 7.22 条也有类似规定："政府提供的国家特遣队军事人员和文职人员必须遵守本国军法，对于他们在派往〔联合国维持和平特派团〕军事部门期间可能犯下的任何罪行或违法行为，政府拥有专属管辖权。政府向联合国保证，将对此类罪行或违法行为行使管辖权。"[1]

现代国际法实践中规定派遣国专属管辖权的另一个典型例子是美国广泛与东道国签署的专属管辖模式的部队地位协定，最近的相关实践可参考 1996 年美国与蒙古国签署的《美利坚合众国政府与蒙古政府之间的军事交流和访问协定》，其第 10 条规定："美国军事当局有权在蒙古境内行使美国军事法赋予他们的对美国个人的全部刑事和违纪管辖权。美军若犯有违反蒙古法律的任何不法行为，应转交美国有关当局进行调查和处分。"该协议允许蒙古政府要求美国在涉嫌指控与公务无关的犯罪行为的情况下放弃其管辖权，但此时美国并无放弃管辖权之义务，仅对任何此类请求给予"适当考虑"（Sympathetic Consideration）。

再比如北约和阿富汗 2014 年签订的《部队地位协定》（Agreement between the North Atlantic Treaty Organization and the Islamic Republic of Afghanistan on the Status of NATO Forces and NATO personnel conducting mutually agreed NATO-led activities in Afghanistan），其中第 11 条第 1 款约定了管辖权事项，"阿富汗在保留主权的同时，也认识到北约部队当局对部队成员以及文职人员包括司法和非司法措施在内的纪律控制非常重要。因此，阿富汗同意，该派遣国部队成员、文职人员或派遣国国民在阿富汗境内犯下的任何刑事或民事不法行为，在合适情况下应受派遣国的专属管辖。阿富汗授权这些国家在这种情况下进行审判，或酌情在阿富汗境内采取其他纪律处分。"

在有些情形下，甚至都不需要签订具体的部队地位协定，而是以简短外交照会的形式，明确驻外美军"等同于"外交使团行政和技术人员地

---

〔1〕　See UN Doc. A/C. 5/66/8, p. 179.

位，相当于提供了基本上是排他性的管辖范围，这通常被称为"A&T 同等"保护（"A&T Equivalent" Protections），即"Administrative and Technical- Protections"。[1]还有一种特殊情形也可以被归类为专属管辖模式，即在某些情况下美国能够与东道国谈判达成一项补充性双边协定，该协定有时被称为"荷兰模式"（Netherlands Formula）。东道国同意在所有情况下，除了对其"特别重要"（Particular Importance）的情况外，它将自动放弃对美国人员行使的优先管辖权。

北约与波斯尼亚和黑塞哥维那及克罗地亚之间缔结的协定也是部队地位协定的典型例子，协定规定派遣国拥有专属管辖权，但没有涉及文职人员在这方面的地位。部队军人和文职人员之间的这种差异可能给双方造成问题。认识到这一点之后，北约领导的科索沃和阿富汗特派团的部队地位协定规定，派遣国对军事人员、文职人员甚至当地人员和承包商拥有专属管辖权。欧盟阿尔泰亚行动［European Union Force（EUFOR）in BiH Operation ALTHEA］的部队地位协定示范协定中规定，所有 EUFOR 军事和文职人员（当地人员和私人承包商除外）在任何情况下都享有接受国刑事管辖的豁免，无论被指控的罪行是不是在执行公务时犯下的。[2]

与《北约部队地位协定》的并存管辖模式相较，专属管辖模式就明显缺乏互惠性和平等性。美蒙之间的《部队地位协定》还仅是刑事和违纪管辖权专属于美国，北约与阿富汗的《部队地位协定》则是阿富汗的刑事和民事管辖权皆被让渡出去，最大程度彰显了美国驻外部队管辖权扩张的实践事实。当然，整体上看，以专属管辖模式签订的部队地位协定数量还是有限的，只有在特定情形、特定国家才出现专属管辖模式，这背后也往往折射出派遣国和东道国之间谈判地位的某些不对等之处。在 2012 年 3 月 11 日黎明前阿富汗发生了潘杰瓦伊枪击案，驻扎在阿富汗的 38 岁美军士兵罗伯特·贝尔斯（Robert Bales）进入两座村庄的 3 处民宅，先后枪杀了 16 名平民、打伤 5 人，受害者中包括 9 名儿童和 3 名妇女。当地村庄一名长者住所内 11 人被打死，包括年龄 6 至 9 岁的孩子。村民称，美军士兵打

---

〔1〕 参见 1961 年《维也纳外交关系公约》第 37（2）条规定，"行政和技术工作人员"有权享有充分的刑事豁免权，只有在不履行公务的情况下才受东道国的民事管辖。

〔2〕 See Draft Model Agreement on the status of the European Union-led forces between the European Union and a Host State,（Council of the European Union, 2007）, Arts. 1（3）（f）and 6（3）.

死村民后还在尸体上泼洒化学物质，点燃焚烧。[1]据悉，贝尔斯在阿富汗屠杀村民前，曾喝过酒，并吸食过镇静剂。贝尔斯的辩护团队说，贝尔斯当时并未发疯，行为能力也未减弱。根据军事检察官与他的协议，如果他认罪，将免予死刑。法官和华盛顿州刘易斯-麦科德联合基地指挥官批准了认罪协议。尽管美国检方原来表示要求判处贝尔斯死刑，但美国军人在过去50年来从未有人被判死刑。2013年8月23日，贝尔斯被美国军事法院判处终身监禁且不得假释，这引发了阿富汗民众的强烈不满和国际社会的质疑。事实上，贝尔斯于3月16日即被送抵美国堪萨斯州莱文沃思堡军事基地。美国国防部表示，他将依照美国军事法律接受审判。国内有学者抨击其为"治外法权"，[2]亦有不少新闻媒体亦持此论。但实际上就阿富汗而言，自2003年起生效的《部队地位协定》规定美国国防部军事和文职人员的地位应等同于根据1961年《维也纳外交关系公约》的美国大使馆行政和技术人员的地位。因此，美国人员不受阿富汗当局刑事起诉，也不受民事和行政管辖，但在公务行为之外的行为除外。阿富汗政府进一步明确授权美国政府对美国人员行使刑事管辖权。因此，根据当时的《部队地位协定》，美国对袭击阿富汗平民的军人的起诉拥有管辖权是符合国际法的。我们同样也很难武断地臆测此种条约属于不平等条约，毕竟《维也纳条约法公约》关于条约无效的规定（具体如第51条和第52条的规定）是比较严格的，现存的部队地位协定都较难符合"以威胁或使用武力对一国施行强迫"等情形。当然，此种包括专属管辖模式在内的管辖权扩张战略可能带来的问题就是东道国国内舆情对派遣国之反抗，就比如潘杰瓦伊枪击案后，阿富汗的反美情绪高涨，甚至有美国士兵因此死亡。

二、执法合作协定对驻外执法人员的管辖权分配

关于国内执法机构开展跨国执法合作有两个阻碍因素：尊重主权的需

---

　　〔1〕　参见中华人民共和国国务院新闻办公室：《2011年美国的人权纪录》，载《人民日报》2012年5月25日，第5版。
　　〔2〕　参见盛红生：《看美军的又一次"治外法权"》，载《中国国防报》2012年3月27日，第4版。

要和协调不同法律制度的困难。[1]尊重另一个国家主权的需要意味着国内执法的管辖权不能超越其国界。如果国家之间没有条约或协议，就很难收集国外的证据和信息。协调不同法律制度的困难包括对某些行为定罪或不定罪的不同考虑，执法部门可以使用的不同技术，获取证据的法律程序，以及管理证据的基础设施。

从世界各国的执法合作协定实践来看，有联合执法与协助执法之分。前者可以认为是直接的执法合作，涉及一国执法人员进入友好国家境内参与执法活动，这便直接涉及了属地管辖与属人管辖的冲突问题，需要对驻外执法人员的地位加以明确；而后者则是间接的形式，例如国际刑警组织和欧洲刑警组织，其雇员并不直接进入成员国境内参与实地执法活动，而是提供情报、数据或者仅是提供培训和咨询等，因此也一般不涉及管辖权的分配问题。尽管如此，直接执法合作中订立双边、多边协定明确执法人员管辖权分配模式的案例仍并不丰富。

（一）美国的执法合作实践

以美国为例，格鲁吉亚与美国从 1992 年起在政治、经济、贸易领域开展合作，从 20 世纪 90 年代末起，合作扩大到防务和安全领域。2009 年 1 月，两国在华盛顿签署了《战略伙伴关系宪章》，规定发展安全、防务、贸易、经济、文化和人文领域的合作。2021 年，格鲁吉亚与美国签署新的国防合作备忘录。其中关于跨国执法合作，2001 年格鲁吉亚与美国签订《美利坚合众国政府和格鲁吉亚政府关于执法领域合作的协定》（Agreement Between the Government of the United States of America and the Government of Georgia on Co-Operation in the Field of Law Enforcement）。在序言部分，该协定提及美利坚合众国政府（USG）和格鲁吉亚政府认识到技术援助对建立和支持旨在通过培训、技术和相互合作加强法治的项目的重要性，特别是在反腐败、边境安全、反洗钱和建立现代法医实验室等领域；认识到有必要协助格鲁吉亚政府发展其遏制跨国犯罪和内部腐败的能力，从而改善区域稳定和加强法治。其中也规定了美国派往格鲁吉亚执法人员的地位

---

[1] See M. L. Bain, *Money Laundering: Hide and Seek; An Exploration of International Cooperation between Law Enforcement Agencies*, PhD Thesis, Simon Fraser University, 2004, available at https://core. ac. uk/download/pdf/56372869. pdf（last visit on 30 Jul. 2024）.

问题：

"1. 格鲁吉亚政府同意接收美国政府指定的人员，根据格鲁吉亚法律和国际法原则履行美国政府在本协议项下的责任。

2. 《美利坚合众国政府和格鲁吉亚共和国政府关于合作促进人道主义和技术经济援助的协定》：

a. 在美国政府发出适当通知后，格鲁吉亚政府将授予这些人员美国政府大使馆行政和技术人员应享有的特权和豁免，除非本协议另有规定。

b. 根据本协议，美国政府派往格鲁吉亚执行与合作/技术援助计划和项目有关的任务的所有人员及其家属应免除所有在格鲁吉亚期间的收入的所得税和社会保障税，以及针对个人自用的个人财产征收的财产税。关于进口到格鲁吉亚供其自用的个人物品、设备和用品支付关税和进口税，这些人员及其随行家属应享受与美国外交代表一样的待遇。"[1]

从这一条款能够发现，美国在对外构建执法合作协定时，对于驻外执法人员的特权、豁免一般参考外交关系法中的"行政及技术职员"（A&T）。所谓使馆中的"行政及技术职员"即承办使馆行政及技术事务之使馆职员，其特权与豁免规定在《维也纳外交关系公约》第 37 条第 2 款，"使馆行政与技术职员暨与其构成同一户口之家属，如非接受国国民且不在该国永久居留者，均享有第二十九条至第三十五条所规定之特权与豁免，但第三十一条第一项所规定对接受国民事及行政管辖之豁免不适用于执行职务范围以外之行为。关于最初定居时所输入之物品，此等人员亦享有第三十六条第一项所规定之特权"。而所谓第 29 条至第 35 条所规定之特权与豁免均是适用于外交代表的特权与豁免。第 31 条的民事及行政管辖豁免，《维也纳外交关系公约》特别规定了行政及技术职员仅在公务范围内享有。

从这个角度看，美国对于驻外执法人员倾向于绝对的专属刑事管辖权，某种意义上说甚至要超越对驻外部队的刑事管辖权的掌控程度。

---

〔1〕 Article 15 of Agreement Between the Government of the United States of America and the Government of Georgia on Co-Operation in the Field of Law Enforcement.

（二）欧盟的执法合作实践

再例如欧盟，欧盟成员国之间的警察合作始于 1976 年，组建了 "特雷维小组"（Trevi Group），这是一个由司法部和内政部代表组成的政府间机构。《马斯特里赫特条约》随后规定了欧盟成员国共同关心的问题，为警察合作（打击恐怖主义、毒品和其他形式的国际犯罪）提供了合法依据。它还确立了建立欧洲刑警组织的原则。《欧洲刑警组织公约》于 1995 年 7 月 26 日签署，但该办事处直到 1999 年 7 月 1 日才根据《阿姆斯特丹条约》（1997 年 10 月 2 日签署）赋予的更大权力正式开始工作。然而，在欧洲刑警组织出现之前，欧洲的警务合作已经取得进展。随着 1985 年申根区的建立，最初只有少数几个成员国参与，但之后欧洲的跨境执法合作已经逐步成熟。但如前所述，欧洲刑警组织一般并不涉及直接的跨境执法合作，因此一般也不需要订立管辖权分配的条款、协定。

2005 年 5 月 27 日，七个欧盟成员国在德国城市普吕姆签署了一项协定即《普吕姆协定》，旨在通过信息交流，在打击恐怖主义、跨境犯罪和非法移民方面发挥作用，这标志着欧盟成员国司法和内政合作迈出了新的一步，在建立尽可能高的合作标准方面发挥先锋作用。该协定涉及 DNA 图谱、指纹数据和其他数据的交流；防止恐怖袭击的措施；打击非法移民的措施；其他形式的合作等。欧盟理事会 2008 年 6 月 23 日第 2008/615/JHA 号决定在欧盟一级全面引入了《普吕姆协定》。在该协定的第 6 章 "一般条款" 部分，规定了执法合作的具体问题，其中第 31 条、第 32 条规定了缔约方执法人员的法律地位：

"第 31 条 根据本条约在另一缔约国领土上进行介入的执法人员，在其可能犯下的或可能遭受的犯罪行为方面，在未有其他适用于缔约国公约的其他规定的情况下，与该另一缔约国的执法人员相同。

第 32 条 根据本条约介入另一缔约方领土的执法人员将继续受其本国现行的服务条例的约束，特别是关于法律纪律制度的约束。"[1]

---

〔1〕 Article 31 and Article 32 of Treaty Between the Kingdom of Belgium, the Federal Republic of Germany, the Kingdom of Spain, the Republic of France, the Grand Duchy of Luxembourg, the Kingdom of the Netherlands and the Republic of Austria.

从欧洲七国的协定案文来看，关于驻外执法人员的地位呈现与美国版本的明显区别。尽管明确强调了本国的驻外执法人员仍需受本国相关法律、法规、军纪的约束，但"与该另一缔约国的执法人员相同"表明欧洲七国的执法合作并不会在特殊国际法下赋予执法人员特权与豁免，这与美国的协定案文截然不同。当然，遗憾的是，该条约并未明文约定驻外执法人员管辖权的分配问题，即如果驻外执法人员在另一成员国境内犯下罪行，应当由哪一国的司法机关进行立案、起诉、审判的问题。

三、执法合作协定对执法对象的管辖权分配

除却对直接参与执法合作的驻外执法人员的管辖权分配问题，执法合作范畴还有一个重要的管辖权问题，集中在执法合作的当事方对执法对象的管辖权分配上，也即何者来最终对犯罪嫌疑人行使管辖的问题，具体包括对犯罪嫌疑人展开的联合追捕、遣返、刑事司法协助等。不幸的是，国家间有效的国际合作和互助安排少之又少。在没有这种安排的情况下，请求司法管辖区的执法当局很难获得其他有关司法管辖区的有效合作和协助，也很难实际获得对目标执法对象的管辖权。

（一）获取执法对象管辖权的前置条件：法律制度的协调

在执法合作中实际获得对目标执法对象的管辖权首先有一个重要的前置性条件即克服协调不同法律制度的困难，这在上海合作组织打击恐怖主义、分裂主义和极端主义的宗旨之下显得尤为关键，毕竟如果各国对恐怖主义、分裂主义和极端主义的理解不一致，那么势必将导致执法合作的困难。美国学者就曾举例道：利比亚不太可能把恐怖分子交给美国。更常见的情况是，冲突可能在于对嫌疑人行为的不同评价。利比亚可能赞同美国称之为"恐怖主义"的行动，也可能出于外交政策上的原因支持对此事件负责的组织。如果被告或证据位于批准这种行为的州，那么在美国成功起诉的可能性显然是相当小的。在这种情况下，交出嫌疑人取决于对报复的恐惧，或者，不太可能的是，涉及海盗和劫持等普遍承认的罪行的明确条约义务。[1]

---

〔1〕　See Philip B. Heymann, "Two Models of National Attitudes toward International Cooperation in Law Enforcement", *Harvard International Law Journal*, Vol. 31, No. 1, 1990, pp. 99-107.

因此，这就是上海合作组织明确"恐怖主义"、"分裂主义"和"极端主义"的定义被广为称道的原因。在《打击恐怖主义、分裂主义和极端主义上海公约》《上海合作组织反恐怖主义公约》《上海合作组织反极端主义公约》《上海合作组织成员国政府间合作打击犯罪协定》等公约中都有类似体现。

《上海合作组织反恐怖主义公约》第2条第2~4款明确指出：

"（二）'恐怖主义'指通过实施或威胁实施暴力和（或）其他犯罪活动，危害国家、社会与个人利益，影响政权机关或国际组织决策，使人们产生恐惧的暴力意识形态和实践；

（三）'恐怖主义行为'指为影响政权机关或国际组织决策，实现政治、宗教、意识形态及其他目的而实施的恐吓居民、危害人员生命和健康，造成巨大财产损失或生态灾难及其他严重后果等行为，以及为上述目的而威胁实施上述活动的行为；

（四）'恐怖主义组织'指：

1. 为实施本公约所涵盖的犯罪而成立的和（或）实施本公约所涵盖的犯罪的犯罪团伙、非法武装、匪帮和黑社会组织；

2. 以其名义、按其指示或为其利益策划、组织、准备和实施本公约所涵盖的犯罪的法人。"

《上海合作组织反极端主义公约》第2条第2~6款也明确：

"（二）'极端主义'指将使用暴力和其他违法活动作为解决政治、社会、种族、民族和宗教冲突的主要手段的意识形态和实际活动。

（三）'极端主义行为'指：2001年6月15日《打击恐怖主义、分裂主义和极端主义上海公约》第1条第1款第3项中规定的违法犯罪行为；组织和参加以极端主义为目的的武装暴乱；组织、领导和参加极端主义组织；煽动政治、社会、种族、民族和宗教仇恨或纷争；宣扬因政治、社会、种族、民族和宗教属性而使人具有特殊性、优越性或卑微性；公开煽动实施上述活动；以宣扬极端主义为目的，大量制作、持有和传播极端主义材料。

（四）'资助极端主义'指有预谋地提供和（或）募集资产或提供金

融服务，用于资助组织、预备或从事本公约所涵盖的任何违法犯罪活动，或者保障极端主义组织活动。

（五）'极端主义材料'指用于传播极端主义思想或者煽动实施极端主义行为、为极端主义行为开脱罪责的任何信息载体。

（六）'极端主义组织'指：以实施本公约所涵盖的违法犯罪活动为目的而成立的有组织团伙；因从事极端主义活动，依据各方国内法律依法取缔和（或）禁止活动的社会或宗教团体或其他组织。"

除此之外，上海合作组织的公约也明确要求各缔约国将特定行为纳入立法，认定为刑事犯罪。[1]这种在法律制度协调上的努力，从国际法的条约维度实现了各国对具体犯罪外延内涵上的统一化，这为执法合作的顺利开展奠定了非常良好的基础。

（二）执法对象管辖权分配的类型化

而就执法对象的管辖权而言，这个问题尤其繁复，需要根据执法合作涉及犯罪类型的不同而有不同的考虑。例如，上海合作组织安全合作中涉及的恐怖主义犯罪，由于系属联合国列明的 17 种国际犯罪之一，那么基于普遍管辖权的精神，各国均有对执法对象的管辖权，不论其犯罪行为和结果是否发生在本国领土内，不论犯罪人是否拥有本国国籍，也不论犯罪行为是否侵害本国或公民利益，只要犯罪人进入本国境内并处在可控制的状态中。

而比如非法制造、贩运和销售武器、弹药、爆炸物、爆炸装置、毒害性和放射性物质以及核材料等危险物质，非法制造和贩运麻醉药品、精神药物及易制毒化学品，走私等其他跨国有组织犯罪，有管辖权的国家就非常繁多，可能包含犯罪行为和结果发生在本国领土的属地国（属地管辖）、犯罪嫌疑人的国籍国（属人管辖）、侵害该国国家及其公民重大利益的国家（保护管辖）等。甚至在同一种管辖权范畴内，还有管辖权的竞合情况发生，例如犯罪行为地国和结果发生地国的属地管辖权，再例如双重国籍问题：一些被上海合作组织成员国抓捕的"东突"恐怖分子因持有除中国以外的第三国（非上海合作组织成员国）护照（中国不承认其双重国籍身份），第三国承认其公民身份并提出反对将该犯罪嫌疑人从上海合作组织

---

〔1〕　例如《上海合作组织反恐怖主义公约》第 9 条。

成员国引渡给中国。

举例说明，《美洲国家禁止非法制造和贩运火器、弹药、爆炸物及其他有关材料公约》对执法对象的管辖权约定在第 5 条，具体如下："1. 各缔约国均应采取必要的措施，在有关犯罪在其领域内实施时，确立其对根据本公约确立的犯罪的管辖权。2. 各缔约国均可采取必要的措施，在犯罪由其国民或惯常居住在其领域内的人实施时，确立其对根据本公约确立的犯罪的管辖权。3. 当被指控的罪犯在其境内并且不以被指控罪犯的国籍为由将该人引渡到另一国家时，各缔约国均应采取必要的措施，确立其对根据本公约确立的犯罪的管辖权。4. 本公约不排除适用缔约国根据其本国法律确立的任何其他刑事管辖权规则。"

由于管辖权竞合的情形在涉及执法对象时是如此复杂，很多时候一般国际法难以解决此种竞合难题，甚至仅凭借双边、多边执法合作协定也无法谈判得出某一种各方都能接受的固定模式，除非是如欧盟一般构建高水平的执法一体化，然而这对于上海合作组织而言可行性又明显不足。故此，我们需要认识到执法合作不仅关乎执法，很多时候具备司法性质，且更加是一种外交活动。

（三）上海合作组织对执法对象的管辖权分配

早在 2006 年上海合作组织成员国最高法院院长会议上，时任中国最高人民法院副院长、大法官张军就建议各成员国可确立对恐怖主义、分裂主义、极端主义及贩毒、洗钱及其他跨国犯罪活动的司法管辖，并在发生管辖竞合时，从打击恐怖主义犯罪的国际司法合作角度出发，通过协商互惠，顺利实现刑事司法程序的移交。2009 年 6 月卡捷琳堡峰会通过的《上海合作组织反恐怖主义公约》第 5 条明确：

"一、下列情况下，有关方应采取必要的措施，确定对本公约所涵盖的犯罪的司法管辖权：（一）犯罪发生在该方境内；（二）犯罪发生在悬挂该方国旗的船舶上，或是发生在根据该方法律注册的航空器上；（三）犯罪由该方公民实施。

二、各方可在下列情况下对本公约所涵盖的犯罪确定各自的司法管辖权：（一）旨在或导致在该方境内或针对该方公民实施恐怖主义行为的犯罪；（二）针对该方境外目标，包括外交和领事机构馆舍而发生的旨在或导致实施恐怖主义行为的犯罪；（三）企图强迫该方实施或不实施某种行为而发生的旨在或导致实施恐怖主义行为的犯罪；（四）在该方境内常住的无国籍人士实施的犯罪；（五）犯罪行为发生在该方经营的船舶上。

三、如果犯罪嫌疑人在一方境内且该方不将其引渡给其他方，该方应采取必要措施确定其对本公约所涵盖犯罪的司法管辖权。

四、本公约不排除按照国内法行使的任何刑事管辖权。

五、如果至少两方提出对本公约所涵盖的犯罪拥有司法管辖权，必要时，有关方可协商解决。"

首先值得指出的是《上海合作组织反极端主义公约》第5条与《上海合作组织反恐怖主义公约》第5条保持了一致，而从上述两公约的具体条款来看，第1款规定的属地和属人管辖使用的是"应采取必要的措施"，而第2款规定的保护性管辖等其他情形则使用的是"可在下列情况下对本公约所涵盖的犯罪确定各自的司法管辖权"。尤其关键的是第3款，规定了普遍管辖的"或引渡或起诉"原则，反映了对该公约序言中"对实施和（或）参与实施犯罪的自然人和法人应追究其责任"宗旨的贯彻落实。当然，即便如第1款规定的应当管辖的属地和属人情形，仍存在管辖权冲突的可能性，此种情况下公约没有给出具体的管辖权分配方案，而是规定协商解决。

（四）对执法对象管辖权的实现

尽管明确了管辖权的存在问题，但在执法合作中仍有管辖权的实现问题，一般通过引渡条约、引渡条款、变相遣返或者互惠合作等方式予以解决，这在上海合作组织的执法合作实践中也是如此。在引渡、移管和司法协助的问题上，《上海合作组织反恐怖主义公约》也有很详尽的规则，具体规定在了第11条。在管辖权的实现上，也有管辖权竞合导致的冲突和矛盾。如果某一犯罪嫌疑人涉及被请求国是国籍国或者犯罪发生地国，也即被请求国具有属地或属人管辖权，根据一般国际法或者特定条约的规则可以拒绝引渡，但应当将该罪犯提交本国当局进行诉讼，行使管辖权。此种关于引渡的管辖权竞合问题已有相当充沛的学术文献和实践进行了探讨或解决，此处不做赘述。[1]

上海合作组织范畴下比较有特色的是非正式合作，这种合作方式更快捷，更容易得到合作国家的反馈、及时保存证据和及时抓捕犯罪嫌疑人。它一般靠成员国在双边或多边交往过程中逐步确立双方或各方认可的规则，如认定恐怖分子非法入出境，从而将其驱逐出境，完成变相引渡的过程，简化引渡的繁琐的制度和文书传递与送达。目前中国和中亚国家警务合作将嫌犯遣返，中俄边境不经中央机关即可互遣嫌犯等方式都是比较有代表性的。

美国有学者认为美国采取这一方式倾向性也很突出，称之为检控模式，也即一种高度非正式的检察合作模式，设想两名来自友好国家的检察官，他们有着相似的利益、外交政策和对公平刑事司法体系的关注。对他们来说，尽可能自由、充分和非正式地合作是很有意义的。双方都认识到在对方国家打击犯罪的重要性，更重要的是，认识到互惠合作的好处。这一模式还将允许两国在对方境内进行有限的、非侵入式的自助。只要公民的基本权利不受威胁，检察官就会认为一个国家的警察或检察官在另一个国家进行非正式调查是适当的，因此该种模式本质上只能在友好国家间发生，从各级警务部门到外交部都有可能发生，是一种相对松散的双边或多边合作。[2]

---

〔1〕 参见曾炜、彭生宝：《管辖权竞合在引渡上的适用三原则》，载《检察日报》2010年3月17日，第3版；黄亚英：《国际引渡条件及其发展趋势的研究》，载《法律科学（西北政法学院学报）》1992年第2期；周建海、慕亚平：《引渡制度的新问题与我国引渡制度之健全》，载《政法论坛》1997年第5期。

〔2〕 See Philip B. Heymann, "Two Models of National Attitudes toward International Cooperation in Law Enforcement", *Harvard International Law Journal*, Vol. 31, No. 1, 1990, pp. 99–107.

安全合作中刑事管辖权议题的新发展

当前安全合作中的刑事管辖权议题又有新的发展，并且主要集中在军事安全合作领域。从部队地位协定的发展实践来看，对驻外军人的刑事管辖权分配不外乎并存管辖模式与专属管辖模式，但随着世界各军事强国的海外军事行动不断深入与延展，对驻外部队的刑事管辖又演化出新的发展趋势。其一，在原有的北约并存管辖体系下，派遣国通过条约解释、外交途径与国内立法的多重方式使其刑事管辖权不断扩张；其二，在专属管辖模式之下，产生了此种管辖权形态与国际刑事法院的管辖权冲突；其三，部队地位协定的订立程序与实质内容不断简化，更加便于操作，与此同时军事强国已然形成了标准化的部队地位协定范本，使得驻外部队刑事管辖权的分配更为统一化。

第一节　安全合作中派遣国刑事管辖权的扩张

如前文所述，美国乃至世界各海外军事行动强国所采用的管辖权分配模式基本不出专属管辖模式和并存管辖模式两种，前者是派遣国管辖权扩张的极端形式，因而在谈判上难度较大，一般而言东道国较难接受。而并存管辖模式通常具有互惠性、平等性，多数情况中东道国优先管辖，因而被广泛接受。但是随着以美国为首的军事强国长时间的实践发展，该模式下出现了派遣国管辖权扩张的表现和趋势。随着美国海外军事行动战略的扩展，我们会发现"船旗国法"呈现"名亡实存"的状态，美国总是试图并确实往往成功地在部队地位协定的框架下扩展了其管辖权。[1] 其最为普遍且有效的是基于《北约部队地位协定》约文，这具体体现在三个方面：其一是对"公务行为"范围的扩大及其界定权属的控制，[2] 其二是高频次地使用放弃管辖权的条款，其三则是扩展对合同雇员的刑事管辖权。

一、派遣国对驻外部队"公务行为"的优先管辖权

首先是"公务行为"（Official Duty）的界定及其界定权属。比如在美国联邦最高法院审理的"威尔逊诉吉拉德案"（Wilson v. Girard）中，美日之间虽然不适用《北约部队地位协定》，但美日之间关于驻军地位的条约中关于管辖权的规定和《北约部队地位协定》高度相似。[3] 该案中，美军的吉拉德（William S. Girard）在实弹射击场站哨时射杀了一名日本女性，这名死亡的日本妇女是时正按照往常的惯例每隔一段时间进入该地区，收集已被使用的黄铜弹壳。该案中双方争议的就是吉拉德射杀平民时是否正在当值从而系属"公务"行为，因为按照美日部队地位协定，对"公务"行为派遣国有优先管辖权。当然最后美国还是主动放弃了管辖权，将其移交给了日本进行审判，不过根本原因系出于政治考虑。

《北约部队地位协定》第 7 条第 3 款虽然规定在公务行为时派遣国有优先管辖权，但对于"公务"之定义和范围并无规定，并且目前为止也无任何部队地位协定文本中明确定义"公务"，这就给美国对此的解释权扩张埋下伏笔。当然，毫无疑问的是，"官员在执行公务时所做的一切行为都是公务行为"的观点已然过时，不会得到支持。[4] 除此之外，有两种代表性意见，一者是意大利的观点，倾向于严格的定义即"within the limits of

---

〔1〕 See Mark. R. Ruppert, "United States' Criminal Jurisdiction over Environmental Offenses Committed by it's Forces Overseas: How to Maximize and When to Say No", *Air Force Law Review*, Vol. 40, 1996, p. 45.

〔2〕 See Serge Lazareff, *The Status of Military Forces Under Current International Law*, A. W. Sijthoff, 1971, p. 172.

〔3〕 See Article XVII of Agreement under Article VI of the Treaty of Mutual Cooperation and Security Between Japan and the United States of America, Regarding Facilities and Areas and the Status of United States Armed Forces in Japan.

〔4〕 See Sir Robert Jennings, Sir Arthur Watts ed., *Oppenheim's International Law*, Longman, 1992, pp. 1160-1170.

that official duty",可被译为"限于公务行为",[1]而美国一贯立场是履行公务所附带的任何作为或不作为都属于公务范畴。[2]

一些可能的参照可见：在欧洲执行军事指令中将"职权行为/公务"定义为"根据或按照主管当局或指令，无论是明示的还是默示的，以美军成员的身份履行所需或允许的公务有关的行为。"[3]在日本，该术语在补充协议中定义为"法规、条例、上级命令或军事用途要求或授权履行的任何职责或服务"。"'公务'一词的用意并不是包括驻日美军在执勤期间的所有行为，而是限于与履行公务有关的作为或不作为。"[4]美韩部队地位协定的商定会议纪要和补充协议中也有涉及，前者规定，"公务"一词不包括美国武装部队及其文职人员在值勤期间的所有行为，而是仅适用于履行个人职责所需的行为。后者则从反面规定，超出个人"公务"范围的行为通常是指与履行某一特定职责所需行为有实质性不同的行为。[5]有韩国学者据此提出了界定"公务行为"的三要素：① "公务"不包括当值时间内的所有行为；② "公务"只适用于履行这些职责所需的行为；③ 与某特定职责所需行为的"实质性背离"通常意味着非"公务行为"。[6]

其中最为重要的②③项也被其概括为"实质性背离"（Substantial Departure）标准。这一标准看似细化了"公务行为"的界定，但在面对具体案例时仍不免捉襟见肘。比如"威尔逊诉吉拉德案"中，驻日美军射杀进入实弹射击场的日本妇女，"故意杀害平民"看似实质性背离了站哨士兵的职责，就如日本政府所述：日本政府声称拥有优先管辖权，因为这起谋

---

〔1〕 See Kimberly C. Priest-Hamilton, "Who Really Should Have Exercised Jurisdiction over the Military Pilots Implicated in the 1998 Italy Gondola Accident", *Journal of Air Law and Commerce*, Vol. 65, No. 3, 2000, p. 624.

〔2〕 See J. M. Snee, A. K. Pye, *Status of Forces Agreements and Criminal Jurisdiction*, Oceana Publications, 1957, pp. 47-49.

〔3〕 Jonathan T. Flynn, "No Need to Maximize: Reforming Foreign Criminal Jurisdiction Practice Under the US-Japan Status of Forces Agreement", *Military Law Review*, Vol. 212, 2012, p. 12.

〔4〕 U. S. forces Japan, Instr. 51-1, Criminal and Disciplinary Jurisdiction under the Status of Forces Agreement with Japan para. 4. 4. 2. 2 (3 Oct. 1997).

〔5〕 See Agreed Minutes art. XXII, para. 3 (a), Agreed Understanding art. XXII, para. 3 (a).

〔6〕 See Youngjin Jung, Jun-Shik Hwang, "Where Does Inequality Come From-An Analysis of the Korea-United States Status of Forces Agreement", *American University International Law Review*, Vol. 18, No. 5, 2003, p. 1134.

杀不是"法律、法规、上级命令或军事用途要求或授权履行的职责或服务"。[1]但我们无法忽视美国对此所作的抗辩，即尽管故意杀害平民不是职责所需，但保护军事装备确实应属"公务行为"，而其所涵盖的具体手段虽不推崇但应当包含比较激烈的"直接射杀"。

再比如上文所述 1998 年美军在意大利造成的过失杀人一案中，是否属于"公务行为"也是双方的争议焦点。美方认为，机组人员那天的职责是驾驶飞机，正是由于其履行职责时的疏忽大意造成了吊舱中 20 人死亡的事实。但在意大利检方看来，机组人员的职责不只是驾驶飞机，还有按照飞行计划驾驶特定的飞机，当飞机撞击并切断缆绳时，机组人员没有遵守飞行计划，因此没有履行其职责。该案当中"实质性背离"标准也难以发挥令人满意的效果，与原定飞行计划发生何种程度的差异才能被认定为是具有实质性的呢？这里面的自由裁量空间仍然是广阔的，我们虽然可以确定其上限，比如不存在所谓飞行计划或者故意不按飞行计划进行可以说是具有"实质性背离"的，但如果仅仅由于疏忽操作导致速度、高度等指标与计划略有差异，那么此种差异需要达到何种程度才能是"实质性"的呢？因此，该标准在实操上仍有相当程度的解释力不足，适用范围也极为有限。

另一方面，派遣国对"公务"范围的界定权也是派遣国管辖权扩张的重要表征。一般而言，这种界定权并不会直接在部队地位协定文本中体现，但亦有少数情况会在部队地位协定的相关文本中有所规定，比如 1959 年 8 月 3 日签订的《北约关于驻德部队地位协定的补充协定》中第 18 条："凡在对部队成员或文职人员提起刑事诉讼的过程中，有必要确定犯罪是否因执行公务时的作为或不作为而产生，则应根据有关派遣国的法律来确定。派遣国适当的最高当局可向德国法院或处理此案的当局提交有关证明。"再有譬如《〈美利坚合众国与日本国相互合作与安全保障条约〉第六条就设施和地区以及美国在日本的武装部队地位达成协议的商定会议记录》第 17 条，如果日本政府反对美国关于"公务行为"的决定，将提交美日联合委员会决定这个问题。[2]

---

〔1〕 See J. M. Snee, A. K. Pye, *Status of Forces Agreements and Criminal Jurisdiction*, Oceana Publications, 1957, p. 50.

〔2〕 See Dieter Fleck ed. , *The Handbook of the Law of Visiting Forces*, Oxford University Press, 2018, p. 402.

— 100 —

在《北约部队地位协定》的起草磋商阶段，美国就提出只有派遣国当局才能决定其部队成员是否在执行公务，以及所涉罪行是否发生在执行公务之时。最终《北约部队地位协定》在这个问题上采取了留白，通常的做法是派遣国签发"公务证书"解决这个问题，东道国也会接受该证书。[1]韩国外交部采取了类似的做法，美国军事主管部门签发的证书被视为确定优先管辖权的公务事实的充分证据。例外情况下，如果有与公务证书相反的证据，则应通过韩国官员与美国驻韩国外交使团之间的讨论，将其作为审查的对象。[2]

总的来说，无论是"公务"定义及其标准还是对某行为是否构成"公务行为"的界定权，美国都享有超出其对应东道国的优势利益，这就在无形中延展了美国的管辖权。

二、派遣国对放弃管辖权条款的广泛运用

另一个值得注意的情形是，绝大多数情况下，美国都试图通过放弃管辖权的条款获得或保留对其人员的管辖权。[3]事实上，东道国在多数情况下也并不反对放弃自身的优先管辖权。数据表明，只有在特殊情况下，东道国才希望行使其主要管辖权来审判派遣国部队的一名成员，而不同意放弃其管辖权的要求。美国部队驻扎的国家在绝大多数情况下放弃其管辖权，[4]而东道国只在罪行已广为宣传、并在地方对犯罪者进行审判的压力下拒绝放弃其主要管辖权。据估计，发生在东道国领土上的非公务犯罪，超过90%的东道国放弃了其管辖权。国防部提交给参议院军事委员会的一份报告充分证实了这一估计。1954年10月12日，国防部的斯特鲁弗·亨塞尔先生给索尔顿斯托尔参议员的信中总结了1954年上半年的报告如下：

---

〔1〕　See Kimberly C. Priest-Hamilton, "Who Really Should Have Exercised Jurisdiction over the Military Pilots Implicated in the 1998 Italy Gondola Accident", *Journal of Air Law and Commerce*, Vol. 65, No. 3, 2000, p. 626.

〔2〕　如果大韩民国首席检察官不认为该行为是出于公务，则应通过韩国政府与美国驻韩使团之间的讨论解决分歧，See Agreed Minutes art. XXII, para. 3 (a) (2).

〔3〕　See Dieter Fleck ed., *The Handbook of the Law of Visiting Forces*, Oxford University Press, 2018, p. 117.

〔4〕　See statement of Major General Claude B. Michelwait, Deputy Judge Advocate General of the Army in The NATO Status of Forces Agreement, 18 JAG J. 15, 16 (1954).

在《北大西洋公约》缔约国中，包括已批准《北约部队地位协定》的国家和未批准的国家，有 1761 项罪行可以在外国法院审判。有 1259 项即 71.5%的案件，对方放弃了管辖权。384 人在北约国家的法庭受审，45 人被判监禁，除了 20 个案件，其余所有案件都被暂停执行。[1]

这也正体现了美国国防部 5525.1 号指令的宗旨："最大程度地保护可能受到外国法院刑事审判和在外国监狱监禁的美军的权利。"[2]如果我们往前追溯，会发现在 1953 年，当《北约部队地位协定》被提交给美国参议院征求意见和批准时，参议院就表达了相关的所谓"保留"。首先，"如果受美国军事管辖的人要接受东道国当局的审判。指挥官应审查该国的法律，特别是美国宪法所载的程序保障措施。" 如果指挥官认为"由于被告在美国将享有的宪法权利不存在或被剥夺而有可能得不到保护"，指挥官应根据《北约部队地位协定》第 7 条要求东道国当局放弃管辖权。如果东道国拒绝放弃管辖权，指挥官应请求国务院通过外交途径提出此类请求。[3] 20 世纪 90 年代的三军部长级条例更进一步扩张了国防部 5525.1 号指令的管辖权要求，提出"将不断努力与东道国当局建立关系和运用方法，以便在适用协定允许的范围内最大限度地扩大美国的管辖权"，"在任何情况下都会尽力在外国司法程序结束之前，确保将被告释放给美国当局羁押"，以及"未经被告的总检察长事先批准，军事当局不会批准放弃美国司法管辖权"。[4]

三、派遣国扩展对合同雇员的刑事管辖权

2000 年美国颁布的《军事域外管辖权法》对美国进一步扩展军事域外管辖权意义重大。该法案第 1 条第 1 款（即《美国法典》第 3261 条第 1 款）规定："在美国境外从事的行为，如果该行为是在美国特殊的海洋和

---

〔1〕 See Edward D. Re, "The NATO Status of Forces Agreement and International Law", *Northwestern University Law Review*, Vol. 50, No. 3, 1955, p. 356.

〔2〕 Department of Defense Directive 5525.1, available at http://www.dtic.mil/whs/directives/corres/pdf/552501p.pdf (last visit on 10 Mar. 2020).

〔3〕 See 32 C.F.R. § 151.6.

〔4〕 U.S. Department of Army, Reg. 27-50; Secretary of Navy, Instr. 5820.4G; U.S. Department of Air Force, Reg. 110-12, Status of Forces Policies, Procedures, and Information para. 1-7 (14 Jan. 1990).

领土管辖范围内从事的，将构成可判处 1 年以上监禁的罪行：（1）受雇于或随军于美国境外武装部队的人员；或（2）当武装部队成员受到第 10 编（统一军事司法法典）第 47 章的约束时，应按照该罪行的规定予以惩罚。"

《军事域外管辖权法》第 7 条（即《美国法典》第 3267 条）也规定，根据本章：

"（1）'受雇于美国境外武装部队'一词是指——

（A）受雇于国防部的文职雇员（包括国防部的非划拨资金机构），作为国防部承包商（包括任何级别的分包商），或作为国防部承包商的雇员（包括任何级别的分包商）；

（B）居住或存在于美国境外，与此雇佣工作有关的人；以及

（C）非东道国国民或常住居民。

（2）'随军于美国境外武装部队的人员'一词是指——

（A）下列人员的家属：（i）武装部队成员；（ii）国防部文职雇员（包括国防部的非划拨资金机构）；或（iii）国防部承包商（包括任何级别的分包商）或国防部承包商的雇员（包括任何级别的分包商）；

（B）与美国境外的武装部队成员、文职雇员、承包商或承包商雇员居住在一起的人员；以及

（C）非东道国国民或常住居民。"

在过去的很长一段时间内，美国政府雇佣了越来越多的民间合同雇员来履行以前由军队成员履行的职责。这些承包商构成军队的一个组成部分，提供前所未有的各种基本服务。在国内法意义上，合同雇员是否能够接受国内军事司法系统的起诉，是一个特别严重的问题，合同雇员长期存在于军事司法系统和民事司法系统之间管辖的灰色地带。

在各国的实践中，承包商的具体形式主要是私营军事和安保服务公司（Private Military and Security Companies）。根据《蒙特勒文件》序言，"私营军事和安保服务公司"是指提供军事和（或）安保服务的私营商业实体，不论这些实体如何称呼自己。军事和安保服务特别包括武装护卫和保护人员和物品，例如运输队、大楼和其他地点；维修和操作武器系统；羁留犯人；向地方部队和安保人员提供咨询或培训。"私营军事和安保服务

公司人员"是指私营军事和安保服务公司雇用的、直接租用的或约定的人员，包括其雇员和管理人员。

而以部队地位协定为代表的条约法通常也有类似界定。美国与伊拉克缔结的部队地位协定中明确"美国承包商"和"美国承包商雇员"是指根据伊拉克与美国部队或为了美国部队的权益与美国部队订立合同或分包合同而存在的非伊拉克人、法人实体及其雇员，他们是美国或第三国的公民，并且在伊拉克为美国提供货物、服务和安保。但是，此项不包括通常居住在伊拉克境内的个人或法人实体。

一般而言，除非双边条约作出特殊约定，东道国有权对私营军事和安保服务公司的刑事犯罪进行管辖。根据《蒙特勒文件》第一部分，缔约国和领土所属国均"有义务对实施或下令实施严重违反《日内瓦四公约》以及在相关情况下违反《第一附加议定书》的人员予以有效的刑事制裁"。2010 年《私营安保公司国际行为守则》"序言"第 6 段也要求签字公司承诺，在特别是涉及违反国家和国际刑法、违反国际人道主义法或者侵犯人员事件的国家和国际调查过程中，要诚心诚意地与行使正当管辖权的国家和国际当局合作。[1]并且，部队地位协定通常也会赋予东道国优先管辖权。例如，在美国与伊拉克缔结的部队地位协定的第 12 条中规定，伊拉克享有对美国承包商和美国承包商雇员的优先管辖权。[2]

自 20 世纪 50 年代《统一军事司法法典》颁布以来，其第 2 条第 1 款第 10 项以及第 11 项就受到美国司法系统的质疑。《统一军事司法法典》第 2 条第 1 款第 10 项规定"受本法管辖的人员"包含："战时在战场为武装力量服务或者随军的人员"。第 2 条第 1 款第 11 项规定"受本法管辖的人员"包含："按照美国签订或者加入的条约或者协定，或者承认的国际法则，在美国海外的武装力量中服务、受雇或者随军的人员。"但自"里德诉科沃特案"（Reid v. Covert）以及"金塞拉诉克鲁格案"（Kinsella v. Krueger）开始，最高法院裁定了一系列的案件，挑战此项及与此相关一系列平民的管辖问题。比如"麦克罗伊诉瓜利亚多案"（McElroy v. Guagliardo）中法

---

〔1〕 参见匡增军、王菁菁：《美国在伊拉克军事存在的管辖与豁免问题及行动合法性探析》，载《国际法研究》2020 年第 3 期。

〔2〕 See Article 12. 2 of Iraqi-U. S. Status of Forces Agreement："Iraq shall have the primary right to exercise jurisdiction over United States contractors and United States contractor employees."

院认为军事法庭在和平时期无权审判文职雇员。[1]再者就是"美国诉埃弗利特案"（United States v. Averette），埃弗利特是一名在越南的陆军文职雇员，犯下盗窃罪及诈骗罪，但法院解释《统一军事司法法典》第2条第1款第10项的"战时"仅包括国会宣战的战争状态，刻意限缩了管辖范围。[2]但2000年美国《军事域外管辖权法》的颁布很好地解决了上述问题，受雇于或随军于美国境外武装部队的人员将被纳入军事管辖之中。

在海外军事行动的论域之中，《军事域外管辖权法》对包括《北约部队地位协定》在内的许多部队地位协定也产生了影响。《北约部队地位协定》第7条第1款第1项"派遣国军事当局有权对东道国领土上派遣国军事法管辖的所有人员行使所有由派遣国法律赋予的刑事和纪律管辖权"，以及第7条第2款第1项"派遣国军事当局有权对在该国军事法管辖下的人员所犯应受派遣国的法律但不受东道国法律予以惩处的、与该国国家安全有关的不法行为行使专属管辖权"都强调了派遣国的管辖权及于"军事法管辖的人员"（All Persons Subject to the Military Law）。虽然《统一军事司法法典》本就规定管辖范围包括"战时在战场为武装力量服务或者随军的人员"以及"按照美国签订或者加入的条约或者协定，或者承认的国际法则，在美国海外的武装力量中服务、受雇或者随军的人员"，但大量判例法的否定性结论使得对驻外美军的文职雇员的刑事管辖权始终存在模糊性、不确定性。《军事域外管辖权法》的再度明确，使得对驻外美军的文职雇员的刑事管辖权完全符合该条款的规定即派遣国享有管辖权，在某种程度上延展了美国的管辖对象范围。

另一个值得关注的问题是，《军事域外管辖权法》从国内法的角度出发，给可能受东道国管辖的人员保留了一个派遣国管辖权的余地。《军事域外管辖权法》第1条第2款（即《美国法典》第3261条第2款）规定："如果外国政府根据美国承认的司法管辖权，已经或正在起诉构成犯罪的人，则不得根据本款对该人提起诉讼，除非经总检察长或副总检察长（或以上述任何一种身份行事的人）批准，否则不得授予批准职能。"而《北约部队地位协定》第7条第8款规定："一缔约国当局依照本条的规定审

---

[1]　See *McElroy v. Guagliardo*, 361 U.S. 281（1960）.

[2]　See *United States v. Averette*, 19 U.S.C.M.A. 363（1970）.

判被告人并宣告无罪、被定罪并正在服刑、已服刑期或已获赦免的，另一缔约方当局不得在同一领土内以同一罪行再次审判他。但是，本款任何规定均不妨碍派遣国军事当局对其已被另一缔约国审判的部队成员违反纪律的作为或不作为的不法行为进行审判。"

《军事域外管辖权法》很好地规避了《北约部队地位协定》一事不二罚的规定，《北约部队地位协定》中"另一缔约方当局不得在同一领土内以同一罪行再次审判"意味着，一旦东道国享有优先管辖权且未放弃管辖而起诉某个派遣国的文职雇员，派遣国是可以依据《军事域外管辖权法》平行起诉或者在东道国刑事程序结束后再行起诉的，这并不违反"同一领土内"的要求，并也在某种程度上隐性地扩展了美国的管辖范围。

第二节　派遣国与国际刑事法院的管辖权冲突

在海外军事行动中，无论是一般国际法上的属事刑事豁免权还是基于双边条约的管辖权模式，都主要是用于规制刑事管辖权。而刑事犯罪有国际刑事犯罪和非国际刑事犯罪之分，国际刑事犯罪中又有非常特殊的强行法罪行，值得我们格外关注。由于2002年国际刑事法院在《罗马规约》（即《国际刑事法院规约》，"Rome Statute of the International Criminal Court"）的基础上成立，其主要立足管辖的四大国际犯罪：灭绝种族罪、战争罪、危害人类罪及侵略罪，是有可能在安全合作的场域中出现的。国际刑事法院管辖权与一般国际法上的属事刑事豁免权之冲突将在后文再详细展开，而国际刑事法院管辖权与部队地位协定下的管辖权发生的冲突则会随着国际刑事法院扩展更多情势而逐步出现。在国际刑事法院的阿富汗情势中，此种冲突便首次出现，目前已引起学界少数学者的关注。由于本节意在探讨的是国际刑事法院管辖权与部队地位协定下派遣国管辖权的冲突，海盗、贩奴、国际腐败等不在国际刑事法院管辖范围内的国际罪行将不做探讨，仅以国际刑事法院管辖的四大最严重国际犯罪为探讨对象。

一、安全合作中可能发生的国际罪行

军事合作中可能产生刑事犯罪当无疑问，但这之中产生的国际刑事犯

罪却少有人关注。国际刑事法院自 2002 年成立至今有将近 20 年时间，但海外军事行动却有百年左右的历史。《罗马规约》第 11 条规定了法院的属时管辖权，即"本法院仅对本规约生效后实施的犯罪具有管辖权；对于在本规约生效后成为缔约国的国家，本法院只能对在本规约对该国生效后实施的犯罪行使管辖权，除非该国已根据第十二条第三款提交声明。"因此，在 2002 年以前所发生的罪行并不在法院管辖之内，且后加入《罗马规约》的国家，《罗马规约》对其加入前发生的犯罪同样不具备溯及力，这也正是为什么目前国际刑事法院涉及海外军事行动的判例还是比较有限的，但这丝毫不意味着未来此类案件不会涌现。

首先要探讨的是《罗马规约》第 6 条规定的灭绝种族罪，这在海外军事行动中出现概率最小。"灭绝种族罪"作为"罪中之罪"，被公认为最严重的国际犯罪。其是指蓄意全部或局部消灭某一民族、族裔、种族或宗教团体而实施的下列任何一种行为：①杀害该团体的成员；②致使该团体的成员在身体上或精神上遭受严重伤害；③故意使该团体处于某种生活状况下，毁灭其全部或局部的生命；④强制施行办法，意图防止该团体内的生育；⑤强迫转移该团体的儿童至另一团体。灭绝种族罪与所有其他罪行的区别在于它的心理因素，被称为"特殊意图"（*dolus specialis*），也即灭绝种族之意图。另外，应惩罚的行为应作为广泛或有系统的攻击的一部分，或作为摧毁该团体的总体或有组织计划的一部分，在证明具体意图时，计划或政策的存在可能成为大多数情况下的一个重要因素，换言之，"灭绝种族计划"的存在虽不在条约文本中，也往往是隐含的要素之一。[1]这就导致海外军事行动中，需派遣国军人带有灭绝种族目的、制定相应计划并针对特定的四个受保护团体进行灭绝种族行为。更具体地说，海外军事行动中可能发生灭绝种族罪的情况是派遣国驻军（派遣国主导或驻军自发）实施对东道国民族、族裔、种族或宗教团体的灭绝种族行为，也可能是派遣国驻军帮助东道国实施对本国民族、族裔、种族或宗教团体的灭绝种族行为。

而"危害人类罪"是指在广泛或有系统地针对任何平民人口进行的攻击中，在明知这一攻击的情况下，作为攻击的一部分而实施的下列任何一

---

[1] See *Jelisić*（IT-95-10-T），Judgment, 14 December 1999, para. 100.

种行为：①谋杀；②灭绝；③奴役；④驱逐出境或强行迁移人口；⑤违反国际法基本规则，监禁或以其他方式严重剥夺人身自由；⑥酷刑；⑦强奸、性奴役、强迫卖淫、强迫怀孕、强迫绝育或严重程度相当的任何其他形式的性暴力；⑧基于政治、种族、民族、族裔、文化、宗教、第三款所界定的性别，或根据公认为国际法不容的其他理由，对任何可以识别的团体或集体进行迫害，而且与任何一种本款提及的行为或任何一种本法院管辖权内的犯罪结合发生；⑨强迫人员失踪；⑩种族隔离罪；⑪故意造成重大痛苦，或对人体或身心健康造成严重伤害的其他性质相同的不人道行为。[1]表面看，谋杀、酷刑和强奸等在海外军事行动中有许多先例，但这都难以构成危害人类罪，因为《罗马规约》第 7 条第 2 款第 1 项规定："'针对任何平民人口进行的攻击'是指根据国家或组织攻击平民人口的政策，或为了推行这种政策，针对任何平民人口多次实施第一款所述行为的行为过程。"而绝大多数情况下，此种犯罪行为都是个人行为，并无国家意志的参与或者构成有组织犯罪，故而难以满足"广泛性"或"系统性"的要求。在"本巴案"（*Prosecutor v. Bemba*）中，预审分庭认为，计划、指挥或组织的攻击，而不是自发或孤立的暴力行为，将符合这一标准，[2]这更进一步佐证了上述观点。因此，与灭绝种族罪存在纯粹个人犯罪可能不同的是，危害人类罪具有主体要求即"国家或组织"及其"攻击平民人口的政策"。从这个角度看，安全合作中发生危害人类罪就须得派遣国指挥其驻军或者执法人员对东道国平民进行广泛或有系统的攻击。

战争罪是第一个根据国际法起诉的罪行，《罗马规约》第 8 条包括了战争罪的四种类型，其中两类涉及国际武装冲突，两类涉及非国际武装冲突。其一是严重破坏 1949 年 8 月 12 日《日内瓦公约》的行为，即对有关的《日内瓦公约》规定保护的人或财产实施某些行为；其二是严重违反国际法既定范围内适用于国际武装冲突的法规和惯例的其他行为；其三是在非国际性武装冲突中，严重违反 1949 年 8 月 12 日四项《日内瓦公约》共同第三条的行为，即对不实际参加敌对行动的人，包括已经放下武器的武

---

〔1〕 参见《罗马规约》第 7 条第 1 款。

〔2〕 See *Prosecutor v. Bemba*, ICC-01/05-01/08-424, Decision Pursuant to Article 61 (7) (a) and (b) of the Rome Statute on the Charges of the Prosecutor Against Jean-Pierre Bemba Gombo, 15 June 2009, para. 81.

装部队人员，及因病、伤、拘留或任何其他原因而失去战斗力的人员，实施某些行为；其四是严重违反国际法既定范围内适用于非国际性武装冲突的法规和惯例的其他行为。[1]《罗马规约》也排除了几种特定类型，如内部动乱和紧张局势，如暴动、孤立和零星的暴力行为或其他性质相同的行为。[2]战争罪中的"受保护的人"根据日内瓦前三公约指的是在国际性武装冲突中由于受伤或被捕不再参与敌对活动的人。而根据日内瓦第四公约则是指平民，条件是"在冲突或占领之场合，于一定期间内及依不论何种方式，处于非其本国之冲突之一方或占领国手中之人"。当然，我们需要注意的是，战争罪发生的前提是存在武装冲突状态，这在以非战争军事行动占绝大多数的军事合作实践中是难以存在的，但这不排除在军事合作启动的初期东道国是和平状态，但在合作进程中出现武装冲突从而导致战争罪发生的前提得到满足的情况，也同样不排除有的海外军事行动的目的就是参与到武装冲突中去。

　　在海外军事行动中，战争罪的发生已有先例，比如后文将会提及的阿富汗情势。2015 年的昆都士医院空袭事件美国就涉嫌战争罪，2015 年 10 月 3 日，位于阿富汗昆都士的一家由无国界医生组织（Médecins Sans Frontières）管理的医院被一架美国 AC-130 武装直升机击中，至少 22 人死亡，多人受伤。该慈善机构的主席乔安妮·刘（Joanne Liu）博士宣称这次袭击"严重违反了国际法"。联合国人权事务高级专员扎伊德·拉阿德·侯赛因（Zeid Ra'ad Al Hussein）宣布，这一事件是"完全悲惨的，不可原谅的，甚至可能是犯罪的"。

　　爱德华·加拉格尔是美国海豹突击队成员，2018 年 9 月他被指控在伊拉克服役期间刺死一名受伤的"伊斯兰国"俘虏，拍摄了与尸体的合影并将照片发送给朋友。2019 年 7 月 2 日，法院宣布对他的七项最初指控中的六项不成立，但认定他犯有第七项指控，即"错误地与一名伤亡人员合影"。这项指控最高可判处 4 个月的监禁。因为加拉格尔在预审监禁期间已经服了更多的刑期，所以他被直接释放但降级降薪。然而，2019 年 11 月 15 日，时任总统特朗普宣布宽大处理包括爱德华·加拉格尔在内的 3 名

---

〔1〕　参见《罗马规约》第 8 条。
〔2〕　参见《罗马规约》第 8 条。

军人。除了加拉格尔，克林特·洛兰斯中尉（Lieutenant Clint Lorance）被下令释放，对马修·高尔斯泰恩（Matthew Golsteyn）少校的起诉被下令终止。克林特·洛兰斯中尉曾在阿富汗杀害 3 名平民，而马修·高尔斯泰恩被控在阿富汗杀害了一名制造炸弹的嫌疑人，被总统赦免时正等待审判。特朗普在下达赦免令的几天后曾对集会观众说："我支持 3 名伟大的勇士对抗深暗势力。"对此，联合国人权事务高级专员发言人鲁珀特·科尔维尔（Rupert Colville）表示，"这 3 起案件都涉及严重违反国际人道主义法的行为，既有证据也有指控，包括枪杀一群平民和处决一名被捕的武装组织成员。国际人道主义法规定了调查违反行为和起诉战争罪行的义务，严重侵犯人权行为和严重违反国际人道主义法行为的受害者有权获得补救。"他坚持认为，赦免终止了马修·高尔斯泰恩少校案件的进一步刑事诉讼，"特别令人不安"。他指出，补救措施包括平等和有效地诉诸司法，了解真相的权利，以及看到犯罪者受到与其行为严重程度相称的惩罚，"而不是看到他们被免除责任"。[1]

最后，即是海外军事行动中可能发生侵略罪。在 1998 年的罗马外交会议上侵略罪就被作为受法院管辖的四种罪名之一写入《罗马规约》，2010 年《坎帕拉修正案》的通过使得 2018 年 7 月 17 日起国际刑事法院可以行使其对侵略罪的管辖权。《坎帕拉修正案》以 1974 年 12 月 14 日联合国大会第 3314（XXIX）号决议作为侵略罪定义的基础，并一致同意将侵略罪定义为由政治或军事领导人实施的，依其特点、严重程度和规模构成对《联合国宪章》的明显违反的犯罪。[2]但侵略罪的管辖仍有条件，即在一国将情势提交到国际刑事法院或检察官自主调查的情况下，国际刑事法院不能对针对未签署/接受《坎帕拉修正案》的缔约国国民实施的侵略罪或发生于其领土上的侵略罪行使管辖权。换言之，依据《罗马规约》第 12 条和第 13 条的规定，只有联合国安理会递交情势，国际刑事法院才能对针对非缔约国国民实施的侵略罪或发生于其领土上的侵略罪行使管辖权。《罗马规约》的第 8bis 条规定，"侵略罪"系指一个人有效地控制或指挥

---

〔1〕 US News, "US pardons for accused war criminals, contrary to international law: UN rights office", 19 November 2019, available at https://news. un. org/en/story/2019/11/1051761 (last visit on 13 Mar. 2020).

〔2〕 See ICC-ASP-20100612-PR546.

一国的政治或军事行动，策划、准备、发起或执行一项侵略行为，其性质、严重性和规模明显违反联合国宪章。"侵略行为"系指一国对另一国的主权、领土完整或政治独立使用武力，或以不符合《联合国宪章》的任何其他方式使用武力。

《罗马规约》的第 8bis 条第 2 款的第 5、6 项关于"侵略行为"的列举与驻外部队有密切的关联。第 5 项明确："一国在另一国领土内并经同意使用武装部队，违反协定规定的条件，或在协定终止后延长其在该领土的存在。"这往往指的是驻外部队中派遣国与东道国签订部队地位协定，从而合法地向东道国派驻武装部队，但其存在违反条约或在协议期满后仍不撤军的情形。第 6 项明确："一国允许其领土上已交由另一国支配的行动，供该另一国用于对第三国实施侵略行为。"此种侵略行为明显指向驻外部队中的东道国，一旦东道国领土上的驻外部队对第三国实施侵略，则东道国的此种"允许"同样构成侵略行为。

由于侵略罪只针对有效地控制或指挥一国的政治或军事行动，策划、准备、发起或执行一项侵略行为的政治或军事领导人，普通的驻外士兵即使执行了侵略行动也难以构成侵略罪。然而，有学者指出了侵略罪具体实操层面的难点：关于领导者犯罪的构成要件存在着很大的模糊性。首先，"地位"既可以解释为在一国政府或军事系统中正式的职位，又可以包括个人在社会体系中的核心地位，如商业或宗教领袖；其次，相比于"有效控制"，"指挥"是较低的标准，而在具体情势中究竟应该适用哪个标准，则是由法官自由裁量决定的；[1] 再其次，在当今民主社会，由于大量的官员都参与或影响了决策的进程，因此几乎不可能将侵略的责任归于确定的少数人员。[2] 这种模糊性可能在实操层面给国际刑事法院的自由裁量带来一定程度的困难，未来有无可能在海外军事行动中出现侵略行为并且由国际刑事法院行使侵略罪管辖权，仍需拭目以待。

---

〔1〕　See Noah Weisbord, "Judging Aggression", *Columbia Journal of Transnational Law*, Vol. 50, No. 1, 2011, p. 82.

〔2〕　参见朱丹：《国际刑事法院对侵略罪行使管辖权的困境及我国的对策》，载《现代法学》2019 年第 6 期。

二、双边或多边协定与《罗马规约》的冲突

2019 年 4 月 12 日，国际刑事法院预审分庭作出一项裁决，驳回了检方对阿富汗战争期间美国军人所涉嫌国际犯罪进行调查的授权申请，认为由于犯罪发生时间距调查申请时间过长且阿富汗国内政治情况复杂变化，检察官在调查和起诉过程中将难以获得合作，开展调查无助于实现公正（would not serve the interests of justice）。2020 年 3 月 5 日，国际刑事法院上诉分庭法官一致决定授权检察官开始调查本法院管辖范围内与阿富汗伊斯兰共和国局势有关的指控罪行。上诉分庭的判决修正了 2019 年 4 月 12 日第二预审分庭的决定，并授权检察官调查自 2003 年 5 月 1 日以来美国军人在阿富汗境内犯下的罪行，以及与阿富汗武装冲突有关的、与阿富汗局势有充分联系的、自 2002 年 7 月 1 日以来在《罗马规约》其他缔约国境内犯下的罪行。[1]

其实早在 2007 年，国际刑事法院检察官办公室就开始对阿富汗战争期间美国军人涉嫌的国际犯罪进行初步审查。在 2014 年国际刑事法院检察官办公室的报告中，详细载明了其获取的线索表明在 2003 年 5 月至 2004 年 6 月期间，驻阿富汗美军对被拘留者使用了"增强审讯技术"（Enhanced Interrogation Techniques），具体包括食物剥夺、衣物剥夺、环境操纵、睡眠控制，造成个人恐惧、压力姿势、感官剥夺（剥夺光线和声音）以及过度刺激感官等。而使用该技术的严重程度和持续时长已经构成国际法意义上的不人道待遇、酷刑或对个人尊严的侮辱，甚至还有线索表明美军实施了严重殴打、手腕悬挂以及威胁向对方射击或杀死对方的行为。[2]而 2017 年 11 月 20 日，检察官办公室发布了题为《国际刑事法院检察官本苏达要求司法授权开始调查阿富汗伊斯兰共和国情势》的正式声明，正式要求预审分庭的法官授权调查阿富汗情势。该声明中提到，有合理的理由相信主要在 2003 年至 2004 年期间，美国武装部队成员在阿富汗境内犯下战争罪，

---

〔1〕 参见《国际刑事法院授权检察官针对阿富汗战争中所犯罪行展开调查 美国称其为鲁莽行动》，载 https://news.un.org/zh/story/2020/03/1052/8/，最后访问日期：2024 年 4 月 21 日。

〔2〕 See ICC Office of the Prosecutor, Report on Preliminary Examination Activities 2014, 2 December 2014, para. 94.

以及美国中央情报局成员在阿富汗和其他《罗马规约》缔约国境内设置秘密羁押设施，犯下战争罪。[1]

在此之后，美国为了避免国际刑事法院的审判进行了多方掣肘。最为典型的就是 2018 年 9 月 10 日，美国总统国家安全事务助理博尔顿在华盛顿发表了题为"保护美国宪政和主权免受国际威胁"的演讲，其中提及若国际刑事法院对美国人发起关于战争罪的指控，美国政府将对法庭实施制裁，包括禁止国际刑事法院法官和检察官进入美国；在美国金融系统中制裁他们的资金，并在美国刑事系统中起诉他们；美国还将考虑通过联合国安理会来限制法院的权力等。当天，白宫发布了内容相近、题为"保护美国宪政和主权免受国际刑事法院威胁"的声明，[2]国际社会一片哗然。

众所周知，美国对国际刑事法院历来所持的态度就是消极和对抗性的。早在克林顿政府时期，面对罗马会议上国际刑事法院的成立问题美国就投下了反对票。[3]在 2002 年 8 月，布什签署了《美国军人保护法》，用以禁止与国际刑事法院的任何合作，甚至授权使用任何方法释放被法院或代表法院拘禁的任何美国公民。[4]中外的学者也早就预言了类似本次事件的美国与国际刑事法院矛盾冲突的出现。例如有中国学者就曾预言："美国在近期（特别是在世界热点地区出现突发事件时）与中长期（尤其是预期的 2017 年《罗马规约侵略罪修正案》批准生效后）存在着与国际刑事

---

〔1〕　See ICC："The Prosecutor of the International Criminal Court, Fatou Bensouda, requests judicial authorisation to commence an investigation into the Situation in the Islamic Republic of Afghanistan", 20 November 2017, available at https://www. icc-cpi. int//Pages/item. aspx? name=171120-otp-stat-afgh (last visit on 11 Mar. 2019).

〔2〕　See The White House, National Security & Defense："Protecting American Constitutionalism and Sovereignty from the International Criminal Court", 10 September 2018, available at https://www. whitehouse. gov/briefings-statements/protecting-american-constitutionalism-sovereignty-international-criminal-court (last visit on 30 May. 2019).

〔3〕　See William A. Schabas, *An Introduction to the International Criminal Court*, 4th ed., Cambridge University Press, 2011, p. 21.

〔4〕　See "The President is authorized to use all means necessary and appropriate to bring about the release of any person described in subsection (b) who is being detained or imprisoned by, on behalf of, or at the request of the International Criminal Court." See SEC. 2008. 22 U. S. C. 7427 of American Service members' Protection Act Of 2002, available at https://www. law. cornell. edu/uscode/text/22/7427 (last visit on 30 Jul. 2024).

法院发生新的矛盾冲突的可能性。"〔1〕而国际刑法学者夏巴斯也预言道："如果法院对那些美国敏感的情况进行调查，如阿富汗、伊拉克和巴勒斯坦，那么暴风雨肯定会回归。"〔2〕国际刑事法院意欲对美国军人所犯的罪行进行国际审判，其首当其冲的国际法问题便是国际刑事法院是否具有管辖权。美国并非《罗马规约》的缔约国且其曾与许多国家缔结过"排他性管辖"协议，此种双边条约限制了缔约方将属地管辖中对美国公民的管辖权让渡给国际刑事法院。

在 2002 年 1 月，北约为首的驻阿富汗国际维和部队与阿富汗之间曾达成过双边协议，给予美国在阿富汗领土上刑事、违纪案件的排他性管辖权。〔3〕2002 年至 2003 年间，美国也与阿富汗订立过一系列相应的部队地位协议，并于 2003 年 5 月生效。〔4〕奥巴马执政之后，自 2011 年 7 月起驻阿富汗美军和北约领导下的驻阿富汗"国际安全援助部队"开始分阶段从阿富汗撤军，2014 年底前已撤出大部分军队，同时向阿富汗国民军移交了安全防务并先后与阿富汗签署了《战略伙伴关系协议》（2012 年 5 月）、《双边安全协定》（2013 年 11 月）。〔5〕2014 年 9 月 30 日，美阿在阿富汗首都喀布尔签署了《安全与防务合作协议》，该协议中的第 13 条第 1 款再次明确规定了"阿富汗特此同意美国对于发生在阿富汗领土上的该个体的任何刑事或民事案件具有排他性管辖权（Exclusive Jurisdiction）"。〔6〕

在阿富汗情势中，该双边协议约定的美国享有排他性管辖权与国际刑

〔1〕 参见贾浩：《论美国对国际刑事法院的政策》，载《美国研究》2011 年第 4 期。

〔2〕 William A. Schabas, *An Introduction to the International Criminal Court*, 4th ed., Cambridge University Press, 2011, p. 30.

〔3〕 See Military Technical Agreement Between the International Security Assistance Force (ISAF) and the Interim Administration of Afghanistan, available at http://webarchive. nationalarchives. gov. uk/+/http:/www. operations. mod. uk/isafmta. pdf (last visit on 30 May. 2019).

〔4〕 See Agreement regarding the Status of United States Military and Civilian Personnel of the U. S. Department of Defense Present in Afghanistan in connection with Cooperative Efforts in Response to Terrorism, Humanitarian and Civic Assistance, military training and exercises, and other activities. Exchange of notes September 26 and December 12, 2002 and May 28, 2003.

〔5〕 参见王凤：《阿富汗安全治理：是否可以摆脱困境?》，载《西亚非洲》2017 年第 6 期。

〔6〕 See "Security and Defense Cooperation Agreement between the United States and the Islamic Republic of Afghanistan", available at https://www. state. gov/documents/organization/244487. pdf (last visit on 30 May. 2019).

事法院的管辖权存在冲突。国际刑事法院可以对一个非缔约国国民在一个缔约国境内实施的犯罪行为行使管辖权，这是根据管辖权的属地原则，任何国家都有权对在其领土内犯罪的外国人行使管辖权。[1]缔约国或声明国将完全属于自己的管辖权以同意的方式交给国际刑事法院去行使，这是基于自身利益和全球利益让渡部分司法权力的行为，是行使主权的特殊方式。因此国际刑事法院对非缔约国国民的管辖本质上是缔约国或接受国际刑事法院管辖权的非缔约国属地管辖权的延伸或扩展。[2]美国军人在阿富汗领土上犯下战争罪，从管辖权基本理论上看，阿富汗基于属地主义而享有属地管辖权，而美国则基于属人主义享有属人管辖权，美阿皆有权对犯下该国际罪行的行为人进行管辖。而美阿《部队地位协定》中的约定要求美国拥有排他性管辖，也即意味着阿富汗不能对美军进行属地管辖，仅美国基于属人主义进行管辖。如此一来，在理论上作为《罗马规约》缔约国的阿富汗再想将其属地管辖权交由国际刑事法院行使就面临困境。[3]

三、派遣国与国际刑事法院管辖权冲突的解决

在笔者的观点看来，在阿富汗情势中的管辖权冲突问题至少有以下可能的解决路径：

其一，通过条约的解释排除冲突。如上所述，美阿《部队地位协定》中规定了关于"刑事案件"的排他性管辖权。那么，对于此处的"刑事"案件的内涵及外延究竟该如何解释，是仅包含国内法意义上的刑事案件，还是既包括国内刑事犯罪又包含国际刑事犯罪？根据《维也纳条约法公约》第31条关于条约解释的规定，要求条约应依其用语，按其上下文并参照条约之目的及宗旨所具有之通常意义，善意解释之。该条意味着《维也纳条约法公约》中的条约解释规则包括了三种方法：第一种方法是善意

[1]　参见李世光等主编：《国际刑事法院罗马规约评释》（上），北京大学出版社2006年版，第184页。

[2]　参见李宝军、董蕾红：《非缔约国规避国际刑事法院管辖权的路径分析》，载《理论学刊》2014年第3期。

[3]　参见方瑞安：《阿富汗情势的背景、困局与展望》，载http://www.iis.whu.edu.cn/index.php? id=2450，最后访问日期：2024年4月21日。

解释，第二种方法是约文解释方法，第三种则是上下文解释方法。[1]首先，从纯粹的文义难以得出确切的结论，"刑事"二字未加明确的定语进行修饰。而从上下文的角度来理解，驻阿富汗国际维和部队与阿富汗签订的部队地位协定中用的表述为"刑事案件或违纪行为"（Criminal or Disciplinary Offences），2003年5月生效的美阿双边《部队地位协定》中用的是"授予美国行使刑事管辖权"（authorizes the US Government to exercise criminal jurisdiction）的表述，2014年美阿《安全与防务合作协议》中的表述方式为"刑事或民事案件"（Criminal or Civil Offences）。从这些条款的表述来看，美阿《部队地位协定》中或是将刑事案件与行政违法并列，或是与民事案件并列。从形式逻辑来说，"or"表并列关系，且若此处的两组概念要满足并列关系，须得符合隶属同一属概念之中存在同层次的种概念，并且"它们的外延相加之和，如果是两个概念的，一定小于其属概念的外延"。[2]而战争罪作为最为严重的国际罪行，且阿富汗国内刑法未加规定，显然并非与阿富汗国内行政违法、民事案件同层次的种概念。因此，从上下文的联系来看，美阿《部队地位协定》中美国所享有的排他管辖权的范围应限于阿富汗国内法意义上的刑事犯罪。

　　而从条约的善意解释原则出发，国际法上"善意"的内涵虽然抽象、混沌，但其至少应符合"没有欺诈意图或寻求不合理利益的意图"。[3]美阿双边《部队地位协定》的签订时间非常特殊，正处于阿富汗加入《罗马规约》之后尚不足一年。如果对该协定的解释是认为协定中的刑事包含了国际刑事犯罪的话，则意味着美国签订协定的目的就是为了使自己规避《罗马规约》管辖。具体来说，此处的欺诈意图或寻求不合理利益的意图就在于美国利用其强势地位迫使阿富汗不得不承担违反《罗马规约》的国家责任并因此杜绝其军事人员被国际刑事法院管辖的可能性，从而使得该等军事人员逃脱强行法上国际罪行的刑事责任。显然，进行此种解释难以

---

〔1〕 参见廖诗评：《条约解释方法在解决条约冲突中的运用》，载《外交评论（外交学院学报）》2008年第5期。

〔2〕 参见翟鹏举：《怎样区分并列关系与对立关系和矛盾关系》，载《西南师范大学学报（人文社会科学版）》1984年第2期。

〔3〕 See Henry Campbell Black, Bryan A. Garner, *Black's Law Dictionary*, 7th ed., West Group, 1999, p. 701.

满足条约解释的"善意原则"。

其二，"特别法优于普通法"的条约冲突解决方法。特别法优于普通法公理（*The maxim lex specialis derogate legi generali*）是国际法中公认的解释和解决冲突的方法。[1]它意味着，每当两个或多个规范涉及同一个案由事项的时候，应该把优先地位给予较具特殊性的那个规范。这个原则可以适用于若干情况：单一条约的各个条款之间、两个或多个条约的条款之间、一个条约和一个非条约标准之间以及两个非条约标准之间。[2]特别法比一般法优先的正当理由是这些特别法比较具体，通常比任何适用的一般法更好地考虑到境况的特征。它的适用通常也可以产生比较公平的结果，并且通常更好地反映法律主体的意图。特别法的认定一般需要具体问题具体分析，进行境况鉴别（Contextual Appreciation），而无法统摄性地给出固定的结论。

而特别（"自足"）制度（Self-contained Regime）是典型的特别法。所谓国际法上的"自足制度"，从本质上看就是相对于一般国际法规则的一种特别法规则。联合国国际法委员会在《国际法不成体系》研究报告中认为自足制度指的是对一系列相互关联的规则以及规则组合的管理措施，包括对这些规则的建立、解释、适用、修改或终止。[3]该报告中亦指出，国际人权法、国际人道法等规则体系是典型的自足制度。对国际刑事法院来说，作为与国际人权法、国际人道法密切相关的国际刑事审判法庭，其构成自足制度当无疑问。并且，如前南刑庭上诉分庭在塔迪奇案中所言："在国际法中，每个法庭都构成一个自足制度。"[4]大量的专家学者也对国际刑事法院符合自足制度做了承认或论证。[5]

---

〔1〕　See Arnold D. McNair, *The Law of Treaties*, 1st ed., Oxford University Press, 1961, pp. 393-399.

〔2〕　See *Yearbook of the International Law Commission* 2006, Volume II (Part Two), Chapter XII, p. 178.

〔3〕　参见廖诗评：《论国际条约中的"更优条款"》，载《政治与法律》2009 年第 4 期。

〔4〕　*Prosecutor v. Dušan Tadić*, No. IT-94-1-T, ICTY Appeals Chamber, Decision on the Defence Motion for Interlocutory Appeal on Jurisdiction, 2 October 1995, para. 11.

〔5〕　See Claus Kress, "Penalties, Enforcement and Cooperation in the International Criminal Court Statute (parts vii, ix, x)", *European Journal of Crime, Criminal Law and Criminal Justice*, Vol. 6, No. 4, 1998, p. 450. See also Goran Sluiter, "The Surrender of War Criminals to the International Criminal Court", *Loyola of Los Angeles International and Comparative Law Review*, Vol. 25, No. 3, 2003, p. 629. See also Florian Jessberger, Julia Geneuss, "The Many Faces of the International Criminal Court", *Journal of International Criminal Justice*, Vol. 10, No. 5, 2012, p. 1085. See also Elies van Sliedregt, "Pluralism in International Criminal Law", *Leiden Journal of International Law*, Vol. 25, No. 4, 2012, p. 849.

具体来说，首先在对内的优先性上，作为自足制度而存在的国际刑事法院在国际法规则的适用次序上有明确的要求，《罗马规约》第 21 条将《罗马规约》及其他国际刑事法院体系内的条约放在适用法律的第一顺位，而将其他一般的国际法规则、原则置于第二顺位。[1]而在对外的优先性上，举例来说，1999 年的"韦特诉德国案"中欧洲人权法院指出，成员国不能赋予国际组织以诉讼程序的豁免，如果这种豁免将危及公约所保障的基本人权。在该案中，欧洲人权法院没有过多提及国际组织的豁免规则，而是关注国家保护基本人权的责任，指出这一责任不受任何处理相冲突条约之间关系的条约法规则影响。[2]再如《联合国宪章》第 103 条的规定："联合国会员国在本宪章下之义务与其依任何其他国际协定所负之义务有冲突时，其在本宪章下之义务应居优先。"尽管国际刑事法院的《罗马规约》中并无条约冲突的解决条款，但基于作为自足制度的特别法优于一般法的国际法公理，再加之战争罪强行法的性质，笔者认为《罗马规约》的规定应优于美阿《部队地位协定》。

其实，讨论至此阿富汗情势中的管辖权冲突问题已经能够被妥善解决。但再引申一步说，如果有关国家在双边的部队地位协定之中明确提出对于战争罪等国际刑事犯罪亦由派遣国享有在东道国领土上的排他性管辖权，那么无论是条约解释方法还是条约冲突解决方法中的"特别法优先"都将难以适用。[3]具体来说，由于条约约定事项的明确性，条约解释方法将丧失适用的空间。而对"特别法优先"的条约冲突解决方法来说，《罗马规约》作为构成国际刑事法院这一自足制度的主体公约，本来理应具有对外的优先性，但是双边条约系对特定事项的特别约定，且明文排除了在先公约所设定的权利义务。此时在先的多边公约和在后的双边条约都有被

---

〔1〕 参见《罗马规约》第 21 条第 1 款："本法院应适用的法律依次为：1. 首先，适用本规约、《犯罪要件》和本法院的《程序和证据规则》；2. 其次，视情况适用可予适用的条约及国际法原则和规则，包括武装冲突国际法规确定的原则；3. 无法适用上述法律时，适用本法院从世界各法系的国内法，包括适当时从通常对该犯罪行使管辖权的国家的国内法中得出的一般法律原则，但这些原则不得违反本规约、国际法和国际承认的规范和标准。"

〔2〕 参见陈喜峰：《论国际法自足制度的垂直效力和水平效力》，载《武大国际法评论》2013 年第 1 期。

〔3〕 为了探讨之便利及更具普适性，笔者称《部队地位协定》缔约一方为"派遣国"，另一方为"东道国"。

认定为特别法的理由，理论上无从判别何者才构成相对的"特别法"。笔者认为，上述情形的管辖权冲突仍需从条约冲突的国际法制度框架中寻求解决方案。

《维也纳条约法公约》第 30 条规定了当条约的当事方就同一事项存在相冲突的两个条约时，在相同缔约主体间后约优先。[1]然而，本书讨论的情形却是不同缔约主体间同一事项存在相冲突的两个条约何者优先的问题，对此《维也纳条约法公约》未设明文，冲突条约间的优先性存疑。简化来说，《维也纳条约法公约》回应了 AB-AB 型、AB-ABC 型及 ABC-AB 型条约冲突中的适用，但在关于同一事项先后所订条约的适用问题中，尚有一种条约冲突类型被《维也纳条约法公约》排除在外。即当一缔约主体就同一事项分别与不同缔约主体先后订立条约时，公约未设明文，此种类型可简化为 AB-AC 型条约冲突。该种类型的条约冲突最为复杂，可以扩展成双边条约间的冲突（AB-AC 型）、双边条约与多边条约间的冲突（AB-ACD 型/ABC-AD 型）及多边条约间的冲突（ABCD-AEFG）等三种情形，相对《维也纳条约法公约》中的三种冲突情形更为多见。从结果上说，在现行国际法框架下，一旦出现此种冲突便将处于无法可依的状态。举例来说，A 国与 B 国、C 国分别签订了冲突的条约，当 A 国面临条约义务的履行时，只能择一为之，并对另一方承担违反条约义务的国家责任，对哪一方履行的选择权牢牢地掌控在 A 国手中。[2]

如果更具体地进行分类讨论，冲突的发生共有三种可能，即《罗马规约》第 13 条国际刑事法院行使管辖权的三种方式。第一，即缔约国向检察官提交显示一项或多项犯罪已经发生的情势，此时系缔约东道国主动请求国际刑事法院对本国领土的国际刑事犯罪进行审判，东道国表现为愿受《罗马规约》管辖而违背部队地位协定义务，便应由国际刑事法院进行管辖，东道国承担对派遣国违反双边条约的国家责任；第二，安全理事会根

---

[1] 参见《维也纳条约法公约》第 30 条第 3 款："遇先订条约全体当事国亦为后订条约当事国但不依第五十九条终止或停止施行先订条约时，先订条约仅于其规定与后订条约规定相合之范围内适用之"。《维也纳条约法公约》第 30 条第 4 款："遇后订条约之当事国不包括先订条约之全体当事国时：（a）在同为两条约之当事国间，适用第三项之同一规则；（b）在为两条约之当事国与仅为其中一约之当事国间彼此之权利与义务依两国均为当事国之条约定之"。

[2] 参见方瑞安：《类比"善意取得"解决条约冲突》，载《法律修辞研究》2020 年总第 6 卷。

据《联合国宪章》第七章行事，向检察官提交显示一项或多项犯罪已经发生的情势；第三，即如国际刑事法院阿富汗情势中的情形，检察官根据《罗马规约》第 15 条发起调查，此二种情形都系东道国和派遣国以外的第三方（联合国安理会或国际刑事法院）发起的情势。在此情形下，理论上仍应由东道国对两项条约进行择一履约。如果东道国通过外交或法律途径明示表达履行《罗马规约》的意愿，或者在事实上开始与国际刑事法院就该案达成合作，则国际刑事法院具有管辖权，东道国需对派遣国承担国家责任。可是，如果东道国意在履行部队地位协定，则国际刑事法院便丧失管辖权，虽国际刑事法院仍可依据《罗马规约》第 97 条提起磋商，尽力争取东道国的履约，但存在非常大的不确定性，希望渺茫。

承接上文所述，由于阿富汗情势中美阿《部队地位协定》对于战争罪的模糊规定，基于条约解释和条约冲突解决方法，我们能够得出国际刑事法院具备管辖权的结论。但是，无论条约冲突的结果如何，美国都仍然依托属人管辖享有国内法意义上的管辖权，即便丧失基于美阿《部队地位协定》的排他性管辖权，仍可自行起诉且其符合《罗马规约》第 19 条第 2 款第 2 项 "对案件具有管辖权的国家" 的条件，可以 "质疑法院的管辖权或案件的可受理性"。[1]

《罗马规约》序言中明确 "强调根据本规约设立的国际刑事法院对国内刑事管辖权起补充作用"，第 1 条规定 "本法院为常设机构，有权就本规约所提到的、受到国际关注的最严重犯罪对个人行使其管辖权，并对国家刑事管辖权起补充作用。" 而这一补充性管辖权的直接体现就是第 17 条所规定的可受理性问题。管辖权是指国际刑事法院对哪些犯罪具有处理权的问题，是从静态的角度看国际刑事法院对哪些犯罪具有裁决权，是解决管辖权存在与否的问题。可受理性是指国际刑事法院对具体情势或案件是否具有裁决权的问题，是从动态的角度看国际刑事法院对哪些情势或案件具有裁决权，是解决管辖权行使的问题，因此国际刑事法院的可受理性也可被划归为广义的管辖权问题。为了体现国际刑事法院管辖权的补充性原

---

〔1〕 参见《罗马规约》第 19 条第 2 款第 2 项："下列各方可以根据第十七条所述理由，对案件的可受理性提出质疑，也可以对本法院的管辖权提出质疑：对案件具有管辖权的国家，以正在或已经调查或起诉该案件为理由提出质疑。"

则，只有当对案件具有管辖权的国家"不愿意或不能够切实"进行调查或起诉时，国际刑事法院才能启动诉讼程序，并且规定了"不愿意""不能够"的客观标准。关于"不愿意"，《罗马规约》规定了一套综合的标准来检验它。《罗马规约》第 17 条第 2 款规定，法院应根据"国际法承认的正当程序原则"（Principles of Due Process Recognized by International Law）来考虑是否国内已经或者正在进行的诉讼程序"是为了包庇有关的人"；是否诉讼程序存在着"不正当延误"（Unjustified Delay），或者是"没有以独立或公正的方式进行"，并且这种延误或者方式是"不符合将有关的人绳之以法的目的"。关于国家"不能够"进行调查和起诉，主要是考虑一国国内司法系统是否全部或部分瓦解。

在阿富汗情势中，一旦美国启动国内司法程序进行调查或起诉，国际刑事法院将很难通过可受理性的检验。美国的国内司法系统显然不符合"不能够"调查和起诉的情形，而国际刑事法院对"不愿意"管辖的认定也是困难重重的。首先，《罗马规约》第 17 条第 2 款 a 项所述的国内司法目的"为了包庇有关的人"是一项纯主观的标准，检察官面临举证难题，只能通过客观上司法程序是否有效来间接判断。即使最终美国经过调查后对士兵及情报人员不予起诉，或是审判后得出无罪、罪轻的判决，国际刑事法院也无法仅从其结果来推论其存在包庇的目的，而试图找出程序上的瑕疵很可能也会无功而返。

而《罗马规约》第 17 条第 2 款 b 项"诉讼程序发生不当延误，根据实际情况，这种延误不符合将有关的人绳之以法的目的"，在利比亚情势中有先例可循。利比亚情势的"卡扎菲案"中（*Prosecutor v. Saif Al-Islam Gaddafi and Abdullah Al-Senussi*），在确定对 Al-Senussi 的诉讼程序是否延误时，分庭审议了案件从一个阶段移至另一个阶段的日期，证人面谈的日期以及指控的事实情况并得出结论认为，"自调查开始到将案件移交指控之间不到 18 个月的期限不能被视为不正当延误"。[1]我们能够发现，国际刑事法院的案例虽仅是做了个案认定而非一个统摄的标准，但可知国际刑事

----

〔1〕 *Prosecutor v. Saif Al-Islam Gaddafi and Abdullah Al-Senussi*, ICC-01/11-01/11-466-Red, Decision on the Admissibility of the Case against Abdullah Al-Senussi, Pre-Trial Chamber I, 11 October 2013, paras. 227-229.

法院对"延误"的判断大体可以从时间的长度和事实的复杂程度来判断。因为对"延误"的认定需结合个案的情况，目前无法草率下结论。但可不容忽视的是，即使假设存在延误，美国仍有权对"不当"做出辩解，举出合理的延误理由以抗辩。

最后的第 17 条第 2 款 c 项"没有以独立或公正的方式进行"，其指向美国国内司法程序中法官的独立性和公正性，亦是国际刑事法院鞭长莫及的议题。前南刑庭曾对法官独立性有过讨论，基本集中在法官是否与案件有经济利益相关等常规情形，[1]对于本案这一涉及美国国家利益的特殊情况，着实无从参照。而公正的要求与 a、b 项中的主观要素高度契合，属于同义要求的再次宣示，仍难逃实操层面的认定困局。

综合来说，美国通过国内司法机关对犯罪嫌疑人进行起诉，使得国际刑事法院无法通过可受理性的检验，可排除国际刑事法院的管辖，且目前来看是最有国际法依据也是最快捷的规避方式。当然，美国法院的审判是否存在"包庇"、"不正当延误"和"没有独立公正"的情形须得检察官进行举证，从笔者的判断来看是相对较为困难的。此外，美国的"前科"告诉我们，预测美国法院的审判存在"包庇"并非空穴来风。例如，威廉·卡利（William Laws Calley Jr.）在越南战争期间的 1968 年 3 月 16 日的美莱大屠杀（My Lai Massacre）中蓄意杀害 22 名手无寸铁的越南平民而被军事法庭定罪。而在被定罪三天后，根据尼克松总统的命令，卡利即被释放回家。美国第五巡回上诉法院下令重新进行审判，但这项裁决被美国最高法院推翻，最终卡利因谋杀罪服刑三年即被假释。再如哈迪塞大屠杀（Haditha Massacre），2005 年 11 月 9 日，屠杀发生在伊拉克西部安巴尔省的哈迪塞市。死者中有男人、女人、老人和只有 1 岁大的儿童，他们在手无寸铁的情况下被近距离射杀。到 2008 年 6 月 17 日，六名被告的案件被撤销，第七位被告被判无罪。唯一的例外是弗兰克·乌特里希（Frank Wuterich），但 2007 年 10 月 3 日，听证会调查人员建议撤销对乌特里希的谋杀指控，并以过失杀人罪进行审判，可过失杀人指控最终也被撤销。2012 年 1 月 24 日，乌特里希被判犯有一项玩忽职守罪而被降职减薪，但

---

〔1〕 See *Prosecutor v. Anto Furundžija*, IT-95-17/1-A, Judgment, Appeals Chamber, 21 July 2000, para. 189.

不用坐牢。[1]

当然，美国通过自主调查起诉规避国际刑事法院的管辖未必一定产生负面效果，只是我们希望美国对涉案的犯罪嫌疑人能进行公允的判决，如此一来国际刑事法院退避三舍也未尝不可，实现正义的方式不同，但若能达致正义的结果亦符合国际刑事法院的宗旨和目标。

第三节　刑事管辖权分配模式的简化与标准化

近年来，随着海外军事行动的不断深化，部队地位协定的实践逐步多元，海外军事行动中刑事管辖权的分配模式也呈现了简化与标准化的趋势。其中刑事管辖权分配模式的简化以给予驻外部队使馆行政和技术人员法律地位的《使馆行政和技术人员法律地位的协定》（Administrative-and-technical-agreements，"A&T agreements"）（以下简称"A&T 协定"）为代表，而刑事管辖权分配模式的标准化则以 2003 年美国创建的模板化的《全球部队地位协定范本》（Global SOFA Template，"GST"）为代表。

一、安全合作中刑事管辖权分配模式的简化

在安全合作中当前越来越集中地出现给予驻外部队使馆行政和技术人员法律地位的协定，该种协定既可以被理解为一种部队地位协定的替代方案，也可以被理解为是一种精简版的部队地位协定。尽管 A&T 协定涉及更全面的 SOFA 中通常涉及的许多领域，但是它们以解决访问部队成员所享有的地位或特权与豁免的独特方式而得名。他们通过参考 1964 年生效的《维也纳外交关系公约》（VCDR）规定的派遣国使馆行政和技术（A&T）工作人员的身份或待遇作为参考。一般表述为："派遣国的来访部队人员应享有与《维也纳外交关系公约》中使馆行政和技术人员同等地位。"此种表述可参见 2007 年的《美利坚合众国政府与黑山政府之间关于黑山地位保

---

〔1〕　参见盛红生：《看美军的又一次"治外法权"》，载《中国国防报》2012 年 3 月 27 日，第 4 版。

护以及使用军事基础设施的协定》。[1]还有的更直接表述为："派遣国的来访部队人员应享有与《维也纳外交关系公约》中外交使团的行政和技术人员同等的特权和豁免。"此种表述可参见2007年《美利坚合众国与布基纳法索的换文》。[2]在2020年美国最新签订的一项部队地位协定《美利坚合众国政府和卢旺达共和国政府之间关于美国部队在卢旺达共和国地位的协定》中，也选择了这一模式。[3]此外，如前所述，美国当前在执法合作协定中对驻外执法人员的刑事管辖权分配也积极主张这一模式。

在极少数情况下，如2015年签订的《俄罗斯联邦和阿拉伯叙利亚共和国之间关于在叙利亚领土上部署俄罗斯武装部队的航空兵的协定》中，直接声明驻外部队适用外交人员的特权豁免。该协定第6条第3款规定："俄罗斯航空部队的成员包括其指挥官及其家庭成员所享有的特权和豁免类推适用（In Analogy to）《维也纳外交关系公约》中适用于外交使团的外交人员及其家庭成员的特权和豁免。"[4]

如果具体去看《维也纳外交关系公约》中使馆行政和技术人员的特权和豁免，能够发现此种特权豁免要强于北约的并存管辖模式，是一种稍有限制的专属管辖模式。《维也纳外交关系公约》第37条第2款规定："使馆行政与技术职员暨与其构成同一户口之家属，如非接受国国民且不在该国永久居留者，均享有第二十九条至第三十五条所规定之特权与豁免，但第三十一条第一项所规定对接受国民事及行政管辖之豁免不适用于执行职务范围以外之行为。关于最初定居时所输入之物品，此等人员亦享有第三十六条第一项所规定之特权。"而《维也纳外交关系公约》第31条规定："一、外交代表对接受国之刑事管辖享有豁免。除下列案件外，外交代表

---

〔1〕 See Agreement Between the Government of the United States of America and the Government of Montenegro on Status Protections and Access to and Use of Military Infrastructure in Montenegro, 2007 *TIAS* 07-501.

〔2〕 See Exchange of Notes Between the United States of America and Burkina Faso, 2007 *TIAS*. 07-816.

〔3〕 参见《美利坚合众国政府和卢旺达共和国政府之间关于美国部队在卢旺达共和国地位的协定》第4条。载 https://www.govinfo.gov/content/pkg/GOVPUB-S-PURL-gpo143023/pdf/GOVPUB-S-PURL-gpo143023.pdf，最后访问日期：2024年7月30日。

〔4〕 Art. 6 (3) of Agreement between the Russian Federation and the Syrian Arab Republic on deployment of an aviation group of the Russian Armed Forces on the territory of the Syrian Arab Republic: The members of the Russian aviation group including their commander and also their family members enjoy immunities and privileges in analogy to those which would apply in relation to diplomatic personnel of diplomatic missions and their family members in accordance with the Vienna Convention on Diplomatic Relations of 18 April 1961.

对接受国之民事及行政管辖亦享有豁免：（a）关于接受国境内私有不动产之物权诉讼，但其代表派遣国为使馆用途置有之不动产不在此列；（b）关于外交代表以私人身份并不代表派遣国而为遗嘱执行人、遗产管理人、继承人或受遗赠人之继承事件之诉讼；（c）关于外交代表于接受国内在公务范围以外所从事之专业或商务活动之诉讼。二、外交代表无以证人身份作证之义务。三、对外交代表不得为执行之处分，但关于本条第一项（a）、（b）、（c）各款所列之案件，而执行处分复无损于其人身或寓所之不得侵犯权者，不在此限。四、外交代表不因其对接受国管辖所享之豁免而免除其受派遣国之管辖。"因此，关于刑事管辖豁免，《维也纳外交关系公约》赋予使馆行政和技术人员与外交人员一样的完全豁免权。

对 A&T 协定来说，其赋予驻外部队完全的刑事管辖豁免，本质上和 Status of Forces Agreement（SOFA）之下的专属管辖模式相同。由于美国在全球的部署，它们在美国的实践中特别受欢迎，但在包括澳大利亚、韩国、吉尔吉斯共和国、波兰和欧洲联盟在内的其他主权国家的实践中也发现了此种协定的存在。[1]A&T 协定通常是通过外交渠道通过换文来达成的，但并非总是如此。通过换文达成的协定相对于传统上以条约为基础的 SOFA 而言，是一种快捷的选择，因为它们在程序上和实质上都得到了简化，并且是通过外交部一级的外交渠道而不是通过政府之间的谈判达成的。因此，在需要立即采取行动的情况下，它们特别适合用作临时措施，毕竟条约的批准需要立法机关的介入。

通过援引《维也纳外交关系公约》来赋予驻外部队刑事管辖豁免有很多优点，例如更容易简单地参考《维也纳外交关系公约》的相关规定，而不是进行繁琐的详细定义协商，毕竟它采用了双方之间已经在使用的众所周知的制度甚至可以说是习惯国际法规则，而不是制造新的未经检验的制度，这对于加快谈判和避免争议都是非常有价值的。更重要的是，专属管辖模式由于在权利义务上比较不对等，超出了这种特权和豁免的功能目的，也即它超出了习惯国际法上职权豁免范围，甚至延伸到军人家属等主体。但 A&T 协定尽管在刑事管辖豁免上与专属管辖模式有同等待遇，在其

---

〔1〕 See Aurel Sari, "Status of Forces and Status of Mission Agreements under the ESDP: The EU's Evolving Practice", *European Journal of International Law*, Vol. 19, No. 1, 2008, pp. 67-100.

他方面如民事、行政管辖豁免上却相对比较谦抑，所涉及的人员数量通常也很少，尤其是用于短期任务，例如救灾或演习，因此不会引起很大的关注，这都给 A&T 协定的兴起提供了不少助力。

二、安全合作中刑事管辖权分配模式的标准化

英国和美国都各自拥有超过 100 个部队地位协定，可能在全球范围内拥有最广泛的驻外部队实践经验。冷战时期开始以来，美国针对部队地位协定的战略已经发生了演变，以应对因不同环境而产生的特权和豁免需求所带来的压力。因此，这些协议的范围、内容和格式相差很大。但是，自20 世纪 70 年代以来对新的部队地位协定的需求增加，例如短期参与活动和演习，使美国重新考虑其订立部队地位协定的方案，因为全面的部队地位协定谈判似乎太过于繁琐。出于上述原因，美国越来越依赖外交照会来建立适当的保护水平，并逐渐依赖 A&T 的"等效"保护。这种方法已成为美国短期和长期活动的标准，但是这些文本仍然相差很大。2003 年，美国创建了模板化的《全球部队地位协定范本》，以提高部队地位协定的一致性并加快繁琐的谈判流程。

该范本序言部分规定如下：

"［开场白］很荣幸指出两国政府代表最近就与美国军事和文职人员（由美国国防部分别定义为美国武装部队成员和文职人员，并在后文统称为美国人员）及美国承包商（定义为非［国家名称］公司，及其不是［国家名称］国民的雇员）有关的问题进行的讨论，上述人员（他/她）可能会暂时参加［国家/地区名称］的行动，这些行动与双方商定的活动有关，例如军舰造访，培训，演习和人道主义行动。"[1]

---

〔1〕［Complimentary Opening］and has the honor to refer to recent discussions between representatives of our two Governments regarding issues related to United States military and civilian personnel（defined as members of the United States Armed Forces and civilian employees of the United States Department of Defense，respectively，hereafter referred to collective as United States personnel）and United States contractors（defined as non-［name of country］companies and firms，and their employees who are not nations of［name of country］，under contract to the United States Department of Defense）who may be temporarily present in［name of country］in connection with ship visits，training，exercises，humanitarian activities，and other activities as mutually agreed.

序言部分扩展了部队地位协定涵盖的主体范畴，一并包含了军人、文职人员以及原有《北约部队地位协定》中未曾涉及的承包商。《全球部队地位协定范本》将承包商包括在内，旨在成为"面向未来"的范本，如此便能在将来任何有承包商参与的行动中适用。当然，行动的范围也是《全球部队地位协定范本》序言划定的内容，尽管序言使用了"双方商定的活动"这一模糊的表述。这一表述的好处是一旦双方后续商定，可以将针对原计划活动所涉人员的"A&T 等效保护"自动扩展至原计划内未明确提及的针对以后活动的人员。

而在特权与豁免部分，《全球部队地位协定范本》采用了"A&T 等效保护"（A&T Equivalent Protections）模式："经过讨论，使馆建议给予美国人员与 1961 年 4 月 18 日《维也纳外交关系公约》赋予外交使团行政和技术人员同等的特权和豁免；美国人员可以凭美国身份证、集体行动或个人旅行命令进出［国家名称］；［国家名称］应接受由美国、州及其所属国家或其政治分支向美国人员颁发的向获授权人员提供服务的所有专业执照为有效证件；并且，［国家名称］应接受美国有关当局向美国人员颁发的驾驶证或许可证为有效证件，不需要考试或费用。使馆进一步建议，授权美国人员在执行公务时穿制服，并在其值班时授权随身携带武器。"[1]在"外国刑事管辖"部分，《全球部队地位协定范本》重申："［国家名称］政府认识到美国武装部队对美国人员进行纪律管制的特别重要性，因此授权美国政府对驻［国家名称］的美国人员行使刑事管辖权。"[2]

---

〔1〕 As a result of these discussions, the Embassy proposes that United States personnel be accorded the privileges, exemptions, and immunities equivalent to those accorded to the administrative and technical staff of a diplomatic mission under the Vienna Convention on Diplomatic Relations of April 18, 1961; that United States personnel may enter and exit［name of country］with United States identification and with collective movement or individual travel orders; that［name of country］shall accept as valid all professional licenses issued by the United States, its political subdivisions or States thereof to United States personnel for the provision of services to authorized personnel; and that［name of country］shall accept as valid, without a driving test or fee, driving licenses or permits issued by the appropriate United States authorities to United States personnel for the operation of vehicles. The Embassy further proposes that United States personnel be authorized to wear uniforms while performing official duties and to carry arms while on duty if authorized to do so by their orders.

〔2〕 The Government of［name of country］recognizes the particular importance of disciplinary control by the United States Armed Forces over United States personnel and, therefore, authorizes the Government of the United States to exercise criminal jurisdiction over United States personnel while in［name of country］.

　　此处关于刑事管辖豁免的主体范围颇费踟蹰，"A&T 条款"（A&T Clause）部分给予"美国人员"与 1961 年 4 月 18 日《维也纳外交关系公约》赋予外交使团行政和技术人员同等的特权和豁免，按照序言的规定，"美国人员"应涵盖军事人员和文职人员，且"A&T 等效保护"包含刑事管辖豁免权，那么理论上文职人员也享有完全的刑事管辖豁免。但"外国刑事管辖"（Foreign Criminal Jurisdiction）部分又仅提及军事人员并未提及文职人员，因此刑事管辖豁免的主体范围变得飘忽不定。但是，从文义解释的角度，"外国刑事管辖"部分并未明确排除文职人员的豁免权，而"A&T 条款"部分又给予了文职人员完全的刑事管辖豁免，可以认为"外国刑事管辖"部分仅是对军事人员刑事管辖豁免的一次强调。不论如何，可以明确的是，合同承包商并不在刑事管辖豁免的范畴中。

安全合作中的刑事管辖豁免

　　国家有权对其领土内所有个人行使管辖权，包括刑事管辖权，除非所涉个人享有豁免。豁免概念没有定义，至少在普遍性国际协定中没有定义，尽管这些协定经常使用这一名词。豁免通常被理解为：①享有豁免的实体、个人或财产被作为例外情况或排除在国家管辖权范围之外；②管辖权行使的一个障碍；③管辖权的局限性；④用于阻止对实体、个人或财产行使管辖权的一个辩护理由；⑤最后，实体、个人或财产免受管辖的权利，即不受管辖的权利。[1]

　　安全合作中刑事管辖权如何分配已在上文进行了述评，但紧随而来的问题是，如果缺乏双边或多边协定的特殊规定，依据一般国际法，派遣国与东道国都对驻外执法及武装力量有刑事管辖权，此时一旦东道国意欲行使其属地管辖权，是否存在派遣国驻外执法及武装力量在东道国法院的刑事豁免权呢？这一问题的解答需要我们进行习惯国际法的识别。由于享有刑事豁免权的主体系国家官员而非主权国家本身，在笔者看来，驻外执法及武装力量在东道国法院的刑事豁免权之定性应当为国家官员在外国法院的属事刑事豁免权。并且，主张这一刑事豁免权有严格的条件限制与例外情况。

第一节　驻外执法及武装力量刑事豁免权的性质界定

　　要回答一国之驻外执法及武装力量能否享有刑事豁免权这一问题，需

―――――――――――

〔1〕　See UN Doc. A/CN. 4/601, para. 56.

从国际法现有的豁免权类型入手。由于刑事豁免权系给予个人而非国家，那么第一步便是审视习惯国际法上现有的个人豁免类型，即国家官员在外国法院的刑事豁免权及外交豁免中的刑事豁免，而国家官员在外国法院的刑事豁免权又有属事刑事豁免与属人刑事豁免两种外延。本节笔者将依次对上述个人豁免类型进行剖析，并梳理上海合作组织安全合作中的豁免与国家豁免的联系与区别。

一、驻外执法及武装力量享有属事豁免

跨境联合执法系晚近才在国际社会出现，对于驻外执法人员的豁免问题并无充足的国家实践和理论支持，而现代海外军事行动经过二战以来半个多世纪的长足发展，对驻外部队的刑事豁免权问题形成了丰富的理论与实践，这一国际法问题具备非常重要的意义。就实践层面而言，一方面，基于一般国际法，海外军事行动中的派遣国与东道国各自享有对驻外军人的属人或属地刑事管辖权，从而存在管辖权的冲突，赋予派遣国刑事豁免权便能够妥善解决此种管辖权冲突情形。另一方面，军队因其极强的主权色彩在管辖与豁免问题上存在区别于普通公民境外刑事犯罪的特殊性。驻外部队的犯罪军人本身关涉军事秘密，由东道国法院管辖可能会侵害到派遣国的军事权益。并且，军人域外实施的普通犯罪不仅是触犯刑法的行为，同时也对军队纪律构成了挑战。若案件由犯罪地国管辖，判决结果畸轻或畸重，从本国法律的视角观察，罪和刑不相适应，可能会对本国军人的报应观念产生消极作用，进而影响到本国刑法与军队纪律的威慑力。[1]

而在理论层面，现代海外军事行动广泛依托部队地位协定来分配对驻外部队的刑事管辖权，或者直接在部队地位协定中赋予驻外部队在东道国法院的刑事豁免权。由于系基于东道国的国家同意，部队地位协定为派遣国设定的刑事豁免权在法律性质上相对确定，争议也比较少。但是，一方面，事实上有不少主权国家在海外军事行动的进程中没有签署刑事管辖权分配或豁免权设定的条约、条款。例如，欧盟 2003 年在刚果民主共和国发

---

[1] 参见薛洪：《军人域外犯罪刑事管辖特点探析》，载《西安政治学院学报》2014 年第 6 期。

起的危机管理行动就发生了这样的情况。[1]另一方面，部队地位协定关于管辖权分配和豁免权设定的谈判，往往基于习惯国际法的规定，一方提出的管辖权安排越偏离习惯国际法的规定，就越有可能引起其他谈判方的反对，这就是《北约部队地位协定》和《联合国部队地位协定》所采用的管辖安排广受欢迎的原因之一。因此，这就亟须我们从理论上去考究，在条约法维度之外的习惯国际法维度，是否存在驻外部队在东道国法院的刑事司法管辖豁免，以及如果存在，又在何种条件下能够主张此种刑事豁免权。

有鉴于此，驻外执法及武装力量的刑事豁免权基于一种个人在外国法院的刑事豁免，可能的豁免权属性不外乎三者：国家官员属事刑事豁免、国家官员属人刑事豁免与外交豁免，笔者认为驻外执法及武装力量能够在东道国法院享有国家官员属事刑事豁免。

首先，我们需要厘清何为"属事刑事豁免"。国家官员的外国刑事管辖豁免问题是国际法上的基本问题，"刑事管辖"一语，是指根据要行使管辖的国家的法律，为了使法院能够确立并追究因实施被该国适用的法律定为犯罪或不端行为而产生的个人刑事责任，所需的所有形式的管辖、过程、程序和行为。[2]"外国刑事管辖豁免"是指国家某些官员享有的不受另一国法官和法院刑事管辖的保护。[3]尽管1961年《维也纳外交关系公约》、1963年《维也纳领事关系公约》、1969年《联合国特别使团公约》、1973年《关于防止和惩处侵害应受国际保护人员包括外交代表的罪行的公约》、1975年《维也纳关于国家在其对普遍性国际组织关系上的代表权公约》以及2004年《联合国国家及其财产管辖豁免公约》等对外交代表、领事官员以及特别使团成员的特权与豁免作出了规定，但是上述条约并没有对国家官员在外国的刑事管辖豁免问题作出一般性规定，也没有对在哪些具体情形之下以及哪一部分官员可以享有豁免作出明确规定。

综合来看，现有国际条约对部分国家官员在特定情形下的外国刑事管

---

[1] See Ståle Ulriksen et al. , "Operation Artemis: The Shape of Things to Come?", *International Peacekeeping*, Vol. 11, No. 3, 2004, pp. 508–525.

[2] See UN Doc. A/CN. 4/661, para. 42.

[3] See UN Doc. A/CN. 4/661, para. 46.

辖豁免问题作出了规定，大致包括履行外交和领事职能的国家官员（外交代表和领事官员）在东道国的刑事管辖豁免，以及某些情况下在过境国的刑事管辖豁免；国家派往国际组织的代表在东道国的刑事管辖豁免；特别使团成员在东道国的刑事管辖豁免等。但迄今为止，国际社会仍然没有一个普遍性的条约对"官员豁免"问题作出全面性的规定。[1]自 2006 年开始，联合国国际法委员会就着手进行"国家官员的外国刑事管辖豁免"研究，至今特别报告员已经提交了十份报告，形成了初步成果。

传统上，国际公约和习惯国际法赋予了国家元首、政府首脑和外交部长属人豁免权（Immunity *Ratione Personnae*）。[2]"属人豁免"是指国家某些官员因其在国籍国的地位直接自动授予他们在国际关系中代表国家的职能而享有的外国刑事管辖豁免。[3]该种豁免权具有以下特点：①只给予国家某些官员，这些官员在本国发挥显要的作用，且由于其职能，根据国际法规则，在国际关系中自动代表国家；②适用于一国代表实施的所有行为，无论是私人还是公务行为；③具有明确的时限性，仅限于享有豁免的人的任职期。

而属事豁免（Immunity *Ratione Materiae*），又被称为职权豁免或公务豁免，[4]"属事豁免"是指国家官员依据其在履行职责时实施的可被称为"公务行为"的行为而享有的外国刑事管辖豁免。[5]基于属事豁免的理念，习惯国际法上可以将相关人员的行为区分为"以官方身份从事的行为"（Act Performed in An Official Capacity）和"以私人身份从事的行为"（Act

---

〔1〕 参见邓华：《国家官员外国刑事管辖豁免问题最新进展述评》，载《国际法研究》2016年第 4 期。

〔2〕 例如《联合国国家及其财产管辖豁免公约》第 3 条第 2 款给予了国家元首属人豁免。另一方面，《联合国特别使团公约》分别提及国家元首的豁免（第 21 条第 1 款）和政府首脑、外交部长及"其他高级人员"参加派遣国之特别使团时的豁免（第 21 条第 2 款）。根据国际法院就"逮捕令"案的判决，国际法院确认，"〔……〕国际法已经明确确立下述一点：外交和领事官员、国家某些高级官员，比如国家元首、政府首脑或外交部长，在其他国家享有民事和刑事管辖豁免"。See the Judgment of 14 February 2002 in *Arrest Warrant of* 11 *April* 2000（*Democratic Republic of the Congo v. Belgium*），Judgment of 14 February 2002, I. C. J. Reports 2002, para. 51.

〔3〕 See UN Doc. A/CN. 4/661, para. 53.

〔4〕 法国和吉布提在国际法院关于"关于刑事事项中的若干互助问题"一案（吉布提诉法国）的口头陈诉中确认存在着两个类型的官员豁免，See *Certain Questions of Mutual Assistance in Criminal Matters*（*Djibouti v. France*），Judgment of 4 June 2008, I. C. J. Reports 2008.

〔5〕 See UN Doc. A/CN. 4/661, para. 53.

Performed in A Private Capacity) 两类,[1]即属事豁免仅适用于国家官员在其任职期间的"以官方身份从事的行为"。国际法委员会将属事豁免的范围总结如下：国家官员只有在以官方身份实施的行为方面享有属事豁免；对以官方身份实施的行为的属事豁免在所涉个人不再担任国家官员后继续存在；享有属人豁免的个人在任期届满后继续就任期之内以官方身份实施的行为享有豁免。[2]

其次，紧随而来的问题是，属事刑事豁免的主体范围究竟有多大？在现有条约法和习惯国际法的框架中，至少存在三组范围：第一个只包括国际法院在"逮捕令案"(Case concerning the Arrest Warrant of 11 April 2000) 中直接提到的三种官员，即国家元首、政府首脑和外交部长；第二个包括因职务而享有豁免权的所有高级国家官员；第三个包括所有现任和前任国家官员。第一组毫无疑问被包括在内，由于其享有更广泛意义上的属人豁免，自然在执行职务行为时享有属事豁免。而关于第二组，"皮诺切特案"(Pinochet) 中布朗·威尔金森勋爵曾指出："属事管辖不仅适用于前国家元首和前大使，而且适用于参与履行国家职能的所有国家官员。"[3]2004年的"琼斯诉沙特阿拉伯案"(Jones v. Saudi Arabia) 中，菲利普斯勋爵指出："如果一个国家的官员在另一个国家的法院因处理其事务时被起诉，那么这个国家的尊严也可能受到侮辱。在这种情况下，国家通常可以向这些官员披上自己的豁免权外衣。可以说，向这些官员起诉等于间接地向国家起诉。"[4]在2006年美国哥伦比亚特区地方法院审理的"贝尔哈斯等诉摩舍雅隆案"(Belhas et al. v. Moshe Ya'alon) 中，法院也认为以色列军方情报部门负责人摩舍雅隆享有豁免权。[5]2004年，法国最高上诉法

---

〔1〕 参见王秀梅：《国家官员的外国刑事管辖豁免探析》，载《西安交通大学学报（社会科学版）》2010年第4期。

〔2〕 参见《国际法委员会暂时通过的国家官员的外国刑事管辖豁免条款草案》第6条。See UN Doc. A/72/10, p. 171.

〔3〕 *Regina v. Bartle and the Commissioner of Police for the Metropolis and Others Ex Parte Pinochet*, Judgment of the House of Lords of 24 March 1999, reproduced in International Legal Materials, Vol. 38, p. 581, at p. 594.

〔4〕 *Jones v. Ministry of Interior Al-Mamlaka Al-Arabiya AS Saudiya* (*the Kingdom of Saudi Arabia*), Court of Appeal, 28 October 2004, [2004] EWCA Civ 1394, para. 105.

〔5〕 See *Belhas et others v. Moshe Ya'alon*, 14 December 2006, 466 F. Supp. 2d 127.

院承认马耳他船舶登记处处长以其官方身份实施的行为享有刑事管辖豁免。而第三组的范围则亦有意义，如前所述，国家官员只有在以官方身份实施的行为方面享有属事豁免；对以官方身份实施的行为的属事豁免在所涉个人不再担任国家官员后继续存在；享有属人豁免的个人在任期届满后继续就任期之内以官方身份实施的行为享有豁免。[1]换言之，任期是否届满并非属事豁免关注的对象，而行为是否系以官方身份实施才是关键。

综合而言，享有属事豁免的国家官员当然包括国家元首、政府首脑和外交部长，同时也涵盖了代表国家行事和以国家名义行事，及代表国家或行使政府权力要素的任何其他人，而无论此人行使的是立法、行政或司法职能，不论此人在国家组织中持有的地位。并且，国家官员只有在以官方身份实施的行为方面享有属事豁免；对以官方身份实施行为的属事豁免在所涉个人不再担任国家官员后继续存在；享有属人豁免的个人在任期届满后继续就任期之内以官方身份实施的行为享有豁免。从这个角度看，驻外执法及武装力量由于代表国家行事和以国家名义行事，且行使的职能是具有高度主权性质的执法或者军事国防职能，其以官方身份实施的行为理应享有属事豁免。

再其次，国家官员的属事豁免权需要"以官方身份实施的行为"作为基本要素。"以官方身份实施的行为"具有如下特征：①该行为具有刑事性质；②该行为是代表国家实施的；③该行为涉及行使主权和政府权力要素。行为的刑事性质意味着此类案件的管辖主张直接涉及的对象是个人，刑事诉讼程序的任何后果也关乎个人并严格限于个人。受害人无法在国家刑事法院上对任何国家提出起诉，因为国家对其官员实施的犯罪行为可承担的任何责任始终是民事性质，只能通过就此类行为所致损害提出索赔主张的方式在民事法院进行裁决。[2]只有在国家与国家官员所实施行为之间存在关联时，才有理由行使属事豁免权。正是由于这种关联，有关行为才是代表国家从事的行为。因此，为了作出"存在这种关联"的结论，上述

---

〔1〕　参见《国际法委员会暂时通过的国家官员的外国刑事管辖豁免条款草案》第 6 条。See UN Doc. A/72/10, p. 171.

〔2〕　See Hazel Fox QC, Philippa Webb, *The Law of State Immunity*, Oxford University Press, 2013, pp. 53-72.

行为首先必须可归于国家。而"行为涉及行使主权和政府权力要素"的定义应基于两个因素，即：①某些活动，就其性质而言，被视为主权的表达或主权所固有的（警察、司法、武装部队的活动、外交）；②某些活动发生于执行涉及行使主权的国家政策和决定的过程中，因此在职能方面与主权有联系。[1]

而国际法院在"刚果领土上的武装活动案"（*Armed Activities on the Territory of the Congo*）中确认了习惯国际法规则，即"……应将个别士兵的行为视为国家机关的行为"。[2]国际法院亦在"国家管辖豁免案"（*Jurisdictional Immunities of the State*）中强调指出，国外武装部队在履行职责中所犯的行为必须定性为"以官方身份实施的行为"，即属事豁免权所涵盖的行为。[3]与此同时，大量主权国家的国内司法实践也佐证了这一判断，例如 2008 年意大利最高上诉法院刑事庭审判的"马里奥·路易斯·洛萨诺案"（*Mario Luiz Lozano case*），[4]德国联邦刑事法院 1992 年 11 月 3 日裁决的"边界卫兵案"（*Border Guards case*），[5]美国上诉法院第十一巡回法庭 1997 年 7 月 7 日判决的"美国诉诺列加案"（*United States v. Noriega*）等。[6]

综上所述，由于国家官员享有在外国法院的属事刑事豁免权是业已形成的习惯国际法规则，因此理论上只要符合该种豁免权的要件，驻外执法及武装力量便能当然地在东道国法院享有该种豁免权，即派遣国驻外执法及武装力量的涉罪主体符合"国家官员"的主体要件；派遣国驻外执法及武装力量的行为符合"以官方身份从事的行为"的行为要件；派遣国驻外执法及武装力量的涉罪行为并非属事刑事豁免的例外情形。而实践中已有

---

[1]　See UN Doc. A/CN. 4/686, para. 119.

[2]　*Democratic Republic of the Congo* v. *Uganda*, Judgment of 19 December 2005, I. C. J. Reports 2005, para. 213.

[3]　See Jurisdictional Immunties of the State (*Germany* v. *Italy*: *Greece Intervening*), Judgment of 3 February 2012, I. C. J. Reports 2012, para. 78.

[4]　See *Mario Luiz Lozano case*, Corte Suprema di Cassazione, Sala Penale (Italy), judgment of 24 July 2008.

[5]　See *Border Guards case*, Federal Criminal Court of Germany, Decision of 3 November 1992 (case No. 5 StR 370/92).

[6]　See *United States v. Noriega*, 117 F. 3d 1206 (11th Cir. 1997).

国际法院及国家法院或直接或间接地在判决中确认了主权国家之军人享有在东道国法院的属事刑事豁免权，上述判决在习惯国际法上的意义不菲，其既是国家实践和法律确信的证据，也是识别驻外部队享有习惯国际法上属事豁免的重要辅助手段。可以说，尽管由于部队地位协定所设立之"协议豁免权"的广泛存在，现代海外军事行动中派遣国依托习惯国际法主张其军人享有属事豁免权的判例相对有限，但基于当前主权国家军人享有属事豁免的国家实践广泛而具有代表性和一贯性。相应的，学者维耶瓦丹（Wijewardane）得出结论，"根据国际法规则，对于访问部队成员中履行公务行为或不作为相关或由其引起的犯罪，访问部队成员不受东道国的刑事管辖权的约束。"[1]至此，我们认为驻外执法及武装力量享有作为国家官员在外国法院的属事刑事豁免权当无疑问，但其能否享有国家官员在外国法院的属人刑事豁免权呢？

需要认识到，国家官员的属事豁免与属人豁免是值得被区分对待的，但这丝毫不影响两者具备共同的价值取向，这也是为何两者被统称为外国官员的刑事豁免。属人豁免权的特点在于，它与担任非常高的国家职务有关；它涵盖了受益人所做的所有行为（私人行为和官方行为）；它在性质上是暂时的，因为属人豁免权在该人不再担任授予豁免权的职务时终止。

属人豁免是最古老的豁免形式，一个国家的元首是被赋予主权的，被认为是国家本身的象征。这是国家元首绝对豁免权的来源，这一豁免权也扩大到国家。随着时间的推移，国家豁免和国家元首豁免开始分开规制，但国家元首的属人豁免今天仍然得到普遍承认。在现代世界，政府首脑、外交部长和可能的某些其他官员的职位的重要性完全符合国家元首的重要性。属人豁免的范围正如《国际法委员会暂时通过的国家官员的外国刑事管辖豁免条款草案》第 4 条指出的，国家元首、政府首脑和外交部长仅在其任职期间享有属人豁免；国家元首、政府首脑和外交部长享有的此种属人豁免涵盖他们在任职期间或任职之前的所有行为，无论是私人行为还是公务行为；属人豁免的停止不妨碍关于属事豁免的国际法规

---

〔1〕 D. S. Wijewardane, "Criminal Jurisdiction over Visiting Forces with Special Reference to International Forces", *British Yearbook of International Law*, Vol. 41, 1965–1966, p. 143.

则的适用。

而属事豁免只适用于以官方身份行事的国家官员的行为，即履行国家职能的行为。因此，它不适用于以私人身份实施的行为。当该官员离开政府部门时，他继续享有在担任公职期间所做行为的属事豁免。在担任政府高级职务的在职官员中，这两类国家官员豁免之间的区别很小。国家元首、政府首脑、外交部长和其他高级官员的属人豁免，实质上包括属事豁免。在国家实践、理论和判例上具有共识的是，"三巨头"即国家元首、政府首脑和外交部长始终享有豁免权。

另外一个值得关注的区分点在于，国际罪行尤其是强行法罪行一般构成属事豁免的例外，而无法构成属人豁免的例外。国际法院审理的"逮捕令案"及"刑事互助若干问题案"（*Certain Questions of Mutual Assistance in Criminal Matters*）都指出了这一点，[1]国家法院也普遍承认"三巨头"（国家元首、政府首脑、外交部长）即使犯下国际罪行仍享有豁免权，例如在法国法院审理的"卡扎菲案"（*Gaddafi case*），尽管初审法院已在国际犯罪案件中裁定不适用豁免，但上级法院推翻了该决定，并认定适用豁免。[2]再例如美国第二巡回上诉法院审理的"塔乔纳诉美国案"（*Tachiona v. United States*）、奥地利最高法院审理的"安妮塔诉约翰内斯等案"［*Anita W. v. Johannes（Hans）Adam, Fürst von Liechtenstein*］以及英国上诉法院审理的"琼斯诉沙特阿拉伯案"等。正因如此，弗鲁利（Micaela Frulli）指出："国家实践一贯表明，属人豁免规则不能在国家层面予以减损。"[3]

但属事豁免则情况不同，2000 年英国审理的"皮诺切特案"、1998 年比利时布鲁塞尔初审法院审理的"皮诺切特案"、2000 年德国科隆高等地区法院审理的"侯赛因案"（*In re Hussein*）等都提及属事豁免存在国际罪

---

〔1〕　See *Case concerning the Arrest Warrant of 11 April* 2000（*Democratic Republic of the Congo v. Belgium*）, Judgment of 14 February 2002, I. C. J. Reports 2002, pp. 21-24. See *Certain Questions of Mutual Assistance in Criminal Matters*（*Djibouti v. France*）, Judgment of 4 June 2008, I. C. J. Reports 2008, pp. 236-237.

〔2〕　See *Gaddafi case*, France, Court of Cassation, Judgment of 13 March 2001, Criminal Chamber No. 1414, International Law Reports, Vol. 125, p. 509.

〔3〕　Micaela Frulli, The ICJ judgment on the Belgium v. Congo case（14 February 2002）: a cautious stand on immunity from prosecution for international crimes, *German Law Journal*, Vol. 3, No. 3, 2002, p. 369.

行的例外。[1]在意大利最高法院审理的一项民事诉讼中即"费里尼诉德意志联邦共和国案"（*Ferrini v. Federal Republic of Germany*），法院更是旗帜鲜明地提出犯有国际罪行的国家官员不享有外国刑事管辖的属事豁免。[2] 2006 年英国的"琼斯诉沙特阿拉伯案"，上议院承认了民事管辖豁免，但重申刑事管辖豁免不适用于酷刑犯罪。[3]

因此，属事豁免与属人豁免的主要区分体现在主体、时间、行为范围等。主体上，属事豁免包括所有国家官员，而属人豁免往往仅包括国家元首、政府首脑和外交部长；时间要素上，当该官员离开政府部门时，他继续享有在担任公职期间所做行为的属事豁免，而国家元首、政府首脑和外交部长仅在其任职期间享有属人豁免；行为范围上，属事豁免只适用于以官方身份行事的国家官员的行为，而属人豁免涵盖他们在任职期间或任职之前的所有行为，无论是私人行为还是公务行为。至此我们可以发现，驻外执法及武装力量由于并不享有属人豁免要求的包括国家元首、政府首脑和外交部长在内的主体身份而不能享有属人豁免。

二、属事豁免权与国家豁免的关系问题

国家豁免（State Immunity）是国际法上的一个重要的基础理论问题，自 19 世纪开始逐步在国际法实践中丰富起来，到如今国家豁免已经成为一项习惯国际法规则，联合国大会 2004 年 12 月 2 日第 59/38 号决议通过的《联合国国家及其财产管辖豁免公约》在文首指出"国家及其财产的管辖豁免为一项普遍接受的习惯国际法原则"。权威国际法学家奥本海就提出过："根据国际法的原则，外国政府、外国元首、外交使节、政府间国际组织人员、外国军舰和军队等，均可以主张全部或部分地豁免东道国的属

---

〔1〕 See *R. v. Bow Street Metropolitan Stipendiary Magistrate ex parte Pinochet Ugarte*, United Kingdom House of Lords (UKHL) 17, 〔2000〕1 A. C. 147. See *Pinochet*, Belgium, Court of First Instance of Brussels, Judgment of 6 November 1998, International Law Reports, Vol. 119, p. 349. See *In re Hussein*, Germany, Higher Regional Court of Cologne, Judgment of 16 May 2000, 2 Zs 1330/99, para. 11.

〔2〕 See *Ferrini v. Federal Republic of Germany*, Court of Cassation, Judgment of 11 March 2004, International Law Report, Vol. 128, p. 674.

〔3〕 See *Jones v. Kingdom of Saudi Arabia*, House of Lords, Judgment of 14 June 2006 〔2006〕 UKHL 26, 〔2007〕1 A. C.

地管辖权。"〔1〕斯坦伯格（Helmut Steinberger）认为："在国际公法的范围内，国家豁免法是指外国可以根据其法律原则和规则要求免除、中止或不服从另一国的管辖权的法律原则和规则。"〔2〕在关于国家及其财产的司法管辖豁免的第二次报告中，特别报告员建议对第2条第1款草案中的"豁免"和"司法管辖豁免"一词下定义：①"豁免"是指免除、中止或不服从领土国主管当局行使管辖权；②"管辖豁免"是指领土国司法或行政当局的管辖豁免。〔3〕

中国的学者认为，广义的国家豁免是一国的行为与财产免受另一国家的立法、司法和行政约束的情况，包括国家本身、国家代表和有关的行为者的某些行为不受他国惩罚的多种可能，比如国家领导的豁免、外交与领事的特权和豁免。狭义的国家豁免则仅限于国家及其财产的司法豁免，具体有三种外延：其一是管辖豁免；其二是诉讼程序豁免；其三是财产的强制执行豁免。〔4〕

国家豁免的理论基础是坚实的，大致可被概括为下述几点：其一，国家主权、独立、平等和尊严原则，这构成了主权豁免的坚实国际法律基础，国家豁免源于主权，意味着在两个平等者之间，一方不能对另一方行使主权意志或权力（*par in parem imperium non habet*）；〔5〕其二，与外交豁免的相关性，如果根据国际法给予大使和外交代表以外国主权国家代表身份的豁免权，则他们所代表的主权国家至少应享有同等程度的优惠待遇；其三，互惠与国际礼让，国际礼让是国际法上的基础原则，与国际礼让概念密切相关的是其附属规则，即在处理国际关系时，法院应避免作出会使政府的政治部门感到尴尬的判决或行使管辖权。如果一个外国的行为能被另一个国家的法院审查，毫无疑问，政府间的友好关系将受到破坏，国际

---

〔1〕 Sir Robert Jennings, Sir Arthur Watts ed., *Oppenheim's International Law*, Longman, 1992, p. 460.

〔2〕 Helmut Steinberger, *State Immunity in Encyclopedia of Disputes Installment*, Elsevier, 1987, p. 615.

〔3〕 See *Yearbook of the International Law Commission* 1980, Vol. II（Part One）, Document A/CN. 4/331 and Add. 1, para. 33.

〔4〕 参见黄瑶：《国际法关键词》，法律出版社2004年版，第32页。

〔5〕 See Green Haywood Hackworth, *Digest of international law*（*Vol.* 2）, US Government Printing Office, 1941, p. 393.

和平将受到干扰。[1]

　　首先值得指出的是，驻外执法及武装力量的属事刑事豁免权与国家豁免在责任承担的问题上是一致的，享有属事刑事豁免并不意味着有关的主权国家不用承担国家责任，豁免权只是从程序上阻断，不影响实体意义上的法律责任。反过来说也是一样，尽管对其官员放弃豁免权，但根据国际法，该官员的国家对其以官方身份所采取的行动并不免除责任。"管辖权"一词传统上被用作"competence"的同义词，并且在适用时主要是指一个法庭的司法管辖权或通过名为司法解决或裁决的和平手段，用以解决或裁决争端的权力。然而，一般而言，所谓的"管辖豁免"指的不仅仅是司法管辖豁免，也同时豁免了司法管辖与行政管辖，即国家豁免不受领土国司法当局和行政当局的管辖。而根据管辖权理论的三分法，豁免权虽然豁免了司法管辖与行政管辖，但并无法豁免立法管辖权。正如国际法院在"逮捕令案"判决中所指出的，"国家法院的管辖规则必须与管辖豁免的规则仔细区分：有管辖权并不意味着没有豁免权，而没有豁免权并不意味着有管辖权。因此，虽然关于防止和惩治某些严重罪行的各项国际公约规定各国有起诉或引渡的义务，从而要求它们扩大其刑事管辖权，但这种管辖权的扩大绝不影响习惯国际法规定的豁免……即使在外国法院根据这些公约行使这种管辖权的情况下，也可以在外国法院面前提出反对。"[2]

　　更重要的是，管辖豁免，特别是刑事管辖豁免，不能使享有管辖豁免的个人脱离国家的立法（规范）管辖。所谓管辖豁免所指的只是行政和司法管辖豁免，而不是国家的立法（规范）管辖豁免。因此，享有豁免权的人不免除拥有管辖权的国家制定的法律（该国境内适用的法律）责任。[3]也即是说，对享有豁免权的人来说，豁免权提供保护，使其免受管辖豁免权所在国的执法程序的影响，但不受该国立法管辖的影响，这一观点得到

---

〔1〕　See *Baima y Bessolino v. el Gobierno del Paraguay*.

〔2〕　*Case concerning the Arrest Warrant of 11 April 2000*（*Democratic Republic of the Congo v. Belgium*），Judgment of 14 February 2002，I. C. J. Reports 2002，pp. 24-25，para. 59.

〔3〕　See Sompong Sucharitkul，*Immunities of Foreign States before National Authorities*，Martinus Nijhoff，1976，p. 96.

理论的广泛支持。[1]正如国际法院在"逮捕令案"的判决中所强调的，"现任外交部长享有的司法豁免权并不意味着他们对可能犯下的任何罪行都享有有罪不罚……刑事司法豁免权和个人刑事责任是相当独立的概念。司法豁免权是程序性的，刑事责任是实体法问题。司法豁免权很可能在一定时期内或在某些犯罪行为中实现禁止起诉，它不能免除对其适用的人的所有刑事责任。"[2]

其次，两者的价值取向也是非常一致的，国家豁免系基于国家主权、独立、平等和尊严原则，这构成了主权豁免的坚实国际法律基础，国家豁免源于主权，意味着在两个平等者之间，一方不能对另一方行使主权意志或权力（*par in parem imperium non habet*）。而驻外执法及武装力量的属事刑事豁免权由于系属国家官员的属事豁免，是因代表国家进行活动或履行官方职能而被授予的，正如国家官员以官方身份实施的行为实际上是国家本身的行为一样，驻外执法及武装力量对这种行为享有的豁免实际上是国家豁免。以官方身份行事的豁免在该官员离职后仍然有效，同样因为这实际上是国家豁免。正如联合国国际法委员会在对关于国家及其财产的条款草案第2条发表的评注，其认为给予属事豁免的理由是国家代表的国家行为职能或官方职能。换言之，国家是通过其代表以代表身份采取行动来行事。联合国国际法委员会指出："因为一个外国政府的代表或代理人的官方行为而对其……采取的行为在本质上是对他们所代表的国家采取的行为。通过其代表行事的外国政府享有属事管辖豁免，之所以给予其属事豁免权，是为了国家的利益……"。[3]

但这两组概念的区别仍是明显的，驻外执法及武装力量的外国属事刑事管辖豁免是个人性质，不同于严格意义上的国家豁免。虽然事实如此，条约法和实践并未始终足以清晰地对此进行区分，其主要原因是国家（以及其权利和利益）历来被强调为豁免保护的受益者。尽管国家毋庸置疑地

---

〔1〕　See Mizushima Tomonori, "The Individual as Beneficiary of State Immunity: Problems of the Attribution of Ultra Vires Conduct", *Denver Journal International Law & Policy*, Vol. 29, No. 3, 2001, p. 274.

〔2〕　*Case concerning the Arrest Warrant of 11 April 2000*（*Democratic Republic of the Congo v. Belgium*）, Judgment of 14 February 2002, I. C. J. Reports 2002, p. 25, para. 60.

〔3〕　*Yearbook of the International Law Commission* 1991, Vol. II（Part Two）, p. 18, para. 18.

在豁免机制中占据核心位置，但保护其权利和利益并不是最终将国家豁免等同于国家官员豁免的充分理由，正如就国家豁免和外交豁免而言，相同的目标认定并不意味着这两类豁免完全相同。相反，为了正确认识国家官员的外国属事刑事管辖豁免机制，必须区分豁免的直接受益者（国家官员）以及间接或最终受益者（国家）。属事豁免是考虑到主权国家的利益，但其直接受益者是为代表主权国家而采取行动的官员。

国家豁免与作为驻外执法及武装力量属事刑事豁免上位概念的国家官员外国刑事管辖豁免间的区别并不仅是一种理念，国家法院和国际性法院所作的一些司法裁决也体现了这种区别。在"萨曼塔诉优素福案"（Samantar v. Yousuf）中，美国最高法院提出，不能认为《外国主权豁免法》范畴内的"国家"概念涵盖国家官员，适用于国家官员豁免的规则有别于国家免于在该国法院遭受起诉所适用的规则。[1]该案特别重要，因为美国法院此前认定《外国主权豁免法》适用于外国官员，从而将两类豁免混为一谈。英国法院 2000 年审理的"皮诺切特案"中，法院指出该案关注的是前国家元首之于他国刑事管辖权的豁免，而不是国家本身于旨在确定其损害赔偿责任的诉讼中的豁免。"皮诺切特案"的几位法官赫顿勋爵、米勒勋爵及菲利普斯勋爵强调了前一类案件中官员的豁免权与后一类案件中国家的豁免权之间的区别。[2]在后来 2007 年对"琼斯诉沙特阿拉伯案"的判决中进一步澄清了这一区别。[3]

在国际法院审理的"国家管辖豁免案"中，法院指出了此种区别："……法院必须强调，它仅处理国家本身的外国法院管辖豁免；关于对国家官员的刑事诉讼是否以及在何种程度上可适用豁免的问题并非本案所涉事项。"[4]国际法院在提及国家和国际法院处理民事与刑事管辖之间区别的方式及其对豁免的影响，以及提及其自身判例时，还表示接受国家豁免与国家官员豁免之间的区别。[5]

---

〔1〕 See *Samantar v. Yousuf*, United States 130 S. Ct. 2278 (2010).

〔2〕 See *Pinochet*, 〔2000〕1 AC 147.

〔3〕 See *Jones v. Saudi Arabia*, 〔2007〕1 AC 270.

〔4〕 *Jurisdictional Immunities of the State*（*Germany v. Italy: Greece intervening*），Judgment of 3 February 2012, I. C. J. Reports 2012, para. 91.

〔5〕 See *Jurisdictional Immunities of the State*（*Germany v. Italy: Greece intervening*），Judgment of 3 February 2012, I. C. J. Reports 2012, para. 100.

　　综上而言，一般假定国家豁免适用于仅归于国家且只能追究国家责任的行为。如果某个行为既归于国家，也归于个人，且可追究两者的责任，则需区分两类豁免：一方面是国家豁免，另一方面是官员豁免。国家豁免与官员豁免之间的区分在国家官员外国刑事管辖豁免方面是最清楚的，因为国家与国家官员负有不同类型的责任，分别为民事和刑事责任，其援引豁免权所针对的司法管辖性质不同。

　　国家官员属事刑事豁免与国家豁免另一个重要的区别在于例外情形。如果系属商业交易行为，国家往往无法在外国法院主张国家行为豁免。但在国家官员属事刑事豁免的讨论背景中，国家官员所为的是商业行为并不影响其属事刑事豁免。在《国家对国际不法行为的责任条款草案》的评注中，起草委员会指出："国家机关的行为被划归商业行为似乎是并不相关的问题。"执行商业行为的官员，如果该行为归属于国家，则享有外国刑事管辖豁免，但国家本身不享有外国民事管辖豁免。

三、属事豁免权与外交豁免的界分问题

　　另一组可能混淆的概念就是国家官员的属事豁免与外交豁免。首先外交豁免与国家豁免的关系就颇费踟蹰，这点从《联合国国家及其财产管辖豁免公约》的规定上即可看出。《联合国国家及其财产管辖豁免公约》第2条第1款b项规定："'国家'是指：（一）国家及其政府的各种机关；（二）有权行使主权权力并以该身份行事的联邦国家的组成单位或国家政治区分单位；（三）国家机构、部门或其他实体，但须它们有权行使并且实际在行使国家的主权权力；（四）以国家代表身份行事的国家代表。"从中可见，享有外交豁免的国家代表也是国家豁免的主体。但《联合国国家及其财产管辖豁免公约》紧随其后的第3条第1款及第2款又规定："1. 本公约不妨碍国家根据国际法所享有的有关行使下列职能的特权和豁免：（a）其外交代表机构、领事机构、特别使团、驻国际组织代表团，或派往国际组织的机关或国际会议的代表团的职能；和（b）与上述机构有关联的人员的职能。2. 本公约不妨碍根据国际法给予国家元首个人的特权和豁免。"这就意味着，公约又将外交豁免排除在公约的适用对象之外。

　　如果我们从国际法委员会特别报告员的报告中去分析研判，则会发现《联合国国家及其财产管辖豁免公约》的出发点并非认为两者有所区别，而是基于其他原因。素差依库教授指出，在各国的实践中有许多可最终归于外国的活动被给予管辖豁免，但鉴于这些活动已在以前的国际公约或文书中得到处理，或已遵循单独的法律发展，它们应排除在本公约的范围之外。这是为了进一步界定本公约的确切范围，同时考虑到现行的习惯国际法规则略微涉及国家豁免的某些方面，一般性或区域性公约中可能有一些重叠的条款。公约无意具体涉及某些领域，也无意影响国际或双边公约以及习惯国际法规定的对大使馆、领事馆、代表团和访问部队等代表团所承认和给予的法律地位和管辖豁免的程度，〔1〕比如国家代表在国际公约中受到单独待遇的包括 1961 年《维也纳外交关系公约》规定的外交使团、1963 年《维也纳领事关系公约》规定的领事、1969 年《联合国特别使团公约》规定的特别使团、1975 年《维也纳关于国家在其对普遍性国际组织关系上的代表权公约》等。同样，这些领域或事项中的习惯国际法规则也会继续对《联合国国家及其财产管辖豁免公约》的缔约方及非缔约方生效。因此，《联合国国家及其财产管辖豁免公约》第 3 条排除国家代表的豁免也即外交豁免本意是避免重复规定，而非认为国家代表豁免即外交豁免根本上不同于国家豁免。

　　然而，有学者提出国家豁免和外交豁免之间其实既有关联，又相互区分。"虽然外交豁免不可避免地与国家豁免交叉在一起，但是普遍地将它们视为独立于国家豁免的范畴，这种平行发展自成体系的状态应当继续维持而没有融和的必要。"〔2〕具体来说，这种区别体现在：从法律的效力和各国遵守的程度来看，外交豁免受普遍遵守且效力较高；外交豁免相较国家豁免出现更早；外交豁免是基于执行职务需要而国家豁免基于主权平等；内容上也有不同，比如外交豁免仅限在接受国而国家豁免则是针对所有外国法院。

　　国家豁免与国家官员属事刑事豁免权之间的区别在之前已有论述，这足以说明国家豁免与属事刑事豁免在概念上的差异。因此，可以退一步

---

　　〔1〕　See second report on jurisdictional immunities of States and their property, by Mr. Sompong Sucharitkul, Special Rapporteur, UN Doc. A/CN. 4/331 and Add. 1.

　　〔2〕　张露藜：《国家豁免专论》，中国政法大学 2005 年博士学位论文；参见兰红燕：《国家豁免与外交豁免之比较》，载《贵州民族学院学报（哲学社会科学版）》2008 年第 2 期。

说，外交豁免虽与国家豁免有所交织，但因为国家豁免与属事刑事豁免在概念上的差异，可以同样推知，外交豁免与属事刑事豁免亦存在区分。当然，更直接地看，驻外部队无法享有外交豁免本质上是由于外交豁免的主体范畴限于"外交代表机构、领事机构、特别使团、驻国际组织代表团，或派往国际组织的机关或国际会议的代表团"，以及上述机构的相关人员。上海合作组织安全合作中涉及的各项主体，由于并不是 1961 年《维也纳外交关系公约》、1963 年《维也纳领事关系公约》及 1969 年《联合国特别使团公约》等公约覆盖的外交人员，且上海合作组织安全合作本身不担负外交职能，便当然地难以与外交豁免相挂钩。

第二节　驻外执法及武装力量刑事豁免权的构成要件

诚如前文所言，驻外执法及武装力量基于习惯国际法享有的是国家官员在外国法院的属事刑事豁免权。此种刑事豁免权有严格的行使要件，即权利主体有限、行为要件特定并且有部分情况例外。因此，我们首先必须指出，习惯国际法上驻外执法及武装力量并不必然享有刑事豁免权，须得符合相关条件，方能主张。

一、驻外执法及武装力量刑事豁免权的权利主体

在上海合作组织安全合作的论域中，首先需要厘清的是驻外执法及武装力量属事刑事豁免的主体范围。如前文所述，上海合作组织安全合作中所谓的"执法人员"与"部队成员"包含了警察，海关、边防、国安机关的执法人员、军人、文职人员、随军人员及合同雇员等主体，并非所有主体都能享有国家官员属事刑事豁免权。此处不妨分别探讨上海合作组织军事合作与执法合作中的权利主体。

（一）上海合作组织军事合作中刑事豁免权的权利主体

首先是上海合作组织军事合作中最为重要的主体——军人。军人显然很难被划归到属人豁免的范围，但却可能享有属事豁免权，因为有部分军人"以官方身份从事的行为"享有在东道国的属事豁免权。根据国际法委员会的报告，属事豁免有三大要素：（a）可给予所有国家官员；（b）所涉

的行为范围，仅限于可列为"以公务身份实施的行为"；（c）不受时间限制，因为即使享有豁免的人不再是官员，属事豁免继续有效。事实上，亦有丰富的国家法院判例支持军官在外国享有刑事豁免权，例如 2008 年意大利最高上诉法院刑事庭审判的"马里奥·路易斯·洛萨诺案"，意大利最高上诉法院刑事庭决定对在巴格达郊外的一个检查站服役期间杀死一名意大利情报人员的美军士兵提起刑事诉讼，但得出结论认为由于美国士兵以官方身份行事，因此其基于本国官员的身份享有豁免权；[1]德国联邦刑事法院 1992 年 11 月 3 日裁决的"边界卫兵案"，一名年轻德国人试图越过所谓柏林墙时被德意志民主共和国边界卫兵开枪打死；[2]美国上诉法院第十一巡回法庭 1997 年 7 月 7 日判决的"美国诉诺列加案"，原告诺列加担任巴拿马武装部队司令时，因将国际毒品贩运到美国而被诉。[3]另外，有案例虽然不认可军人之属事豁免，却也在判决之中确认了军人的国家官员身份：2011 年意大利米兰法院第四刑事部审理的"检察官（米兰法庭）诉阿德勒等人案"[Public Prosecutor（Tribunal of Milan）v. Adler et al.]。[4]

国内法院的裁决对于习惯国际法可以发挥双重作用：既是国家惯例，也是识别习惯国际法规则的一种辅助手段。也即国内法院的司法裁决和意见可以作为国家惯例，并具有作为该国惯例证据的价值，即使它们不能成为习惯国际法本身的证据。[5]尽管如此，我们仍需注意到习惯国际法的识别要求有关惯例必须具备一般性，即必须足够普及、有代表性和一贯性。[6]由于驻外部队在东道国法院涉及刑事诉讼的国家法院实践本身就不是很丰富，且晚近绝大多数驻外部队强国在海外军事行动中都会与东道国签署部队地位协定以明晰对军人、文职人员等的刑事管辖权分配，使得驻外部队

---

〔1〕 See *Mario Luiz Lozano case*, Corte Suprema di Cassazione, Sala Penale（Italy）, Judgment of 24 July 2008.

〔2〕 See *Border Guards case*, Federal Criminal Court of Germany, Decision of 3 November 1992 （case No. 5 StR 370/92）.

〔3〕 See *United States v. Noriega*, 117 F. 3d 1206（11th Cir. 1997）.

〔4〕 See *Public Prosecutor（Tribunal of Milan）v. Adler et al.*, Tribunale di Milano, Quarta Sezione Penale（Italy）, Judgment of 1 February 2010.

〔5〕 See J. Crawford, *Brownlie's Principles of Public International Law*, Oxford University Press, 2012, pp. 23-30.

〔6〕 See Conclusion 8 of Draft conclusions on identification of customary international law. See also *North Sea Continental Shelf*, Judgment of 20 February 1969, I. C. J. Reports 1969, p. 42, para. 73.

派遣国主张习惯国际法上属事刑事豁免权的实践相对较少，因此很难直接得出有关惯例具备一般性的结论。但如前所述，国际法院在"刚果领土上的武装活动案"中确认了习惯国际法规则，即"……应将个别士兵的行为视为国家机关的行为"，这为驻外军人享有属事刑事豁免的主体资格提供了重要的佐证。[1]并且毫无疑问的是，基于国内法院的判例是法律义务感的明确体现，[2]上述判例一定程度上反映了军人享有属事刑事豁免权具备法律确信。

其次是随军人员、文职人员以及合同雇员，这三种主体也广泛存在于海外军事行动中。海外军事行动中军人的家属自然无法符合"官员"的范畴，部队文职人员以及合同雇员虽然不属于"军人"，但能否化归"官员"是一个需要讨论的问题。如果放在中国国内法的语境下讨论，"官员"一词必须至少符合《中华人民共和国公务员法》的规定，是指依法履行公职、纳入国家行政编制、由国家财政负担工资福利的工作人员。但是，依据国际法委员会特别报告员提出的识别标准，"官员"的构成要素在于：其一，官员与国家有联系，这一联系可以有多种形式（宪法、法规或契约），可以临时也可以永久，既可以是法律上的联系，也可以是事实上的联系；其二，官员在国际上作为国家代表行事，或同时在国际上和本国国内履行职务；其三，官员行使政府权力要素，代表国家行事，政府权力要素包括行政、立法和司法职能。[3]显然，国际法尤其是国家官员刑事豁免意义上的"官员"不局限在该国家官员是否被纳入国家行政编制，与国家的联系若基于契约亦能满足条件。对于"官员"的判断，更为重要的是履行政府权力要素，在这点上部队文职人员以及合同雇员很大程度上也能符合条件。

（二）上海合作组织执法合作中刑事豁免权的权利主体

对于上海合作组织执法合作中的执法人员来说，享有刑事豁免权的主体资格也没有太多的疑问。在国家司法实践中，关于警察、国家安全机关

---

〔1〕　See *Democratic Republic of the Congo* v. *Uganda*, Judgment of 19 December 2005, I. C. J. Reports 2005, para. 213.

〔2〕　例如国际法院审理的"国家管辖豁免案"中就提及"国家采取的立场和若干国内法院的判例显示了主观要素""其中明确表明它们认为习惯国际法要求豁免"。See *Jurisdictional Immunities of the State*（*Germany* v. *Italy*：*Greece intervening*），Judgment of 3 February of 2012, I. C. J. Reports 2012, p. 40, at p. 135, para. 77.

〔3〕　See UN Doc. A/CN. 4/673, para. 111.

执法人员被认可作为国家官员的判例一样不在少数。例如 1978 年德国联邦最高法院裁判的 "科学教教会案" (*Church of Scientology case*)〔1〕、1997 年爱尔兰最高法院裁判的 "施密特诉联合王国政府案" (*Schmidt v. Home Secretary of the Government of the United Kingdom*)〔2〕、1992 年德国联邦最高法院裁判的 "边界卫兵案"〔3〕、1988 年美国纽约南部地区法院裁判的 "鲁克米尼·克莱恩诉金子康之案" (*Rukmini S. Kline v. Yasuyuki Kaneko*)〔4〕、2002 年美国佛罗里达南部地区法院审理的 "第一商人诉阿根廷案" (*First Merchants v. Argentina*)〔5〕等。

　　例如，在 "科学教教会案" 中，争议问题是英国警察的行为。法院称 "因此就有关条约的履约情况而言，伦敦警察厅，负责人是在担任明确任命的英国国家代理人……此类代理人的行为构成直接的国家行为，不能归属为授权实施这些行为的人员的私人活动……根据德国公法，警察权力的行使无疑是国家主权活动的一部分，应被称为统治权行为。因此，这种权力的行使不能被排除在豁免范围之外。"〔6〕类似的情形在英国和美国法院的判例中同样得到了认可。警察行使职能的行为从本质上来说是政府活动的一种形式。〔7〕就如罗杰·奥基夫 (Roger O'Keefe) 所说，某些活动如警察、司法、武装部队的活动、外交，就其性质而言，被视为主权的表达或主权所固有的。〔8〕可见，警察等执法人员由于其能够行使国家特权

---

　　〔1〕　See Federal Republic of Germany, *Church of Scientology case*, Federal Supreme Court, Judgment of 26 September 1978, ILR, Vol. 65, p. 193.

　　〔2〕　See Ireland, *Schmidt v. Home Secretary of the Government of the United Kingdom*, Supreme Court, Judgment of 24 April 1997, Irish Reports, 1997, Vol. 2, p. 121.

　　〔3〕　See *Border Guards case*, Federal Criminal Court of Germany, Decision of 3 November 1992 (case No. 5 StR 370/92).

　　〔4〕　See United States, *Rukmini S. Kline v. Yasuyuki Kaneko*, United States District Court, Southern District of New York, 3 May 1988, 685 Federal Supp. 386 (SDNY 1988). See also ILR, Vol. 101, p. 497.

　　〔5〕　See United States, *First Merchants v. Argentina*, United States District Court, Southern District of Florida, 31 January 2002, 190 Federal Supp. 2d 1336 (SD Fla. 2002).

　　〔6〕　Federal Republic of Germany, *Church of Scientology case*, Federal Supreme Court, Judgment of 26 September 1978, ILR, Vol. 65, p. 193.

　　〔7〕　See *Propend Finance Pty Ltd. v. Sing et al.*, United Kingdom, England, Court of Appeal, 1997, ILR, Vol. 111, p. 611. See also *Saudi Arabia v. Nelson*, United States Supreme Court, 23 March 1993, ILR, Vol. 100, p. 544.

　　〔8〕　See Roger O'Keefe, *International Criminal Law*, Oxford University Press, 2015, para. 10.

或政府权力，便当然能够被认可为符合属事刑事豁免权的权利主体要件。

二、驻外执法及武装力量刑事豁免权的行为要件

在属事豁免权的行为范围上，仅限于"以官方身份从事的行为"，"以私人身份从事的行为"不在此列。因为"此时他们的行为并非私人性质，而是代表国家做出的，所以他们不能为此而成为受制裁或刑罚的对象"。[1]国际法委员会通过对条约法、国际和国家司法实践的考察，总结出"以官方身份实施的行为"应当指的是国家官员在行使政府权力要素时实施的、其性质构成法院地国可对其行使刑事管辖权的罪行的行为。具体而言，"以官方身份实施的行为"具有如下特征：①该行为具有刑事性质；②该行为是代表国家实施的；③该行为涉及行使主权和政府权力要素。

对驻外部队的属事豁免权有上述行为要件的附加至少有三重原因：其一，这是国家本身享有的主权豁免的衍生，为的是保护国家的活动不受可能的干扰；其二，允许派遣国维持军队纪律；其三，让代表本国政府行事的人因受命实施的行为而受到东道国的刑事起诉对他来说是不公平的。

具体地说，军人及部队文职人员的行为基本上都能被划归"以官方身份从事的行为"。例如欧洲人权法院 2001 年审理的"麦克尔辛尼诉爱尔兰案"（*McElhinney v. Ireland*），该案是由一名爱尔兰公民麦克尔辛尼在穿越北爱尔兰与爱尔兰共和国之间一个边境检查站时的行为所导致的。英国士兵追赶该公民到了当时的爱尔兰领土上，申诉人麦克尔辛尼称其间他受到了虐待和人身攻击，而英国士兵也没有正确履行职责。尽管该判决书对外国刑事管辖豁免提出了其他有意思的论点，但这里值得强调的是，欧洲法院认为，"士兵在外国领土上的行为与国家主权的核心领域密切相关。……就其本身的性质而言，可能牵涉到影响国家之间外交关系及国家安全的敏感问题"。因此，判决书将申诉至法院的行为归为统治权行为，属于豁免所涵盖的国家行为。[2]再如 1988 年美国哥伦比亚特区地区法院审理的"萨尔塔尼

---

〔1〕　*Prosecutor v. Tihomir Blaskic*, ICTY Appeal Chamber Judgment on the request of the Republic of Croatia for review of the Decision of Trial Chamber II of 18 July 1997, 29 October 1997, para. 38.

〔2〕　See *McElhinney v. Ireland*（application No. 31253/96）, Grand Chamber, Judgment of 21 November 2001, para. 38.

等诉里根等人案"（*Farag M. Mohammed Saltany et al. v. Ronald M. Reagan et al.*），美国空军对利比亚目标进行轰炸，造成人员伤亡、财产损坏，而英国当局允许使用其境内的基地进行轰炸，因而也受起诉。法院认为参与规划和执行轰炸利比亚的行动文职官员和军事官员是执行总司令（里根总统）的命令以官方身份行事，因此享有豁免。[1]"伊朗帝国案"（*Empire of Iran case*）中，德国宪法法院更是直接指出："与对外事务和军事权力、立法、警察权力的行使以及司法有关的活动是属于'国家权力范围'的行为。"[2]

可以发现，在属事豁免的论域，"以官方身份实施的行为"的要件可以排除部分军人、部队文职人员以及合同雇员的"以私人身份从事的行为"。尤其是合同雇员，其所从事的许多行为难以被划归"涉及行使主权和政府权力要素"。例如海外军事基地雇用的厨师、司机等，虽然是为了基地的正常运转，但却并无法代表国家，也没有主权色彩。但是，另一些合同雇员比如采购代理人，系为主权目的行使职能，例如加拿大最高法院1992年审理的"关于加拿大劳工法案"（*Re Canada Labour Code*）中的原告，最高法院就指出尽管雇佣合同本身具有与商业领域类似的权利和义务，但军事基地的管理和运作无疑是一项主权活动，因为不能否认军事基地的主权目的。[3]虽然该案是关于国家豁免的民事诉讼案，但这类主体无疑符合"涉及行使主权和政府权力要素"，也是"以官方身份实施的行为"，如果涉及刑事犯罪，则应当享有属事豁免权。

最后需要补充的是，驻外部队属事豁免权的渊源无疑主要是习惯国际法。[4]除了国际法院在"逮捕令案"中做的识别与确认，[5]各国法院在裁决中也广泛指出，外国刑事管辖豁免的渊源是习惯国际法。正如阿尔瓦

---

〔1〕 See *Farag M. Mohammed Saltany et al. v. Ronald M. Reagan et al.*, 702 F. Supp. 319, 1988.

〔2〕 *Empire of Iran case*, German Federal Constitutional Court, 1963, 45 International Law Report 57.

〔3〕 See *Re Canada Labour Code*, [1992] 2 S. C. R. 50.

〔4〕 See Hazel Fox QC, Philippa Webb, *The Law of State Immunity*, Oxford University Press, 2002, p. 426.

〔5〕 国际法院在其对"逮捕令"一案的判决中认为，比利时违反了其对刚果民主共和国的一项国际法律义务，因为对耶罗迪亚·恩东巴希先生发出逮捕令并进行国际通缉，这违反了刚果民主共和国现任外交部长根据国际法的规定享有的刑事管辖豁免。See *case concerning the Arrest Warrant of 11 April 2000* (*Democratic Republic of the Congo v. Belgium*), Judgment of 14 February 2002, I. C. J. Reports, 2002, p. 21, para. 52.

罗·博尔吉（Alvaro Borghi）指出，许多司法判决，包括在瑞士、法国、美国和德国的司法判决也将习惯法确立为豁免权的渊源。[1]

三、驻外执法及武装力量刑事豁免权的例外

属事豁免的例外是一个具有相当争议的话题，其根源在于属事豁免的例外情况目前尚未达成有效共识。尽管不少学者认为国际罪行系属事豁免的例外已成为习惯国际法，[2]国际法委员会也通过了《国际法委员会暂时通过的国家官员的外国刑事管辖豁免条款草案》第7条，认为不适用属事豁免的国际罪行包括以下：（a）灭绝种族罪；（b）危害人类罪；（c）战争罪；（d）种族隔离罪；（e）酷刑；（f）强迫失踪。[3]再如《国际法委员会关于一般国际法强制性规范（强行法）的结论草案》第23条"公务职位无关性以及不适用属事豁免"中亦明确指出："属事豁免不应适用于一般国际法强制性规范（强行法）所禁止的任何罪行。"但从国内法院的判例及《国际法委员会暂时通过的国家官员的外国刑事管辖豁免条款草案》的讨论和投票环节的显著分歧来看，[4]尚不能立下断言得出肯定或否定的结论。

关于国家官员属事刑事豁免不适用于强行法罪行至少有下述几种理论支撑：其一，强行法优先于有关豁免的准则；其二，习惯国际法规范已然规定在一名官员违反国际法犯下严重国际罪行的情况下，属事豁免不能适

---

〔1〕　See Alvaro Borghi, *L'immunité des dirigeants politiques en droit international*, Helbing et Lichtenhahn, 2003, p. 71. 转引自 UN Doc. A/CN. 4/601, note 74.

〔2〕　See Ramona Pedretti, *Immunity of Heads of State and State Officials for International Crimes*, Martinus Nijhoff Publishers, 2014, pp. 57–98. See also Stacy Humes–Schulz, "Limiting Sovereign Immunity in the Age of Human Rights", *Harvard Human Rights Journal*, Vol. 21, No. 1, 2008, p. 105. See also Beth Stephens, "Abusing the Authority of the State: Denying Foreign Official Immunity for Egregious Human Rights Abuses", *Vanderbilt Journal of Transnational Law*, Vol. 44, No. 5, 2011, p. 1163.

〔3〕　《国际法委员会暂时通过的国家官员的外国刑事管辖豁免条款草案》第7条"不适用属事豁免的国际法下的罪行"："1. 外国刑事管辖的属事豁免不适用于国际法规定的如下罪行：（a）灭绝种族罪；（b）危害人类罪；（c）战争罪；（d）种族隔离罪；（e）酷刑；（f）强迫失踪。2. 为了本条款草案的目的，国际法规定的上述罪行应根据本条款草案附件所列条约中这些罪行的定义来理解。"See UN Doc. A/72/10, p. 173.

〔4〕　国内法院判例的分歧可见下文的详细展开，而对《国际法委员会暂时通过的国家官员的外国刑事管辖豁免条款草案》第7条的投票环节中，21票赞成，中国、俄罗斯、阿尔及利亚、美国、德国、斯洛文尼亚、印度、英国等8国投下反对票，捷克投下弃权票。

用；其三，强行法罪行往往适用普遍管辖权，而与属事豁免产生冲突。上述理由都具有相当程度的国际或国家司法实践作为支撑，例如2001年欧洲人权法院审理的"阿尔阿德萨尼诉英国案"（*Al-Adsani v. The United Kingdom*），法官的不同意见中指出："由于禁止酷刑的强行法规则和国家豁免规则的相互作用，国家豁免的程序性障碍自动解除，因为这些规则与等级较高的规则相冲突，不产生任何法律效力。同样，旨在使关于国家豁免的国际规则在国内生效的国内法不能被援引为建立一个管辖权限制，而必须根据和参照强行法的强制性规则加以解释。"2008年的"马里奥·路易斯·洛萨诺案"，该案涉及一名美国军人因在伊拉克犯下的罪行而享有意大利刑事管辖豁免的问题，最高上诉法院说："一项习惯国际法规则正在形成，即一国的豁免不包括根据国际法属于犯罪的行为。这一豁免例外背后的理由在于，如果豁免规则与确立国际罪行的规则发生冲突，则必须以确立国际罪行的规则（即强行法规则）为准。"[1]并且，二战后的纽伦堡审判以及东京审判，其国际刑事法庭的有关文件和判例都在很大程度上佐证了习惯国际法规范已然规定在一名官员根据国际法犯下严重国际罪行的情况下，属事豁免不能适用。国家法院的司法实践也能为这一论点提供基础，如法国2008年的"哈立德·本·萨伊德"（*Khaled Ben Saïd*）一案等。

从相关国家实践来看，支持国际罪行构成属事豁免例外的国家实践可见以色列的"艾希曼案"（*Attorney-General of the Government of Israel v. Adolf Eichmann*）[2]、法国的"巴比案"（*Prosecutor v. Klaus Barbie*）[3]、荷兰的"鲍特瑟案"（*Prosecutor-General of the Supreme Court v. Desiré Bouterse*）[4]、西班牙的"危地马拉灭绝种族案"（*Guatemala Genocide case*）[5]及"西林

---

〔1〕 *Mario Luiz Lozano case*, Corte Suprema di Cassazione, Sala Penale（Italy），Judgment of 24 July 2008.

〔2〕 See Israel, *Attorney-General of the Government of Israel v. Adolf Eichmann*, Judgment of the Supreme Court, International Law Reports, Vol. 36, 1968, p. 277.

〔3〕 See Nicholas R. Doman, "Aftermath of Nuremberg: The Trial of Klaus Barbie", *University of Colorado Law Review*, Vol. 60, No. 3, 1989, p. 449.

〔4〕 See Netherlands, *Prosecutor-General of the Supreme Court v. Desiré Bouterse*, Judgment of the Supreme Court of 18 September 2001.

〔5〕 See Spain, *Guatemala Genocide, Menchú Tumm and Others v. Two Guatemalan Government Oficials and Six Members of the Guatemalan Military*, Judgment of the Constitutional Court of 26 September 2005.

戈案"［*Scilingo Manzorro（Alolfo Francisco）v. Spain*］[1]等。与因国际罪行而丧失属事豁免的原则最为相关的案例或许是英国的"皮诺切特案"。在该案中，布朗-威尔金森勋爵、霍普勋爵和菲利普斯勋爵都在意见中强调，属事豁免不适用于具有强行法性质的国际罪行。[2]当然，在国家实践中仍然能够找到支持属事豁免在国际罪行中适用的案例，如塞内加尔法院审理的"侯赛因·哈布雷引渡请求案"（*Hissène Habré Request*），法院在该案中认定，哈布雷作为前国家元首，不再享有属人豁免，仅享有余留的属事豁免。[3]

　　正如国际法委员会的有些委员所总结的那样：相关实践并未表明有支持外国刑事管辖属事豁免例外的趋势——无论是暂时趋势还是长期趋势。除了上文述及的国家法院审判实践，条约实践中也难以觅及能够佐证《国际法委员会暂时通过的国家官员的外国刑事管辖豁免条款草案》第7条的依据。处理特定类型犯罪（例如灭绝种族罪、战争罪、种族隔离、酷刑、强迫失踪）的全球性条约并不包含任何排除国家官员的外国刑事管辖属事豁免的规定，处理特定类型国家官员（例如外交官、领事人员、特派团人员）的全球性条约也是如此。[4]且豁免不取决于有关行为的严重程度，或此种行为受国际法强制性规范禁止的事实。[5]时任中国代表、外交部条法司司长徐宏在第72届联大六委关于"国际法委员会第69届会议工作报告"议题的发言中也类似地指出："《国际法委员会暂时通过的国家官员的外国刑事管辖豁免条款草案》规定的六项豁免例外情形缺乏普遍国际实践

----

〔1〕　See Spain, *Scilingo Manzorro（Alolfo Francisco）v. Spain*, Judgment of the Supreme Court of 1 October 2007.

〔2〕　See *Regina v. Bartle and the Commissioner of Police for the Metroplis and Others Ex Parte Pinochet*, Judgment of the House of Lords of 24 March 1999, reproduced in International Legal Materials, Vol. 38, p. 581, at p. 594.

〔3〕　See Senegal, *Hissène Habré Request*, Judgment of 25 November 2005, Court of Appeal of Dakar.

〔4〕　俄罗斯委员罗曼·科洛德金先生（Roman A. Kolodkin）、英国委员迈克尔·伍德爵士（Michael Wood）、美国委员肖恩·墨菲先生（Sean D. Murphy）及印度的起草委员会主席阿尼鲁达·拉吉普特先生（Aniruddha Rajput）等皆持此论。参见国际法委员会第六十九届会议（第二部分），2017年7月20日星期四上午10时在日内瓦联合国万国宫举行的第3378次会议临时简要记录。See UN Doc. A/CN. 4/SR. 3378, pp. 9—12.

〔5〕　习惯国际法并不认为国家享有的豁免权取决于该国被控实施行为的严重性或据称已违反的规则的强行性质。See UN Doc. A/72/10, p. 177. See also *Jurisdictional Immunities of the State*（*Germany v. Italy*；*Greece Intervening*）, Judgment of 3 February 2012, I. C. J. Reports 2012, p. 137, para. 84.

的支持……不当剥夺国家官员豁免将严重损害主权平等原则，易沦为政治滥诉的工具，对国际关系稳定带来严重负面影响。"[1]

在上海合作组织安全合作的论域中，如我们所知，军队与灭绝种族罪、危害人类罪及战争罪等国际罪行具有密切相关性。除此之外涉及的国际罪行尚有恐怖行动等，例如"彩虹勇士号案"（*R. v. Mafart and Prieur*, *Rainbow Warrior case*）中法国武装部队和安全部队成员用水雷炸"彩虹勇士号"船的行为，结果导致船只沉没，数人死亡，这些行为被称为恐怖行动（Terrorist Acts）。[2]再包括可能与侵略行为相关的司法实践，如1988年美国哥伦比亚特区地区法院审理的"萨尔塔尼等诉里根等人案"，美国空军对利比亚目标进行轰炸，造成人员伤亡、财产损坏，而英国当局允许使用其境内的基地进行轰炸，因而也受起诉。[3]

而腐败则具有相当程度的争议，尽管腐败行为看似是以官方身份实施的，但实际上是行使管辖所针对的国家官员为了追求自身利益所为，活动还常常使官员所属国遭受经济损失。在此类案件中，国家法院一般拒绝给予豁免。[4]这些活动的类别很广泛，包括贪污、挪用和侵吞公款、洗钱以及其他腐败行为。腐败能不能享有属事豁免权归根究底仍取决于主体要素，即国家官员实施非法行为（违背他或她的任务）或越权（超出他或她的任务），也即是否是一种职权行为。例如菲律宾前总统的"马科斯案"（*Affaire Marcos*）中，菲律宾拒绝承认他的活动为官方性质后，瑞士最高法院则相应地确定他不享有豁免权。[5]

而晚近国际法的发展过程中，与国际罪行密切关联的普遍管辖权跃上

---

[1] UN Doc. A/C. 6/72/SR. 23, p. 8, paras. 57-58.

[2] See *R. v. Mafart and Prieur* (*Rainbow Warrior case*), New Zealand, High Court, Auckland Registry, November 1985.

[3] See *Farag M. Mohammed Saltany et al. v. Ronald M. Reagan et al.*, 702 F. Supp. 319, 1988.

[4] See *Evgeny Adamov v. Federal Office of Justice*, Switzerland, Federal Tribunal, Judgment of 22 December 2005, Decisions of the Federal Tribunal 132 II. See Chile, *Fujimori*, Supreme Court, Judge of first instance, Judgment of 11 July 2007, case No. 5646-05, paras. 15-17 (the decision was adopted in connection with extradition proceedings relating to grave human rights violations and corruption). See France, *Teodoro Nguema Obiang Mangue*, Court of Appeal of Paris, *Pôle* 7, Second Investigating Chamber, Judgment of 13 June 2013. See Court of Appeal of Paris, *Pôle* 7, Second Investigating Chamber, application for annulment, Judgment of 16 April 2015. See California (C 02-0672 CW, C 02-0695 CW).

[5] See Tribunal Federal, *Affaire Marcos*, 2 November 1989, ref. ATF 115 Ib 496 consid 5 b.

历史舞台，在实践中诞生了与驻外部队刑事豁免权相关的新议题，即对习惯国际法上驻外部队刑事豁免权的国际罪行限制可能不局限于东道国法院，而是延展到了第三国法院。2021 年 1 月 28 日，德国联邦最高法院作出一项具有里程碑意义的裁定，坚定表达了德国仍打算继续对战争罪行使普遍管辖，并且在国际罪行面前，一国之军人不能享有在作为第三国的德国法院的属事刑事豁免权。该案系对一名阿富汗前中尉军官的审判，该军官涉嫌在审讯中虐待三名被俘的塔利班武装分子，且用电击威胁他们，并把一名塔利班指挥官的尸体像战利品一样悬挂起来进行侮辱，因此实施了《德国国际刑法典》第 8 条第 1 款第 3 项中的战争罪。[1]该案将对许多类似案件产生深远影响，例如 2020 年 4 月底至 2022 年 1 月在德国西部城市科布伦茨进行的关于两名叙利亚前秘密警察被控反人类罪的案件亦是对国际罪行行使普遍管辖，且涉及国际罪行对国家官员属事刑事豁免的限制问题。当然，目前来看，基于普遍管辖排除驻外军人在第三国法院属事豁免权的国家法院判例极为有限，仍不足得出一般性的结论。

综合而言，在上海合作组织安全合作中涉及前述国际罪行时，无论是基于属地管辖的东道国法院还是基于普遍管辖的第三国法院，排除属事豁免的适用未见广泛而具有代表性和一贯性的国家实践，难以得出其已然形成习惯国际法的结论。甚至，如我国委员黄惠康所言，在《国际法委员会暂时通过的国家官员的外国刑事管辖豁免条款草案》第 7 条的投票程序中，代表七国集团的 4 个主要发达经济体成员中，有 3 个反对该计划，代表联合国安全理事会常任理事国的所有 4 个成员、二十国集团 11 个成员中至少 6 个成员都反对该决议草案，这在某种程度上反映了目前国际社会对此的反对态度或至少存疑的态度。[2]

第三节　安全合作中刑事管辖与豁免的关系

由于国际法的不成体系，上海合作组织安全合作中涉及的国际法渊源并不是单一的，而是包含了双边管辖权分配条约、相关国际公约、习惯国

---

〔1〕　BGH, Jan. 28, 2021, 3 StR 564/19 ［*BGH Immunity Decision*］.
〔2〕　See UN Doc. A/CN.4/SR. 3378, pp. 10—11.

际法等多种国际法渊源，甚至涵盖了相关的国内立法。其中最富争议的当属管辖与豁免规则的冲突与协调问题。笔者认为，上海合作组织安全合作中的管辖与豁免并不必然存在冲突，而是可以形成有效调适，从管辖与豁免的顺位、管辖与豁免的调适以及某些情况下对管辖或豁免的放弃等多个维度都能佐证上述观点。

一、安全合作中刑事管辖与豁免的顺位

有管辖才有豁免，如果没有管辖，就没有理由提出或审议管辖豁免的问题。正如澳大利亚莫道克大学于尔根·布罗梅尔教授（Jürgen Bröhmer）所言，从逻辑上讲，有管辖问题才有主权豁免问题，因为如果没有管辖，豁免问题就不能提出。[1]国际法院也在"逮捕令"案判决书中写道，"……只有在一国依照国际法管辖某一事项的情况下，才会出现针对行使这一管辖的任何豁免问题。"[2]"必须审慎区别国家法院管辖原则与管辖豁免原则：管辖并不意味着不存在豁免，不存在豁免也不意味着管辖。因此，虽说若干关于防止和惩罚某些重罪的国际公约规定了国家的起诉或引渡义务，从而要求国家延伸刑事管辖权，但这种管辖权延伸丝毫不影响习惯国际法规定的豁免……这些豁免在外国法院仍可加以反驳，甚至是在法院根据这些公约行使管辖权的国家。"[3]纪尧姆法官（Gilbert Guillaume）类似地提出："法院的管辖问题是法院在审议管辖豁免之前必须作出决定的问题。换句话说，只有在存在管辖的情况下才会出现管辖豁免。"[4]希金斯（Higgins）、库伊曼斯（Kooijmans）和布尔根塔尔（Buergenthal）法官在联合提出的个别意见中也同意这一看法："如果从理论上讲没有管辖，

〔1〕 See Jürgen Bröhmer, *State Immunity and the Violation of Human Rights*, Martinus Nijhoff Publishers, 1997, p. 34.

〔2〕 *Case concerning the Arrest Warrant of 11 April 2000* (*Democratic Republic of the Congo v. Belgium*), Judgment of 14 February 2002, I. C. J. Reports, 2002, p. 19, para. 46.

〔3〕 *Case concerning the Arrest Warrant of 11 April 2000* (*Democratic Republic of the Congo v. Belgium*), Judgment of 14 February 2002, I. C. J. Reports, 2002, pp. 24-25.

〔4〕 *Case concerning the Arrest Warrant of 11 April 2000* (*Democratic Republic of the Congo v. Belgium*), Judgment of 14 February 2002, I. C. J. Reports, 2002, p. 35, para. 1.

那么，就绝对不会出现以其他方式存在的管辖豁免问题。"〔1〕

如果管辖豁免被视为一项法律原则，与相对应的法律关系一起建立了某种权利和对应的义务，那么一方面，享有豁免者有权使国家不对其行使管辖权，另一方面，拥有管辖权的国家有义务不对享有豁免者行使管辖权。换句话说，管辖豁免是建立在有管辖权的基础上，而有管辖权的法院最终不予行使这项管辖权利。在国家法院开始审理一个刑事案件时，豁免被视为在审理案情之前的一个初步问题。〔2〕国际法院在其关于人权委员会特别报告员法律诉讼豁免的不同情况的咨询意见中说，国家法院必须把管辖程序豁免视为"一开始就应迅速作出裁决的一个初步问题"。〔3〕

根据现有的部队地位协定管辖权分配模式，可以分三种具体情形加以讨论。第一种情形即派遣国与东道国间的双边部队地位协定约定了专属刑事管辖权分配模式，此时相当于完全限制了东道国对派遣国驻外部队的刑事管辖权，那么派遣国再行主张驻外部队的属事刑事豁免权便没有意义。第二种情形即派遣国与东道国间的双边部队地位协定约定了并存刑事管辖权分配模式，那么须得具体分析有关管辖权条款的规定，在明确东道国有管辖权的前提下，派遣国方可基于习惯国际法主张驻外部队的刑事豁免权。第三种情形即派遣国与东道国间没有部队地位协定或有关协定没有管辖权条款，那么根据一般国际法双方都对驻外部队有刑事管辖权，派遣国此时可以基于习惯国际法主张驻外部队的刑事豁免权。

二、安全合作中刑事管辖与豁免的调适

如上文所述，虽然管辖与豁免存在差异，并且在程序上有先后之别，但基于习惯国际法的驻外部队属事刑事豁免却与基于条约法的部队地位协定设定之刑事管辖权分配模式存在调适的空间。

事实上，《关于国家豁免的欧洲公约》和《联合国国家及其财产管辖豁免公约》都承认存在适用于武装部队的特别豁免规则。以《欧洲国家豁

---

〔1〕　*Case concerning the Arrest Warrant of* 11 *April* 2000（*Democratic Republic of the Congo v. Belgium*），Judgment of 14 February 2002, I. C. J. Reports, 2002, p. 64, para. 3.

〔2〕　See Malcolm N. Shaw, *International Law*, Cambridge University Press, 2003, p. 623.

〔3〕　*Difference Relating to Immunity from Legal Process of a Special Rapporteur of the Commission on Human Rights*, Advisory Opinion of 29 April 1999, I. C. J. Reports 1999, p. 90, para. 67.

免公约》为例，其第 31 条明确提到，公约不影响一缔约国就其武装部队在另一缔约国境内已做或未做或与之有关的任何行为所享有的豁免或特权。也即《欧洲国家豁免公约》并不打算解决欧盟国家之间由于驻扎部队而带来的管辖、豁免问题，这些问题通常通过特殊协议——部队地位协定来具体约定。再如《联合国国家及其财产管辖豁免公约》第 26 条也提及，公约不影响与公约所涉事项有关的现有国际协定对缔约国所规定的，适用于这些协定缔约方之间的权利和义务。

某种程度上，部队地位协定的很多关于管辖甚至豁免的规定是对习惯国际法上属事刑事豁免的确认和重申。例如《北约部队地位协定》第 7 条第 3 款的 a 项，在并存管辖权的情况下，因履行公务而发生的作为或不作为而引起的不法行为，派遣国军事当局应享有对部队或文职人员的优先管辖权。该项非常接近于对习惯国际法上属事刑事豁免的条约法确认，并没有在实质上与习惯国际法上的属事刑事豁免权产生冲突。而《北约部队地位协定》的互惠性也反映了属事刑事豁免的特质，即职权豁免是一种普范的习惯法规则，而非某一特定国家的特权。换言之，尽管管辖与豁免是两个维度的法律概念，但由于驻外部队刑事豁免权在习惯法上的存在，不少双边或多边部队地位协定在起草管辖权分配条款时对其进行了参照，直接在管辖权阶段给予驻外部队公务行为所谓的"豁免权"。

而诸如美国在后冷战时期所广泛实施的专属管辖模式，例如 1996 年美国与蒙古国的《美利坚合众国政府与蒙古政府之间的军事交流和访问协定》，其第 10 条规定："美国军事当局有权在蒙古境内行使美国军事法赋予他们的对美国个人的全部刑事和违纪管辖权。美军若犯有违反蒙古法律的任何不法行为，应转交美国有关当局进行调查和处分。"如前所述，此时虽然表面上看，部队地位协定中派遣国对驻外部队的专属刑事管辖权与习惯国际法上的属事刑事豁免权发生了冲突，但实际上由于管辖与豁免系两个不同的程序事项，上述两个国际法规则针对的事项并不具有同一性，不存在冲突。而且更重要的是，专属刑事管辖模式已然实现了属事刑事豁免的目的，并扩大了驻外部队免于被东道国法院刑事管辖的范围，在实质的法律效果和政治效果上实现了协调和超越，并无冲突可言。

另一种可能发生的情形是在第三国意欲对驻外部队的国际罪行行使普

遍刑事管辖权之时。由于派遣国与东道国间的部队地位协定具有相对性，无法对第三国施加义务，一旦驻外部队在东道国犯下国际罪行，由于强行法的普遍义务性，其附随的普遍管辖权使得任何国家都可以行使刑事管辖权。强行法的普遍义务性已经在国际法院的判例〔1〕及广泛的国家实践中获得高度认可，〔2〕而各国对强行法罪行的普遍管辖权则是这一普遍义务下的必然产物，否则履行强行法下的普遍义务便无从谈起。事实上不少涉及强行法罪行的国际公约规定了各缔约国起诉的义务，〔3〕也有不少国家明确在国内法中规定了强行法罪行的普遍管辖权，如南非、芬兰及德国等。〔4〕虽然在各国国内法上对于普遍管辖权的态度仍并不统一，但应当看到，普遍管辖权所带来的应然推论便是：如果一国之驻外部队犯下强行法罪行，那么任何国家均可对其行使刑事管辖权。随之而来的问题是派遣国能否在第三国法院主张驻外部队的属事刑事豁免权？笔者认为，正如《国际法委员会关于一般国际法强制性规范（强行法）的结论草案》第 23 条 "公务职位无关性以及不适用属事豁免" 中所指出的，"属事豁免不应适用于一般国际法强制性规范（强行法）所禁止的任何罪行"，此时派遣国对刑事豁免权的主张不应得到支持。

---

〔1〕　例如巴塞罗那电车、电灯及电力有限公司案的判决中法官认为："如在当代国际法中，禁止侵略行为和灭绝种族行为产生的普遍义务，以及与人的基本权利（包括受到保护以免遭受奴役和种族歧视）有关的原则和规则产生的普遍义务"。克罗地亚诉塞尔维亚案中法院重审了这一观点："《灭绝种族罪公约》含有普遍义务"，以及 "禁止灭绝种族罪有强制性规范（强行法）的特性"。See *Barcelona Traction*, *Light and Power Company*, *Limited*, Judgment of 24 July 1964, I. C. J. Reports 1970, p. 33. See also *Application of the Convention on the Prevention and Punishment of the Crime of Genocide*（*Croatia v. Serbia*），Judgment of 18 November 2008, I. C. J. Reports 2015.

〔2〕　例如澳大利亚联邦法院审理的 "努利亚里玛等诉汤普森案"（*Nulyarimma and Others v. Thompson*），美国马萨诸塞州地区法院审理的 "凯恩诉温案"（*Kane v. Winn*）等案例。

〔3〕　参见《防止及惩治灭绝种族罪公约》第 5 条："缔约国承允各依照其本国宪法制定必要的法律，以实施本公约各项规定，而对于犯灭绝种族罪或有第三条所列其他行为之一者尤应规定有效的惩治。" 1949 年《日内瓦四公约》规定，缔约方有义务 "制定必要之立法"，对于实施 "严重破坏本公约之行为"，"处以有效之刑事制裁"，也有义务 "搜捕被控为曾犯严重违法行为" 的人，并 "应将此种人，不分国籍" 送交该国法庭。

〔4〕　See the Implementation of the Rome Statute Act of South Africa; Finland, Criminal Code, 1889（amendment 212/2008），chap. 11, sect. 5; Germany, Act to Introduce the Code of Crimes against International Law, June 2002, sect. 1.

三、安全合作中刑事管辖与豁免的放弃

区域安全合作中管辖权与豁免权能否放弃、放弃的程序要求以及放弃管辖权、豁免权之后的法律效果亦是重要的议题。管辖权无疑是可以放弃的，这不仅是在一般国际法上而言，更是被广泛的部队地位协定所涵摄。《北约部队地位协定》第 7 条第 3 款的 b 项规定："如果拥有优先权利的国家决定不行使管辖权，它应尽快通知另一国家的当局。在另一国认为放弃其权利特别重要的情况下，享有优先权利的国家当局应适当考虑另一国当局提出的放弃其权利的请求。"双边的部队地位协定中也可见此种条款，例如《美利坚合众国政府与蒙古政府之间的军事交流和访问协定》，其第 10 条规定了该协议允许蒙古政府要求美国在涉嫌指控与公务无关的犯罪行为的情况下放弃其管辖权，但此时美国并无放弃管辖权之义务，仅对任何此类请求给予适当考虑。换言之，美国也完全可以放弃对驻外部队的专属刑事管辖权。[1]

一个稍显棘手的问题是东道国在放弃其管辖权之后又试图行使管辖权，最著名的例子是"惠特利案"（*Whitley case*），该案中一名加拿大军官乘坐美国空军少校惠特利驾驶的汽车而死亡。在法国当局放弃其管辖权后，美国军方作出裁决认为没有足够的证据来审判惠特利少校。这名加拿大军官的遗孀在法国法院对惠特利少校提起了民事和刑事混合诉讼（Mixed Civil-criminal Action）。惠特利少校认为，法国早先已经放弃管辖权，法国法院因而没有管辖权。上诉中，法国最高法院推翻了下级法院关于放弃管辖权并不影响受害者提起民事和刑事混合诉讼权利的裁决。法国最高法院的理由是，有关当局已放弃管辖权，那么此种放弃应当对该国所有法院都有约束力而不论诉讼是由公诉人还是受害人提起。最高法院还认为，美国是否在法国放弃其管辖权后实际提起刑事诉讼并不重要。[2]法国最高法院的观点有一定合理性，因为设定放弃管辖权制度的目的是防止一个刑事案

---

〔1〕 See Agreement on Military Exchanges and Visits between the Government of the United States of America and the Government of Mongolia.

〔2〕 See Serge Lazareff, *The Status of Military Forces under Current International Law*, A. W. Sijthoff, 1971, pp. 200-208.

件被提交至两个国家进行审判从而形成管辖权冲突。若放弃管辖权还能够被撤销，那么便违背了设立制度时的初衷，增加了不确定性。假设一国在另一国放弃管辖权之后没有实际自行提起刑事诉讼，放弃管辖权的国家虽然无法通过司法途径行使管辖权，但仍可以求助于外交渠道或适用的部队地位协定所预见的任何其他解决争端的方法。

而驻外部队及执法人员刑事豁免权的放弃也是可被允许的。由于承认国家官员的外国刑事管辖豁免是为了该官员所属国的权利和利益，所以该国显然可以放弃豁免，进而同意外国对其官员行使刑事管辖权。国际法院曾在"逮捕令案"判决中明确指出，"如果官员所代表或曾代表的国家决定放弃外国管辖豁免，则他们将不再享有这种豁免。"[1]须注意到，豁免不属于官员个人，而属于官员所属的国家。因此，只有国家才能从法律上对其官员援引豁免，同样的逻辑也应适用于放弃豁免。关于哪个国家部门有权放弃官员的豁免，应由国家本身在其内部组织框架内确定，并且似乎不受国际规则的约束。

一个颇费踟蹰的问题是，驻外部队及执法人员刑事豁免权的放弃是否必须要明示？换句话说，如果在东道国法院的刑事诉讼程序中，尤其是该官员所属国即派遣国知道外国在对此人行使刑事管辖权，派遣国并未主张刑事豁免权，这是否意味着放弃了刑事豁免权？联合国国际法委员会对此的意见似乎可供参考，即关于国家官员放弃外国刑事管辖豁免形式问题的一般性结论大致如下："在适用于在位的国家元首、政府首脑或外交部长时，放弃豁免权应作明示说明。一个可能的例外是，假定有这种情况：这类官员所属的国家要求外国对该官员采取某些刑事诉讼措施。这类要求将毫不模糊地意味着放弃了对这类措施的豁免权，在这种情况下，放弃是默示的。在适用于国家元首、政府首脑或外交部长之外但享有个人豁免权的在位官员、享有职务豁免权的其他在位官员和同样享有职务豁免权的所有前任官员时，放弃豁免权可以是明示的，也可以是默示的。在这种情况下，该官员所属国家在采取不援引豁免权的做法时可表明默示的放弃。"[2]

---

〔1〕 *Case concerning the Arrest Warrant of 11 April 2000（Democratic Republic of the Congo v. Belgium）*, Judgment of 14 February 2002, I. C. J. Reports, 2002, para. 61.

〔2〕 UN Doc. A/CN. 4/646, para. 55.

默示放弃豁免权的衍生问题是：此种放弃的形式出现后，能否在后期的刑事审判程序中再度援引豁免？明示放弃豁免权之后一般很难再援引豁免，这是诚信原则使然，一国如果同意另一国对其官员行使刑事管辖权，明示放弃豁免，则在法律上不能援引豁免。但默示放弃豁免权则不然，例如官员所属国在预审阶段没有援引此人的豁免，从而可被视作已放弃对在该阶段所采取的措施的豁免，当案件进入审判阶段时，该国决定援引豁免是否非法？笔者认为，由于并不违反诚信原则等基本的法律原则，在后期的刑事审判程序中再度援引豁免并无明显的法律障碍。

放弃豁免权，尤其是明示放弃豁免权产生的法律效果除了使得海外军事行动所涉东道国法院能够继续行使管辖权，另一个重要且易被忽视的法律效果是派遣国承认该军人或文职人员的涉案行为是官方行为，行为归属于国家。因此，放弃豁免不仅为确立该官员的刑事责任创造了条件，而且如果有关行动违反该官员所属国根据国际法所承担的义务，也将消除根据国际法追究该国责任的障碍。反之亦然，正如国际法院在"关于刑事司法互助中的某些问题案"中指出的："如果一国通知外国法院说，由于豁免的原因，针对其国家机关的司法程序不能继续进行，该国即承担了对该机关实施的相关国际不法行为的责任。"[1]因此，驻外部队及执法人员的派遣国如果希望援引该涉案驻外军人及执法人员的豁免权，则必须承认该驻外军人及执法人员的行为属于公务，行为可归于国家。从国家利益角度出发，这无疑是一个艰难的选择。国家在指出其行动属于公务性质且他享有豁免权时，是为该驻外军人及执法人员进行辩护，但却为自己对此人的行为负有潜在的责任设立了重要的前提。然而，该国如果不援引该驻外军人及执法人员的豁免权，就可能使此人在外国受到刑事起诉。

---

〔1〕 *Certain Questions of Mutual Assistance in Criminal Matters（Djibouti v. France）*, Judgment of 4 June 2008, I. C. J. Reports 2008, p. 244, para. 196.

安全合作中的民事管辖与国家豁免

　　上海合作组织安全合作中势必也需要解决民事管辖权的分配问题，盖因对于安全合作而言民事争议的发生在所难免，而民事管辖权亦存在冲突情形。再者是一国之执法队伍、武装力量的行为由于其极强的主权色彩一般能被归入"国家行为"从而享有在外国法院的国家主权豁免。在当前国际社会呈现由绝对豁免向有限豁免转向的样貌之下，上海合作组织安全合作中部队、执法部门在商业交易、人身侵权、雇佣行为等易被纳入国家豁免的例外的争议类型中，是否仍能主张并且在实践中能够获得东道国法院支持亦是值得探讨的话题。

　　一般来说，区域安全合作中的民事管辖权涉及东道国的属地管辖权和派遣国的属人管辖权的冲突。不过，和一般的涉外民事管辖权冲突不同的是，有关驻外执法及武装力量的民事管辖权的冲突比较复杂，因为它与国家管辖豁免制度密切相关。因而，在实践中，解决此类民事管辖冲突需要通过有关国家订立双边或多边协定来予以解决。由于军队、警察拥有较强的主权性质，其行为一般能够被划归为主权行为，从而享有在外国法院的国家豁免。通过对国家豁免理论及国家实践的考察，可以发现有限豁免理论之下国家行为豁免的雇佣合同行为例外及非商业侵权例外，对驻外执法及武装力量来说都不适用。而商业交易行为例外则难下定论，美国为代表的西方世界认为驻外部队、警队的商业交易行为不享有国家豁免，但《联合国国家及其财产管辖豁免公约》给予区域安全合作中的商业交易行为享有国家豁免的可能。而上海合作组织成员国中，中国、俄罗斯、印度签署了公约，哈萨克斯坦已批准了公约。

第一节 安全合作中的民事管辖权分配

安全合作中，派遣国的民事法律制度与接受国的民事法律制度往往存在很大的差异，当派遣国将其军事人员、执法人员及其有关物资和财产派遣到接受国时，按照国际惯例，接受国将在一定条件下承认派遣国军事人员、执法人员及其财产在该国的民事法律地位，按照国民待遇标准，同时赋予其一定的民事实体和诉讼权利。在这种情况下，派遣国和接受国之间的民事法律管辖权的冲突将变得不可避免。因此，安全合作中一般也会通过双边条约明晰民事管辖权的分配问题。

一、安全合作中的民事争议类型

在区域或双边安全合作中可能发生的民事争议种类繁多，既可能涉及人身关系也可能涉及财产关系，以民事权利义务为内容的纠纷如人格权纠纷、婚姻家庭纠纷、继承纠纷、物权纠纷、合同纠纷、知识产权与竞争纠纷、劳动纠纷、人事纠纷、侵权责任纠纷等都有可能涉及，难以穷举。但在民事管辖及豁免的语境中比较具有争议的一般包括合同纠纷、侵权责任纠纷与劳动纠纷等，而在这之中又有几类具体纠纷被包括国家豁免在内的国际法规范所广泛关注。

（一）安全合作中的商事交易争议

在安全合作中，可能存在商事交易方面的争议。商事交易在安全合作中的相关性内容有很多，可能包括驻外执法人员或驻外部队的日常消费、借贷、寻求专业服务，也可能涵盖相关主体常见的日常采购。《联合国国家及其财产管辖豁免公约》第2条第1款的c项对何为"商业交易"进行了界定："'商业交易'是指：（一）为销售货物或为提供服务而订立的任何商业合同或交易；（二）任何贷款或其他金融性质之交易的合同，包括涉及任何此类贷款或交易的任何担保义务或补偿义务；（三）商业、工业、贸易或专业性质的任何其他合同或交易，但不包括雇用人员的合同。"以及第2条第2款规定了"商业交易"的界定标准："在确定一项合同或交易是否为第1款（c）项所述的'商业交易'时，应主要参考该合同或交

易的性质，但如果合同或交易的当事方已达成一致，或者根据法院地国的实
践，合同或交易的目的与确定其非商业性质有关，则其目的也应予以考虑。"

（二）安全合作中的人身侵权争议

就在 2022 年，国际社会关注到了美国外派的特勤局工作人员在东道国
领土上涉及对东道国国民的人身侵权案件，涉及的东道国一者是韩国而另
一者是以色列。在这两例案件中，既有刑事管辖及豁免的讨论空间，也有
民事管辖及国家豁免的讨论必要。

其一，2022 年韩美元首会谈期间的 5 月 19 日凌晨 4 时 20 分，美国特
勤局工作人员喝醉后在总统拜登下榻的酒店正门殴打一名 20 多岁的韩国男
子。上述两名工作人员 19 日和同事一起在外面吃晚饭，随后去了酒吧并返
回酒店。报道称，他们都佩戴特勤局徽章，并持有枪支。其中一人直接返
回房间，另一人则和出租车司机以及两名韩国乘客发生纠纷。酒店安保人
员随后介入纠纷，接到报警的警察也立即出动。涉嫌殴打韩国人的美国特
工回到房间后，第二天早晨接受了韩国警方的调查。但两人均未被拘留或
起诉，警方调查后决定将他们遣返。其二，2022 年 7 月 13 日，美国总统
拜登抵达以色列中部城市特拉维夫附近的本-古里安国际机场，开始其就
任总统以来对中东地区的首次访问。但就在拜登抵达前夕，一名以色列女
子起诉一名姓名不明的美国特勤局特工殴打自己。后者当时在以色列出
差，为美国总统拜登 7 月访问以色列的行程做准备。

在这两起案例中虽然不涉及安全合作的大背景，但足以说明现实中发
生一国驻外军人或执法人员对东道国国民或第三国国民进行人身侵权的案
件是有其可能的。而在安全合作的语境下也有许多现实案例可供参考，其
中不少就是涉及部队、执法机关的载具发生交通事故导致东道国国民或第
三国国民人身权益遭受损害的人身侵权。比如 1956 年比利时布鲁塞尔上诉
法院审理的"'水、气、电和应用'有限公司诉互助办公室案"（*Eau,
gaz, électricité et applications SA v. Office d'aide mutuelle*），系关于在 1945 年 3
月发生的一起汽车事故，该事故发生在一辆英国军用卡车运送部队回国休
假的途中。[1]再比如外国空军飞机在军事行动中在法院地国坠毁，造成地

---

[1]　See H. Lauterpacht ed., *International Law Reports*, Cambridge University Press, Vol. 23, 1960,
p. 25.

面人员死亡的案例，例如 2000 年意大利法院审理的"特伦托'意大利运输工人联合会-意大利劳工总联合会'诉美国案"（*FILT-CGIL Trento v. USA*）。

（三）安全合作中的环境民事争议

玛戈·拉波特（Margot Laporte）在《一切皆有可能：改善国防部海外环境政策的解决方案》中提出美国在海外军事基地对环境的影响方面较为重视，海外军事基地和其军事行动所引发的环境方面问题的法律规制，是美国国家安全政策的重要组成部分，尤其是在全球环境问题上，包括由军事基地引起的森林砍伐、海洋退化、生物多样性丧失、化学污染等。美国国防部先后在 1996 年和 2007 年通过了确定海外军事基地环境遵守的实质性标准的法律规范——《海外设施安装环境管理法规》和《海外基地环境指导文件》。这些法律规范对美国国防部制定和实施海外环境政策具有重要的现实意义。首先，在海外军事基地和行动期间的环境法规保护所有美国公民的国家安全利益，重要的是，法规特别保护驻扎在海外的美国士兵免受环境伤害。其次，显示美国旨在尊重和保护其自然资源的政策，为此东道国可能会向美国提供更多的海外基地。最后，以一种对环境负责任的态度采取军事行动可以改善美国的形象，促进与外国的国家关系。虽然有上述的法律规范，但是美国的海外军事基地引发的损害事件频发。

有资料显示，美国驻日军事基地在 2005 年至 2016 年期间，单单环境污染事件至少发生了 270 起。另外因军事活动，如军用飞机失事而造成东道国人员伤亡和财产损失也不胜枚举。如在 2004 年，驻日美军的一架 CH-53D 型运输直升机在冲绳坠毁，在其坠毁的飞机零部件上检测出放射性元素锶-90，这对于周边居民的人身健康构成了极大的威胁。美国需要对上述的损害行为承担国际损害责任，并通过支付赔偿金等方式来承担。

美国国防部未能实施一套连贯和可执行的环境政策，导致了海外非常真实的环境危害。2007 年，美国在 39 个国家拥有 823 个工厂，并参与了许多海外业务，包括在伊拉克和阿富汗的业务。由于国防部未能实施适当监管海外军事基地的环境政策，美国部队对东道国的环境造成了如此严重的破坏，以至于仅一个基地的环境清理和修复成本"可能接近超级基金的份额"。此外，海外行动期间缺乏环境法规规制，允许在伊拉克和阿富汗的基地设置露天燃烧坑，这些燃烧坑喷出含有已知致癌物的烟雾。例如，在伊拉克巴拉德空军基地，指挥官们在燃烧坑中使用喷气燃料——四年来唯一的垃圾处理手段——每天燃烧 50 万磅垃圾，包括塑料、食品和医疗废物。在一项仍属机密的研究中，航空医疗服务负责人表示，"燃烧坑释放到大气中的已知致癌物和呼吸道致敏剂对我们的部队和当地居民的健康既有急性危害，也有慢性危害。"事实上，许多暴露在燃烧坑中的士兵报告称，他们患有慢性咳嗽和呼吸短促。[1]因此，这也可能触发东道国对派遣国的环境污染损害索赔。

（四）安全合作中的雇佣合同争议

区域或双边安全合作中难免涉及派遣国部队或执法部门需要在东道国雇佣本国国民、东道国国民或第三国国民的情形。在"美利坚合众国陆军部诉萨韦林"（*Department of the Army of the United States of America v. Savellini*）一案中，意大利利沃诺美国军事基地的一名前文职雇员对美国陆军部提起诉讼，要求根据他的雇佣合同支付他的工资。[2]再例如 1964 年意大利法院审理的关于美国陆军–南欧特遣部队的第 467 号判决和 1959 年关于委内瑞拉海军任务的第 3160 号判决都涉及军事合作中的雇佣纠纷，都是类似的情形。

二、安全合作中的民事管辖权冲突

管辖权冲突是由于各国对涉外民事案件管辖权的确定原则不同，从而导致某一具体涉外民事案件两个或两个以上的国家依据不同的管辖原则而主张管辖所导致的冲突。从安全合作的基本内容来看，其可能涉及的民事管辖权冲突仍以属地管辖和属人管辖的冲突为主。

在可能的某一个涉外民事案件中，一些国家以当事人是本国公民（部

---

〔1〕　See Margot Laporte, "Being All It Can Be: A Solution to Improve the Department of Defense's Overseas Environmental Policy", *Duke Environmental Law Policy Forum*, Vol. 20, No. 1, 2010, p. 203.

〔2〕　See *Department of the Army of the United States of America v. Savellini* (1955) *Rivista di diritto internazionale* (Milan), Vol. XXXIX (1956), pp. 91 – 92. See *International Law Reports*, Vol. 23, 1960, p. 201.

队人员、执法人员）为由，从保护本国公民利益出发主张管辖；而另一些国家以被告在该国有住所、居所，诉讼标的物在该国境内或法律行为发生在其境内为理由主张管辖。假如在一个案件中，当事人国籍、住所及临时所在地不在一个国家境内，就会出现上述三个国家都主张管辖的局面。特别是英美国家在管辖权的确立上赋予法官很大的权力，英国主张"有效控制"原则。英国国际私法专家戴西（Dicey）说，"任何一个国家的法院，对于任何案件，只要能够作出一个有效的判决，英国法律应承认它有管辖权，如果不能作出有效判决，英国法律就不承认它有权管辖。"这就是说，英国法院作出的判决，只要能够有效地执行，英国法院就有管辖权，而不管其被告是否在英国境内。在美国，为了扩大自己的管辖权，法律规定适用"最低限度联系"原则，认为涉外民事案件中只要有任何联系因素与美国有关，就是与美国有最低限度的联系，美国法院就有管辖权。例如，在外国设有子公司的美国公司，如其子公司在国外的行为违反了美国法律规定，即使该行为依行为地外国法是有效的，美国法院也可以对该公司行使管辖权，其理由是该公司的子公司的行为违反了美国法律，其效果及于美国。美国各州制定了"长臂法律"（Long-arm Statutes），依据这种法律实行"长臂管辖"（Long-arm Jurisdiction），该管辖原则常常受到有关国家的反对。总之，各国都主张依自己的法律规定来行使管辖权，是造成管辖权积极冲突的主要原因。

具体到安全合作的语境中，可能涉及派遣国基于属人管辖权主张该民事争议在本国法院解决，而东道国则基于属地管辖，主张住所、居所、诉讼标的物在该国境内或安全合作中的法律行为发生在其境内，从而要求该民事争议在本国法院解决，这便会产生管辖权的冲突。

三、双边或多边协定的民事管辖权分配

双边或多边协定对民事管辖权冲突的解决是最有效率的，当前双边或多边协定的民事管辖权冲突解决范式一般都会与刑事管辖权分配范式一样考虑导致损害的行为是否与执行公务有关。换句话说，执行公务行为与否某种程度已经成为贯穿刑事和民事管辖权冲突问题的核心判准。

首先是相互放弃管辖权（请求权）的范式，具体的国家或国际组织实

践当以《北约部队地位协定》中关于公务行为造成的民事损害的规则为典范。如前文所述，该协定第7条规定了北约国家驻另一北约国家部队的刑事管辖权分配问题，紧随其后的第8条则规定的是由于此种驻军活动所引发的民事争议的解决方案。根据《北约部队地位协定》第8条，相互放弃管辖权（请求权）的情形如下：

就人身损害赔偿而言，《北约部队地位协定》规定缔约各方放弃就其武装部队的任何成员在执行公务时所受的人身损害或死亡而向任何其他缔约方提出的一切索赔要求。就财产损害而言，如果涉及由缔约一方武装部队的成员或雇员在履行与《北大西洋公约》有关的职责时（execution of his duties in connection with the operation of the North Atlantic Treaty），即执行公务时造成的财产损害，以及涉及因执行公务使用缔约方武装部队的车辆、船舶或飞机时造成该财产损害，那么该受到损害的缔约方需放弃请求财产损害赔偿的权利。

更进一步，当涉及上述公务行为导致的财产损害时，有关缔约方放弃请求权，但该赔偿责任并不因此消解。《北约部队地位协定》非常具有创新性地回避了管辖权冲突的窘境，选择不由派遣国或接受国法院来解决纠纷，而是设定了由有关缔约双方协议从接受国现任或曾任高级司法职务的国民中选出的仲裁员来进行仲裁。如果有关缔约双方不能在两个月内就仲裁员人选达成协议，任何一方可要求北大西洋理事会的主席挑选一名具有上述资格的人来担任。与此同时，《北约部队地位协定》中载明了免赔额，即低于该赔偿数额的情况下，缔约方同样放弃索赔权利：

比利时	B. fr. 70, 000.
加拿大	$ 1, 460.
丹麦	Kr. 9, 670.
法国	F. fr. 490, 000.
冰岛	Kr. 22, 800.
意大利	Li. 850, 000.
卢森堡	L. fr. 70, 000.
荷兰	Fl. 5, 320

挪威	Kr. 10，000.
葡萄牙	Es. 40，250.
英国	£ 500.
美国	$ 1，400.

其次是接受国（东道国）管辖模式，这在《北约部队地位协定》中也有体现。在该协定中，如果是非属上述损害的其他损害，也即并非公务行为造成的财产损害，以及系执行公务期间对非缔约国的第三方造成损害的，那么就交由接受国也即东道国来行使民事管辖权，派遣国放弃民事管辖权。此外，派遣国不得主张军人、文职人员的非公务行为享有接受国法院的民事管辖豁免。而如果有缔约方对军人或文职人员的侵权行为或不作为是否系公务行为，或对派遣国武装部队的任何车辆的使用是否系经授权而发生争议，应将该争议提交前述仲裁员来裁决，仲裁员对此争议的裁决应为终局裁决。派遣国和接受国当局应合作获取证据，以便公正审理和处理缔约各方所关心的索赔问题。

由于《北约部队地位协定》是较早对驻外部队的民事管辖权分配问题进行规定的部队地位协定，此后美国与许多国家缔结的关于民事管辖权分配的双边或多边协定条款都或多或少受其影响，例如1966年《驻韩美军地位协定》规定，在执行公务中，一方国家的军队成员或雇员的行为引起或造成另一方国家军队财产的损害，或者执行公务中的一方军队的车辆、船舶、航空器等造成对方军队财产的损害，国际法上的惯例是放弃对损害的请求权，对于军队成员于执行公务中负伤和死亡事故也放弃向对方国家的请求权。但是，执行公务中的一方军队的行为或车辆等给对方政府财产造成损害时，赔偿问题通常交由仲裁解决。另外，外国军队成员或雇员因执行公务行为给第三者造成损害引起的损害赔偿问题，原则上由接受国行使管辖权。而对于非执行公务中发生的损害赔偿问题（是否执行公务的标准由接受国仲裁机构裁定），该军人或雇员从属于接受国的民事管辖权，但有时视情况可由派遣国和接受国协商。至于包括强制执行派遣国所在的军事设施或基地内的动产、收集证据以及军需品的供给发生的契约纠纷等请求权一般由派遣国与接收国协商来协助解决。[1]

总结来看，当前双边或者区域军事合作中对民事管辖权分配大致因循公务行为豁免、非公务行为由接受国管辖的原则，呈现出与刑事管辖权分配模式的相似性。当然，民事管辖权分配条款在某些细节方面有所不同，例如确认国家豁免的适用范畴、引入仲裁以及免赔额的设置等。

第二节 安全合作中的国家豁免

国家豁免（State Immunity）指的是一国法院不管辖、不处理以外国国家为被告的案件，也不对外国国家财产采取强制措施。国家豁免是国际法上的一个重要的基础理论问题，自 19 世纪开始逐步在国际法实践中丰富起来，到如今国家豁免已经成为一项习惯国际法规则。[2]权威国际法学家奥本海就提出过："根据国际法的原则，外国政府、外国元首、外交使节、政府间国际组织人员、外国军舰和军队等，均可以主张全部或部分地豁免东道国的属地管辖权。"[3]赫尔穆特·斯坦伯格（Helmut Steinberger）认为："在国际公法的范围内，国家豁免法是指外国可以根据其法律原则和规则要求免除、中止或不服从另一国的管辖权的法律原则和规则。"[4]国家豁免一般又能分为国家行为豁免和国家财产豁免。

一、安全合作中的"国家行为"

安全合作中如果涉及民事争讼而需要主张国家行为豁免，其首要条件是存在"国家行为"（Act of the State）。《联合国国家及其财产管辖豁免公约》并未直接规定何为"国家行为"，但在第 2 条第 1 款的 b 项规定了何为公约所指的"国家"。根据该项，"国家"是指："（一）国家及其政府的

---

〔1〕 参见李伯军：《海外军事基地的民事管辖权问题简析》，载《社会科学家》2020 年第 1 期。

〔2〕 参见联合国大会 2004 年 12 月 2 日第 59/38 号决议通过的《联合国国家及其财产管辖豁免公约》在文首指出"国家及其财产的管辖豁免为一项普遍接受的习惯国际法原则"。

〔3〕 Sir Robert Jennings, Sir Arthur Watts ed. , *Oppenheim's International Law*, Longman, 1992, p. 460.

〔4〕 Helmut Steinberger, *State Immunity in Encyclopedia of Disputes Installment*, Elsevier, 1987, p. 615.

各种机关；（二）有权行使主权权力并以该身份行事的联邦国家的组成单位或国家政治区分单位；（三）国家机构、部门或其他实体，但须它们有权行使并且实际在行使国家的主权权力；（四）以国家代表身份行事的国家代表。"从该项可以看出，国家及其政府的各种机关等主体只要是行使主权权力而为的行为，只要并不属于国家豁免例外的范畴，一般都可以享有豁免权。

（一）"国家行为"的界定

而如果需要进一步明确"国家行为"的界定，则可以从《国家对国际不法行为的责任条款草案》中寻找，盖因草案的第二章"把行为归于一国"即系属对国家行为进行更具体的框定。其中，原则性的规定是草案的第 4 条和第 5 条，规定了任何国家机关，不论行使立法、行政、司法职能，还是任何其他职能，不论在国家组织中具有何种地位，也不论作为该国中央政府机关或一领土单位机关而具有何种特性，其行为应视为国际法所指的国家行为；或者虽非国家机关但经该国法律授权而行使政府权力要素的个人或实体（Conduct of persons or entities exercising elements of governmental authority），其行为应视为国际法所指的国家行为，但以该个人或实体在特定情况下以此种资格行事者为限。从这个角度看，国家行为或者说行为可归于国家的根本要素仍然是行为是否由国家机关作出，以及如果是非国家机关主体例如个人的行为，需要判断其行为是否具备主权性质以及是否系属公务行为。例如非常知名的"本斯利案"（Bensley's Case）中，根据 1849 年 3 月 3 日美利坚合众国国会法案设立的委员会作出的裁决，案涉一名美国男童被一名墨西哥官员非法拘禁，尽管该官员具备国家行为的主体身份，但由于与官方程序毫无关联，这显然是私人行为而非公务行为，因此没有支持需承担国家责任的主张。[1] 再例如美国-墨西哥索赔委员会（United States of America/Mexico General Claims Commission）[2] 裁判的"帕特南案"（Putnam case）和"莫顿案"（Morton case），就是关于墨西哥警察

---

[1] See John Bassett Moore, "History and Digest of the International Arbitrations to which the United States has been a Party", *The American Historical Review*, Vol. 4, 1899, p. 563.

[2] 美国-墨西哥索赔委员会，是一个根据 1923 年订立的条约设立的委员会，负责裁决美国和墨西哥公民因一国政府对另一国国民的行为所造成损害而提出的索赔。

纯粹出于个人原因、处在非当值状态也即非公务行为杀害美国国民的案件，因此也没有被委员会认定为行为可归于墨西哥。[1]因此，在讨论国家豁免的语境下，安全合作中的国家行为应当系指由参与军事或执法合作的部队、执法机关做出的行为，而如果是由具体的军人、警察做出的行为则需要判断是否系公务行为，这与属事豁免权的精神保持了高度一致。

　　紧随而至的问题是，私人行为与逾越权限或违背指示的行为并不能混同来看待，《国家对国际不法行为的责任条款草案》进一步区分了这两者，并认为国家机关或经授权行使政府权力要素的个人或实体，若以此种资格行事，即使逾越权限或违背指示，其行为仍应视为国际法所指的国家行为。这在美国－墨西哥总索赔委员会所裁决的"马伦案"（*Mallen case*）中被明确指出。[2]当然须得承认的是，私人行为与逾越权限或违背指示的行为有时并不那么容易做区分，需要在个案中具体事实具体分析。

　　（二）安全合作中的国家行为豁免

　　再更进一步聚焦到安全合作所涉国家行为，我们认为原则上这些行为享有国家行为豁免权，这在国际法理论和实践中都有充分的论据，盖因军人或警察的主权色彩非常浓厚。在 1811 年美国联邦最高法院审理的"斯库诺交易号诉麦克法登案"（*The Schooner Exchange v. McFaddon*）中首席大法官约翰·马歇尔就指出过，外国管辖豁免的主体包括外国君主或主权者、外国外交使节以及外国军队。[3]1962 年美国联邦上诉法院第二巡回法院审理的"维多利亚运输公司诉科米萨里拉将军案"（*Victory Transport Inc. v. Comisaria General*）中法官也指出"和主权者军队有关的行为"属于"公"行为的范畴，应当受到国家豁免原则保护。[4]类似案例还有 1947 年埃及混合法院民事法庭审理的"希侬诉埃及政府和英国海军案"（*Hénon v. Egyptian Government and British Admiralty*），该案系处理开罗军事总督为在埃及的英

---

　　[1]　See United Nations, *Reports of International Arbitral Awards*, Vol. V（United Nations publication, Sales No. 1952. V. 3）, p. 151, 428.

　　[2]　See United Nations, *Reports of International Arbitral Awards*, Vol. V（United Nations publication, Sales No. 1952. V. 3）, p. 173.

　　[3]　See *The Schooner Exchange v. McFaddon*, 11 U. S. 7 Cranch 116, 139（1812）.

　　[4]　See *Victory Transport Inc. v. Comisaria General*, 336 F. 2d 354, 360（2d Cir. 1964）.

国驻外部队征用别墅所起的纠纷。[1]国际法委员会也提及，1879年英国的"宪法案"（*Constitution*）、法国1887年的"维多利亚之城案"（*Ville de Victoria*）、"苏丹案"（*Sultan*）、1891年的"品托总统案"（*El Presidente Pinto*）、1901年的"阿萨里·特菲克案"（*Assari Tewfik*）等充分表明战斗人员是享有国家行为豁免的。[2]

二、安全合作中的"国家财产"

"国家财产"（State Property）当然是一种公共财产/公产（Public Property），与"国家行为"一致，"国家财产"的明确定义也没有在《联合国国家及其财产管辖豁免公约》中有直接体现。相比于国家行为，国家财产更多涉及执行豁免而非管辖豁免，也因为财产的扣押或执行会更多地触及国家职能的实质运行，执行豁免相较管辖豁免更为严格和谨慎，不享有豁免的条件更为苛刻。目前而言，管辖豁免更多的是限制豁免，即例外情形较多，而执行豁免更多的是"绝对豁免"，即在极少数情形下才能对国家财产进行扣押和执行等措施，如商业财产，且有些特定种类的财产多是不能执行的。

（一）"国家财产"的界定

在起草《联合国国家及其财产管辖豁免公约》的过程中，联合国国际法委员会的特别报告员松蓬·素差依库（Sompong Sucharitkul）就指出，"国家财产"的概念在委员会以前的工作中已经明确，特别是在"关于国家在条约以外事项上的继承"的专项工作中。[3]但是，"国家财产"的概念本身并没有在习惯国际法中有所呈现，尽管提及国家财产的条约很多，但似乎并无法寻找到一种具有一般性、普遍性的定义，而仅仅是在特定的环境中才有其意义，例如：1713年4月11日《乌得勒支条约》第11条；出售路易斯安那的法国和美国间1803年4月30日《路易斯安纳购地条约》第2条；莱奥波德王将刚果让给比利时国家的1985年1月9日条约第2

---

[1] See *Hénon v. Egyptian Government and British Admiralty*, 14 AD 78, Case No. 28 (1947).

[2] See Sucharitkul, Sixth Report, *Yearbook of the International Law Commission*, 1984－Ⅱ－1, p. 31, para. 138.

[3] See UN Doc. A/CN. 4/323, para. 53.

条；中国和日本间 1895 年 4 月 17 日《马关条约》第 2 条；西班牙和美利坚合众国间 1898 年 12 月 10 日《和平条约》第 8 条等。如法国-意大利和解委员会在 1964 年 9 月 26 日的一项裁定里所说，"在确定什么是国家财产方面，习惯国际法没有规定任何的独立标准。"[1]

为此，联合国国际法委员会的特别报告员强调了三个重要的方面：①对公共财产的概念采取纯粹国际主义的做法是不切实际的，因为国际法中没有确定什么是公共财产的独立标准；②根据条约或国际司法裁决确定什么是公共财产有其局限性，并不能解决所有问题；③无论在何种情况下，作出这种决定似乎不可避免地要求助于国内法，其根本问题是应适用哪一种立法。综合来说，根据《关于国家对条约以外事项继承的条款草案》第 5 条，系指按照国内法的规定，为一国所拥有的财产、权利和利益。[2]更具体地说，应当是根据国内法律不属于私人所有的财产、权利和利益，或行使主权所必需的一切财产、权利和利益。

鉴于某些司法管辖区有查封或冻结特定外国资产的趋势，在《联合国国家及其财产管辖豁免公约》第 21 条第 1 款中还额外提到了部分"特定种类的财产"，认为："一国的以下各类财产尤其（in particular）不应被视为被一国具体用于或意图用于政府非商业性用途以外目的的财产"，目的是为某些特定类别的国家财产提供某种特别保护，将这些国家财产排除在任何推定或暗示同意采取限制措施的范围之外。这些特定类别的财产，就其性质而言，必须被视为正在使用或打算用于政府目的，而不受任何商业考虑，当然如果该财产的所属国家明示放弃了豁免则应当被考虑：

（a）该国外交代表机构、领事机构、特别使团、驻国际组织代表团、派往国际组织的机关或国际会议的代表团履行公务所用或意图所用的财产，包括任何银行账户款项；

（b）属于军事性质，或用于或意图用于军事目的的财产；

（c）该国中央银行或其他货币当局的财产；

---

[1]　Award in "Dispute regarding property belonging to the Order of St. Mauricc and St. Lazarus", *Annuaire francais de droit international*, XI, 1965 (Paris), p. 323.

[2]　See UN Doc. A/9010/Rev. 1, p. 43.

（d）构成该国文化遗产的一部分或该国档案的一部分，且非供出售或意图出售的财产；

（e）构成具有科学、文化或历史价值的物品展览的一部分，且非供出售或意图出售的财产。

（二）安全合作中的"国家财产"

国家财产豁免与国家行为豁免的不同之处在于其可能在不同的程序阶段发生，这也因而被区分为国家管辖豁免和国家执行豁免。国家财产的执行豁免是指一国财产免于在另一国法院诉讼中所采取的包括扣押、查封、扣留和执行等强制措施，在《联合国国家及其财产管辖豁免公约》中也被称为"在法院诉讼中免于强制措施的国家豁免"。"免于判决前的强制措施的国家豁免"一般指的是免于查封和扣押措施，"免于判决后的强制措施的国家豁免"一般指的是免于查封、扣押和执行措施。

聚焦到上海合作组织安全合作的论域，上海合作组织安全合作中比较容易涉及的是军事性质的财产，或用于或意图用于军事目的的财产。军事财产免于外国法院执行的规定可见《联合国国家及其财产管辖豁免公约》第21条第1款b项，即属于军事性质，或用于或意图用于军事目的的财产。美国《外国主权豁免法》第1611条第2款第2项也规定用于或意图用于与军事行为有关的具有军事性质或者处于军事机构或国家部门控制的财产，免于强制执行。与此类似的采用"性质+目的"方式规定的还有加拿大国家豁免法、以色列国家豁免法等。而另有一种界定模式则采"列举+目的"，如澳大利亚《国家豁免法》第1条规定军事财产是指由外国国家控制的（无论是由于征用或光船租赁或其他原因）军舰、政府船舶、巡航舰、警察或海关船只、医疗船只、军用补给船舶等；是用于军事行为有关的财产或由军事机构或国防机构控制用于军事或防御目的的财产。

如果安全合作中的某一国家想要确保本国参与安全合作的国家财产绝对享有国家豁免，主张涉案财产系军事性质财产，或者该财产意图用于军事目的似乎更容易得到支持。美国《外国主权豁免法》中规定的军事性质意味着包括武器、通信设备、军舰、坦克和军用运输工具。这一广泛的范围使得军用武器买卖也得以免于法院管辖。[1]并且，"用于或意图用于军事目的的财产"这一表述导致可能用于军事目的的普通商业财产如食物或衣物等亦得到执行豁免的保护。

但需要注意到一个国家实践中对于"商业目的"考量的新变化，申言之，即便是军舰，如果被用于商业目的也会在有些国家法院被认为不享有执行豁免。1926 年《布鲁塞尔公约》明确区分了国家所有的船舶和国家所有的用于政府非商业目的的船舶，后者免于强制执行。《公海公约》和《领海及毗连区公约》均规定用于商业目的的国有船舶不得享有执行豁免。在国家法院的审判实践中，荷兰阿姆斯特丹地方法院于 1987 年审理的"威斯穆勒打捞公司诉 ADM 海军服务公司案"（*Wijsmuller Salvage B. V. v. ADM Naval Services*）是比较有代表性的：秘鲁的一艘巡洋舰"海军上将号"（Almirante Grau）在北海进行海试时遇到了困难，威斯穆勒打捞公司是世界领先的港口和码头拖曳和打捞服务提供商之一，其成功救助了该巡洋舰。事后由于担心秘鲁政府会安排该舰船驶离，因此向阿姆斯特丹地方法院申请临时禁令，要求扣押该巡洋舰，以确保其权利并获得救助资金。阿姆斯特丹地方法院驳回了这一请求，原因大体即是军用船舶属于国家财产，应享有执行豁免而不问其是否用于商业目的。[2]然而在 1993 年荷兰最高法院判决被扣押的国有的船舶用于商业用途时，不享有执行豁免。法国法院明确表示，"属于国家所有的军舰，用于私人运输飞机，从事私人商业行为，这与从事公共或政府服务毫无关系。因而，有关国家船舶的豁免规则不适用于这类船舶，因而在条件符合时，这类船舶可以被扣押。"[3]

第三节　安全合作中的国家豁免例外

目前在国家豁免领域呈现出由绝对豁免（Absolute Immunity）转向有限豁免（Restrictive Immunity）的趋势，前者指的是国家的一切行为与财产

---

[1]　See Philippa Webb, *"International Law and Restraints on the Exercise of Jurisdiction by National Courts of States"*, in Malcom Evans ed., *International Law*, 2003.

[2]　See *Wijsmuller Salvage B. V. v. ADM Naval Services* [Netherlands, District Court of Amsterdam, 19 November 1987, KG (1987), No. 527, S&S (1988) No. 69].

[3]　刘元元：《国家财产执行豁免问题研究》，武汉大学 2013 年博士学位论文。

均免受外国法院的司法管辖，而后者则认为国家的非主权行为在外国法院不能享有司法管辖豁免。[1]2004年《联合国国家及其财产管辖豁免公约》可以说是国际社会对有限豁免成为主导性原则的一次确认，《联合国国家及其财产管辖豁免公约》在整体上肯定国家享有豁免权的基础上又对其加上了以"商业交易例外"为代表的8个方面的例外，其无论从基本手法还是从实际内容上，都与推崇有限豁免主义的1972年《欧洲国家豁免公约》非常接近。可见，事实上《联合国国家及其财产管辖豁免公约》放弃了曾经被国际社会长期遵循的绝对豁免主义的立场，而转向有限豁免主义的立场。[2]尽管《联合国国家及其财产管辖豁免公约》目前尚未生效，但根据其第30条，在第三十份批准书、接受书、核准书或加入书交存联合国秘书长之日后第三十天生效。目前已有28个国家签署、23个国家成为缔约国，中国也已签署该公约，该公约的正式生效仅是时间问题。

在有限豁免的国际趋势之下，对驻外执法及武装力量的国家行为豁免例外问题的单独考察是具有理论和实践价值的。我们有必要研判驻外执法及武装力量在理论上是否适用有限豁免，以及适用于一般政府机关的国家行为豁免例外在多大程度上能够适用于警察、军人等国家主权的伴随物。诚如前文所述，在执行豁免范畴，由于国际社会已有充分共识认可军事财产的特殊性绝对免于强制执行，因此笔者无意对国家豁免例外进行全面的审查，而仅聚焦国家豁免中的国家行为豁免的例外，即主要探讨的是司法管辖豁免，而非执行豁免。并且，笔者将着重论析安全合作中最容易涉及、也最具实践意义的"商业交易""雇佣合同""人身伤害和财产损害"行为。《联合国国家及其财产管辖豁免公约》中还涉及"知识产权和工业产权""参加公司或其他集体机构""仲裁协定的效果"等国家行为豁免的例外情况，由于这些行为在安全合作中几乎不会涉及，本书不做探讨。

一、上海合作组织成员国对国家豁免例外的立场

由于上海合作组织成员国对国家豁免例外的立场不尽相同，因此分别

---

〔1〕 参见李旺：《国际民事诉讼法》，清华大学出版社2003年版，第19页。

〔2〕 参见王虎华、罗国强：《〈联合国国家及其财产管辖豁免公约〉规则的性质与适用》，载《政治与法律》2007年第1期。

类型化地加以归纳，可能有助于我国提前研判未来面对上海合作组织安全合作中涉及民事诉讼后的国家豁免因应。上海合作组织成员国中，中国（2005 年 9 月 14 日）、俄罗斯（2006 年 12 月 1 日）、印度（2007 年 1 月 12 日）已经陆续签署《联合国国家及其财产管辖豁免公约》，而哈萨克斯坦已经正式批准、接受、核准、加入该公约（2010 年 2 月 17 日），吉尔吉斯斯坦、巴基斯坦、塔吉克斯坦、乌兹别克斯坦等 4 国既未签署也未加入该公约。

（一）有限豁免+对等原则：俄罗斯

俄罗斯与中国一样签署了《联合国国家及其财产管辖豁免公约》但尚未批准。从俄罗斯的国内法来看，俄罗斯于 2015 年出台《外国国家及其财产在俄罗斯联邦的管辖豁免法》，该法明确采纳限制豁免立场，并设置对等原则条款。[1]该法目的之一即在于明确采用对等原则，实现俄罗斯与外国国家在国家豁免问题上的平衡关系，让外国国家在俄罗斯法律下的豁免权与俄罗斯在外国国家享受的豁免权保持平衡。俄罗斯联邦政府在向俄罗斯国家杜马提交该法案的立法说明中指出，如果俄罗斯在某个外国国家的豁免权遭到限制或否定，那么俄罗斯也应有权对该外国国家相应地采取限制措施。在该法的审议过程中，俄罗斯联邦委员会（上院）也明确表示"该法应具有预防性特征，以保护俄罗斯免受其他国家的不友好行为。"[2]

就国家豁免例外而言，俄罗斯《外国国家及其财产在俄罗斯联邦的管辖豁免法》中首先规定了民事法律争议作为豁免例外，但提出交易需与外国行使主权权力无关，在决定一国的交易是否与行使主权权力有关时，俄罗斯联邦法院将考虑该交易的性质和目的。此外，雇佣合同纠纷、非法人或其他非法人实体的纠纷、财产权纠纷、损害赔偿纠纷、[3]知识产权纠

---

〔1〕 参见《外国国家及其财产在俄罗斯联邦的管辖豁免法》第 4 条第 1 款规定，如果确定对俄罗斯联邦及其在外国的财产给予管辖豁免存在限制，则外国及其财产在根据本联邦法律授予的管辖豁免权的范围内，可以根据对等原则加以限制。

〔2〕 徐树：《中国国家豁免立法中的对等原则：概念内涵、法理依据及制度设计》，载《国际法研究》2022 年第 2 期。

〔3〕 参见《外国国家及其财产在俄罗斯联邦的管辖豁免法》第 11 条规定，对于外国就生命、健康、财产、荣誉和尊严、个人或财产的商业信誉、法人的商业声誉造成的损害的赔偿争议，如果索赔是由于对生命、健康、财产、荣誉和尊严、商业声誉造成损害而引起的，则外国在俄罗斯联邦不享有司法豁免权。

纷、船舶经营纠纷等也被排除了豁免权的适用。

（二）有限豁免：印度、哈萨克斯坦、巴基斯坦

1. 印度

对印度来说，尽管尚未正式批准《联合国国家及其财产管辖豁免公约》，但其在司法实践中已逐步显露出有限豁免的趋势。在印度，《民事诉讼法》第86条规定了外国国家豁免的相关问题。该法第86条的一般规则规定，未经印度中央政府事先同意，不得在任何法院起诉任何外国主权国家。在"埃塞俄比亚航空公司诉甘内什·纳拉因·萨伯博"（*Ethiopian Airlines v. Ganesh Narain Saboo*）一案中，印度最高法院简要讨论了在商业交易方面是否享有主权豁免的问题。它同意日益受到认可的限制性豁免的国际原则，并回顾了丹宁勋爵（Lord Denning）在"拉希姆图拉诉海得拉巴的尼扎姆和奥尔斯"（*Rahimtoola v. H. E. H. The Nizam of Hyderabad and Others*）一案中的意见，并认为，外国的部门和机构不应获豁免，如果他没有给予本国豁免。印度最高法院还注意到法院在"特兰德特克斯贸易公司诉尼日利亚中央银行"（*Trendtex Trading Corp Ltd. v. Central Bank of Nigeria*）一案中的裁决，即如果政府部门进入市场并从事商业交易，则应遵守市场的所有规则。印度最高法院进一步试图澄清，《民事诉讼法》第86条本身是"外国主权豁免原则的修改和限制的反映"，通过颁布特别法令，议会进一步缩小了国家主张主权豁免的范围，因此在当今世界，"主权豁免原则不能再像以前那样是绝对的"。[1]

因此，从印度最高法院的判决来看，印度在司法审判中至少遵循商业交易存在国家行为豁免例外的观点，仅此一点便能基本判别印度当前更加倾向于支持有限豁免的立场。

2. 哈萨克斯坦

由于哈萨克斯坦已经加入《联合国国家及其财产管辖豁免公约》，因此其国家豁免例外的立场是非常清晰的，即针对《联合国国家及其财产管辖豁免公约》第7条至第17条中的事项主张国家豁免。

---

[1] See Civil Appeal No. 7037 of 2004, 09 August 2011, Supreme Court (India).

3. 巴基斯坦

1981 年，巴基斯坦正式出台了《国家豁免条例》，该法中明确在巴基斯坦进行的商业交易和合同纠纷，雇佣合同纠纷，财产的所有权、占有和使用纠纷，专利、商标权纠纷，法人团体的成员资格，仲裁，商用船舶，增值税，关税等纠纷不适用国家主权豁免。值得关注的是，巴基斯坦对国家豁免的商业交易例外所采取的认定标准为"目的标准"。例如《国家豁免条例》第 5 条规定，在本条中，"商业交易"指任何提供货物或服务的合同；为提供资金而进行的任何贷款或其他交易，以及就任何该等交易或任何其他财务义务进行的任何担保或赔偿；一国参与或从事的任何其他交易或活动，无论是商业、工业、金融、专业或其他类似性质的交易或活动，而不是行使其主权权力。[1]

（三）未知：吉尔吉斯斯坦、塔吉克斯坦、乌兹别克斯坦

当前，笔者暂无法检索到吉尔吉斯斯坦、塔吉克斯坦、乌兹别克斯坦三国的国家豁免立法与相关判例。

二、国家豁免例外的"private person"标准

国家的商业交易行为等私行为往往不能在外国法院享有国家行为豁免，这是由国家豁免的特质决定的。国家豁免存在的最有力的理由就是国家主权、独立、平等和尊严原则，这是国家豁免或称主权豁免的坚实国际法律基础，国家豁免源于主权，意味着在两个平等者之间，一方不能对另一方行使主权意志或权力（*par in parem imperium non habet*）。但是，随着全球化的加深，国家越来越多地参与国际贸易和其他商业活动之中。在这些活动中，国家进行的私行为并不带有主权性质。正如 1886 年佛罗伦萨上诉法院审理的"古蒂雷斯诉埃尔米利克案"（*Guttieres v. Elmilik*）中法院所论述的："当不涉及这些高度特权时，当政府作为一个民事机构而下降到合同和交易的范畴，以便像任何私人那样获得权利和承担义务时，它的独立性就无关紧要了……在此时，国家与意大利的其他自然人或法人同化，不

---

〔1〕 See Article 5 of The State Immunity Ordinance, 11 March 1981, Pakistan.

属于意大利王国的一部分。"[1]与此相类似，有非常多案例认同了名为 "private person" 的这一判断标准，认为国家的私行为（*Acta Jure Gestionis*）与公行为（*Acta Jure Imperii*）不同，私行为在外国法院受诉时，国家主权不会因此受到损害。[2] 1972 年《欧洲国家豁免公约》甚至直接规定了 "private person" 标准，作为国家豁免例外的判断依据。[3]

然而，驻外执法及武装力量由于其特殊性，成了 "private person" 标准的骑墙之作。一方面，与国家机关一般的商业交易、贸易往来不同，执法机关、部队的商业交易行为确实属于私行为，但其在东道国购买衣物、装备、子弹乃至军用载具，带有极强的政治和主权色彩。并且，以美国政府为代表的海外军事行动强国雇佣了越来越多的民间合同雇员来履行以前由部队成员履行的职责。这些承包商构成部队的一个组成部分，提供前所未有的各种基本服务，包括为军事行动提供后勤支持、管理监狱和进行审讯、为人员和车队提供武装护送、进行一般治安工作等等。这些不属于"军人"范畴的海外军事行动的参与者，非常容易在东道国涉及与派遣国间的雇佣法律关系诉讼，此时同样并不能简单地将其与其他政府机关的雇佣活动一概而论。另一方面，安全合作中最容易引发争议和东道国舆情的就是非商业性侵权行为，此种国家行为往往与执法人员、部队成员的"公务行为"联系密切，执法人员、部队成员能够在刑事层面基于习惯国际法而享有属事刑事豁免。但民事层面，目前的发展趋势是政府机关成员的人身侵权行为被认为不具有主权性质，国家不能享有主权豁免。然而，驻外执法及武装力量的特殊性就在于其活动特征就是执法力量、武装力量的投放，在执行执法任务、军事任务时难免会涉及对生命权、健康权的故意或者过失侵害，这种侵权行为由于基于执法或军事目的，实质上是带有主权

---

［1］ *Guttieres v. Elmilik*, *Supplement to the American Journal of International Law*, Vol. 26, 1932, p. 622.

［2］ 例如"伊朗帝国案"（*Empire of Iran case*）、"斯坦梅茨诉匈牙利案"（*Steinmetz v. Hungarian People's Republic*）、"德州贸易诉尼日利亚案"（*Texas Trading. Milling Corp v. Federal Republic of Nigeria*）等。See also Xiaodong Yang, *State Immunity in International Law*, Cambridge University Press, 2012, p. 61.

［3］ 参见《欧洲国家豁免公约》第 7 条第 1 款："如果缔约国在法院地国领土上拥有一个办事处、机构或其他实体，并以与私人相同的方式从事工业、商业或金融活动，而且诉讼程序涉及该办事处、机构或实体的这一活动，则缔约国不得要求另一缔约国法院的管辖豁免。"

意义的。如果与一般性的政府机关不加区分，其实是与国家豁免的目的背道而行。

三、安全合作中的商业交易行为例外

《联合国国家及其财产管辖豁免公约》第 10 条第 1 款规定了商业交易属于国家行为豁免的例外："一国如与外国一自然人或法人进行一项商业交易，而根据国际私法适用的规则，有关该商业交易的争议应由另一国法院管辖，则该国不得在该商业交易引起的诉讼中援引管辖豁免。"[1]加之公约第 2 条第 1 款的 c 项对何为"商业交易"进行了界定："'商业交易'是指：（一）为销售货物或为提供服务而订立的任何商业合同或交易；（二）任何贷款或其他金融性质之交易的合同，包括涉及任何此类贷款或交易的任何担保义务或补偿义务；（三）商业、工业、贸易或专业性质的任何其他合同或交易，但不包括雇用人员的合同。"以及第 2 条第 2 款规定了"商业交易"的界定标准："在确定一项合同或交易是否为第 1 款（c）项所述的'商业交易'时，应主要参考该合同或交易的性质，但如果合同或交易的当事方已达成一致，或者根据法院地国的实践，合同或交易的目的与确定其非商业性质有关，则其目的也应予以考虑。"可见，《联合国国家及其财产管辖豁免公约》在面对争论已久的"目的标准"及"性质标准"之争时，最终采取了妥协的态度，也即实行的是双重标准：以性质标准为先，如果有合意以及法院地国实践倾向于目的标准，则需考虑目的标准。因此，从公约的文本出发，除非另有协议安排，要判定执法机关或部队与东道国、第三国自然人或法人进行的行为是否属于商业交易行为，需判断法院地国的实践倾向而决定采"性质标准"或"性质+目的标准"。

理论上说，"目的标准"（The "Purpose" Approach）指的是如果一项行为符合一个主权目的，那么它将被归类为一项主权行为，也即将国家参与商业交易是以营利为目的还是以公共利益为目的的作为判断标准。如果基于这一标准，驻外执法及武装力量采购货物当然是基于主权的目的，而非进行营利。正因如此，1872 年，法国巴黎上诉法院在一起涉及为军队购买勋

---

〔1〕《联合国国家及其财产管辖豁免公约》第 10 条第 2 款罗列了两种例外情形："第 1 款不适用于下列情况：（a）国家之间进行的商业交易；或（b）该商业交易的当事方另有明确协议。"

章的案件中，判决马克西米利安大帝享有管辖豁免。[1]而在国家豁免的现行法律和实践中，占最主要地位的是"性质标准"（The "Nature" Approach），即豁免问题的决定因素是外国特定行为的性质，而不是目的。如果该行为的性质是一项商业或私法行为，则该行为不享有豁免权，即使该行为可能为某一主权或公共目的服务。比如美国《外国主权豁免法》第1603条第4款规定："'商业活动'是指一般的商业行为过程或特定的商业交易或商业行为。活动的商业性质应参照行为过程或特定交易或行为的性质来确定，而不应参照其目的来确定。"在"性质标准"下，驻外执法及武装力量的采购行为仍是私法行为，故而不享有国家豁免。

事实上，国家实践中尤其对于部队的采购行为是否是一种商业行为在历史发展中观点也逐步达成一致，即部队的采购物资行为构成商业行为。当然，早期关于军队采购的国家实践仍旧是基于"目的标准"的，如法国1849年审理的关于军队购买军靴的"西班牙政府诉卡索案"（*Gouvernement espagnol v. Cassaux*），进而得出结论军队享有国家豁免。[2]而进入19世纪和20世纪之交，各国的司法实践已然趋向购买军靴甚至弹药属于商业行为。比如1888年比利时审理的关于军队购买子弹的"弹药制造公司诉保加利亚战争部部长上校"（*Société pour la fabrication des cartouches v. Col. M. Ministre de la Guerre de Bulgarie*）一案，[3]1926年意大利法院审理的关于军队购买军靴的"罗马尼亚诉意大利特鲁塔案"（*Rumania v. Trutta*），[4]再比如2002年英国法院审理的涉及美军驻英国空军基地采购食品的"格柏产品公司诉格柏食品国际有限公司案"（*Gerber Products Company v. Gerber Foods International Ltd.*）等。[5]

而时至现在，购买和销售武器、弹药、军事装备和军事物资以及提供

---

〔1〕 参见张露藜：《国家豁免专论》，中国政法大学2005年博士学位论文。

〔2〕 See Sompong Sucharitkul, *State Immunities and Trading Activities in International Law*, Stevens & Sons Ltd., 1959, pp. 9-10.

〔3〕 See *Société pour la fabrication des cartouches v. Col. M. Ministre de la Guerre de Bulgarie*, Belgium, 1888, Pasicrisie Belge, 1889-III-62.

〔4〕 See *Rumania v. Trutta*, *Supplement to the American Journal of International Law*, Vol. 26, 1932, p. 626.

〔5〕 See Gerber Trade Marks, *Reports of Patent*, *Design and Trade Mark Cases*, Vol. 120, Issue 1, 2003, pp. 1-13.

相关服务都被美国、英国、法国、比利时、澳大利亚等国认为其属于国家
行为豁免的商业交易行为例外。2004 年美国上诉法院第九巡回法院审理的
"国防部诉库比克国防公司案"（*Ministry of Defense v. Cubic Defense*）中，法
院援引了《外国国家豁免法内部报告》（FSIA House Report），[1]指出：
"采购军事物资的合同，尽管显然是供公共使用，但实际上是商业性质
的。"[2]并且，法院提及了 1985 年第八巡回法院审理的"麦道公司诉伊朗
伊斯兰共和国案"（*McDonnell Douglas Corp. v. Islamic Republic of Iran*），该案
中法院就认为："主权国家购买并将货物用于军事用途的目的并不能将交
易置于主权豁免的'商业'例外之外"，[3]以及 1999 年美国哥伦比亚特区
地方法院审理的"弗瑞特国际国防与发展公司诉摩尔多瓦共和国案"
（*Virtual Defense and Dev. International*，*Inc. v. Republic of Moldova*），该案中法
院指出："出售 MiG-29 战斗机的合同属于《外国国家豁免法》的商业活
动。"[4]在 2006 年美国上诉法院第十一巡回法院审理的"格瓦拉诉秘鲁
案"（*Jose Guevara v. Republic of Peru*）中，法院更是将这一问题进行了极致
的推演，讨论了一个假想的合同，该合同中其中一个主权国家以"从私人
制造商那里购买子弹……以在预定的交付日期之前向邻国宣战"来作为其
付款的条件，并得出结论说"宣战……不会改变子弹购买和支付行为的商
业性质"。[5]可见，美国司法实践对于军队购置物资属于国家豁免商业交
易行为例外的态度是果决的。

四、安全合作中的雇佣合同行为例外

合同雇员基于民事的雇佣关系而提起诉讼，并以执法机关、部队或国
家为被告时，能否享有国家豁免权，则是与部队地位协定之下合同雇员的
刑事管辖权全然不同的问题。《联合国国家及其财产管辖豁免公约》第 11

---

〔1〕　"外国政府为其武装部队购买粮食或设备的合同……构成商业活动。"See FSIA House
Report at 16.

〔2〕　*Ministry of Defense v. Cubic Defense*，385 F. 3d 1206，1220（9th Cir. 2004）.

〔3〕　*McDonnell Douglas Corp. v. Islamic Republic of Iran*，758 F. 2d 341，349（8th Cir. 1985）.

〔4〕　*Virtual Defense and Dev. International*，*Inc. v. Republic of Moldova*，133 F. Supp. 2d 1，7–8
（D. D. C. 1999）.

〔5〕　*Jose Guevara v. Republic of Peru*，468 F. 3d 1289，1298–1299（11th Cir. 2006）.

条规定："除有关国家间另有协议外，一国在该国和个人间关于已全部或部分在另一国领土进行，或将进行的工作之雇用合同的诉讼中，不得向该另一国原应管辖的法院援引管辖豁免。"[1]

如果我们把视线投向国家豁免雇佣合同行为例外的国家实践，会惊人地发现雇佣合同法律关系是否能成为国家豁免的例外的判断规则与商业交易行为背道而驰，即往往不侧重"性质"而侧重于"目的"。大使馆雇会计和普通企业雇会计有什么区别？为大使开车和为普通人开车有区别吗？从本质上讲，这样的会计工作和司机工作是不可能不同的，只有为谁工作才能使他们与众不同。换句话说，雇佣关系的目的突然变得至关重要。正如著名的"森格普塔诉印度案"（*Sengupta v. India*），布朗·威尔金森法官提出了经典的关于雇佣合同例外的论断："诚然，任何个人都可以雇用另一个人，即可以订立雇佣合同。因此，从这个意义上说，签订雇佣合同是一种私人行为。但是，当人们审视申请人的合同履行涉及什么时，合同的履行很显然是外国行使其主权职能的一部分，在这种职能中，申请人本人无论级别多低，都必须遵守其雇佣合同的条款……在使馆工作的合同即是参与外国主权国家公共行为的合同。解雇申请人是为了履行这一公共职能，即执行任务而做出的行为。因此，解雇此类人员的公平性很可能涉及法庭对英国外交代表机构内部管理的调查……这完全不符合主权尊严并且干涉了其主权职能。"[2]

加拿大最高法院1992年审理的"关于加拿大劳工法案"，原告是一名加拿大公民，被位于纽芬兰阿真舍的美国海军基地雇佣为采购代理人，下级法院否认了国家豁免权，理由是服务合同的订立是商业性质的行为，而

---

〔1〕《联合国国家及其财产管辖豁免公约》第11条第2款罗列了六种例外情形："第1款不适用于下列情况：（a）招聘该雇员是为了履行行使政府权力方面的特定职能；（b）该雇员是：（一）1961年《维也纳外交关系公约》所述的外交代表；（二）1963年《维也纳领事关系公约》所述的领事官员；（三）常驻国际组织代表团外交工作人员、特别使团成员或获招聘代表一国出席国际会议的人员；或（四）享有外交豁免的任何其他人员；（c）诉讼的事由是个人的招聘、雇用期的延长或复职；（d）诉讼的事由是解雇个人或终止对其雇用，且雇用国的国家元首、政府首脑或外交部长认定该诉讼有碍该国安全利益；（e）该雇员在诉讼提起时是雇用国的国民，除非此人长期居住在法院地国；或（f）该雇员和雇用国另有书面协议，但由于公共政策的任何考虑，因该诉讼的事由内容而赋予法院地国法院专属管辖权者不在此限。"

〔2〕 *Sengupta v. India*, England, 1982, [1983] ICR 221, 228-229.

法院明确拒绝考虑雇佣关系的目的。但最高法院推翻了这一判决，认为海军基地的雇佣关系是多方面的，既有主权方面的，也有商业方面的。而且，由于本案中的行为涉及雇佣关系的主权方面，故而享有豁免权。因此，尽管雇佣合同本身具有与商业领域类似的权利和义务，但军事基地的管理和运作无疑是一项主权活动，因为不能否认军事基地的主权目的。[1]

在 1995 年英国法院审理的"利特尔诉美国"一案中，原告声称，他在位于英国的美国空军基地医院没有得到应有的治疗，当时他正在美国军队服务。法庭支持了美国管辖豁免的主张。霍夫蔓法官在判决中仍然强调了案件的背景，他指出，行为发生的背景是美国在英国境内对美国空军的维护。这一背景对案件起决定性的作用。在这一背景下所实施的行为包括运输弹药等明显是履行主权权力的行为和从当地牛奶场为基地订购牛奶或飞行员离岗时在公路上因驾驶不当造成的事故等非主权行为。他认为，在区别案件的性质时，并不存在单一的验证标准或明显的界限。相反，诸多的因素决定了行为的性质是否接近军队的核心行为。[2]

在 1959 年"弗朗西斯基耶洛诉美国案"（*Francischiello v. The Government of the United States of America*）中，法院在驳回一名曾受雇于意大利一个美国海军基地的电梯服务员和信使的意大利公民的诉请时指出："雇员所做工作的性质是无关紧要的，它可能纯粹是手工工作，因为重要的是提供工作的人和工作的目的。"[3]

由此观之，与商业行为例外不同，对于雇佣合同行为国家实践中比较普范的情形是采取"目的标准"。而多数情况下法院只要面对与主权密切相关的军队或军事基地为雇佣合同主体的案例，则会直接通过"目的标准"的检验而得出享有国家豁免权的结论。但亦有案例是判断行为的性质是否接近军队的核心行为，依赖法院的自由裁量。比如说海外军事基地所雇佣的东道国的厨师等由于性质上与军队核心行为偏离较远，可能构成国家行为豁免的例外情形。但总体上来说，绝大部分军队的雇佣行为仍然是享有国家豁免的，这也能推出绝大部分执法机关的雇佣行为也享有国家

---

〔1〕 See *Re Canada Labour Code*, [1992] 2 S. C. R. 50.
〔2〕 参见张露藜：《国家豁免专论》，中国政法大学 2005 年博士学位论文。
〔3〕 E. Lauterpacht ed., *International Law Reports*, Cambridge University Press, Vol. 28, 1963, p. 158.

豁免。

五、安全合作中的非商业侵权行为例外

国家行为豁免中的非商业侵权例外可以说是目前国家行为豁免例外中最复杂的一个话题，太多悬而未决问题的存在使得这一例外情形很难被精准地界定与运用。这一领域涵盖一国或其一个机关或机构对可归因于该国的作为或不作为造成自然人人身伤害或有别于其价值贬值的财产损害的赔偿或补偿责任。国际法委员会关于《联合国国家及其财产管辖豁免公约草案》第12条的评注指出："第12条的范围很广，足以涵盖袭击和殴打等故意人身伤害、对财产的恶意损害、纵火甚至谋杀、政治暗杀。"[1]

（一）一般非商业侵权行为

传统的国际法认为，外国的侵权行为所产生的私人损害赔偿问题属于"国家责任"的范围，应当寻求本国政府行使外交保护以获得救济。[2]但1961年奥地利最高法院审理的"霍卢贝克诉美国案"（*Holubek v. United States*）中，第一次出现了国家实践认为人身侵权不能豁免。该案系因疏忽驾驶外国政府拥有的汽车而造成的交通事故，被告辩称，代表美国大使馆运送邮件构成美国政府的"主权行为"，但法院予以了驳回。法院有一段经典的论述为："我们必须始终看国家机关的行为本身，而不是看其动机和目的……一项行为是私人性质的还是主权性质的，必须始终从法律交易的性质中推断出来，即所采取的行动或由此产生的法律关系的固有性质。"[3]随后，各国的立法趋势开始在豁免立法中将外国的侵权行为列为国家豁免的例外事项，规定国家在人身伤害和财产损害中不得援引管辖豁免。例如美国、英国、奥地利、塞浦路斯、巴基斯坦、加拿大、新加坡和南非等，这些国家过去几乎倾向于坚持更为绝对的国家豁免原则，自从对豁免权实行更多的限制性立法以来，便开始遵循非商业侵权例外领域的限制性

---

〔1〕 Sucharitkul, Fifth Report, *Yearbook of the International Law Commission* 1983, Vol. II（Part 1），p. 40, para. 73.

〔2〕 参见 [英] 詹宁斯、瓦茨修订：《奥本海国际法》（第一卷第一分册），王铁崖等译，王铁崖校，中国大百科全书出版社1995年版，第251页。

〔3〕 *Yearbook of the International Law Commission* 1989, Vol. II（Part 1），p. 62, para. 8.

趋势。

但一国之武装力量仍有其特殊地位，并存在相当广泛的国家实践。比如 1956 年比利时布鲁塞尔上诉法院审理的"'水、气、电和应用'有限公司诉互助办公室案"，系关于在 1945 年 3 月发生的一起汽车事故，该事故发生在一辆英国军用卡车运送部队回国休假途中，该案中法院维持了豁免请求。[1]再比如 1957 年联邦德国施勒斯维希上诉法院审理的"英国豁免案"（*Immunity of the United Kingdom*）中，原告是一个运输承包商，声称在履行他在苏区回收某些武器和执行军事计划的合同时，他的健康受到损害。法院认为，引起原告索赔的事实与英国军队履行主权职能之间有着密切的联系，故而被告英国享有主权豁免。[2]而在最近的 2001 年欧洲人权法院审理的"麦克尔辛尼诉爱尔兰案"中，法院也类似地指出："似乎有一种趋势……限制法院地国的作为或不作为所造成的人身伤害的国家豁免，但……这一趋势可能主要指'可保'人身伤害（'insurable' personal injury），即普通道路交通事故引起的事故，而不是与国家主权核心领域有关的问题，例如士兵在外国领土上的行为，其性质可能涉及影响国家间外交关系和国家安全的敏感问题。"[3]

再比如外国空军飞机在军事行动中在法院地国坠毁，造成地面人员死亡的情况，各国仍倾向于给予外国主权豁免。这方面的国家法院实践包括 2000 年意大利法院审理的"特伦托'意大利运输工人联合会-意大利劳工总联合会'诉美国案"。还有其他涉及人身侵权争议的案例支持了部队行为的国家豁免权，如 1999 年荷兰法院审理的"美国诉代尔夫案尔/埃姆斯哈文港务局案"（*USA v. Havenschap Delfzijl/Eemshaven*）、2002 年日本法院审理的"山口诉美国案"（*Yamaguchi v. U. S.*）以及 2003 年奥地利法院审理的"林茨机场诉美国案"（*Airport Linz v. U. S.*）等。[4]

---

〔1〕 See H. Lauterpacht ed., *International Law Reports*, Cambridge University Press, Vol. 23, 1960, p. 25.

〔2〕 See H. Lauterpacht, E. Lauterpacht ed., *International Law Reports*, Cambridge University Press, Vol. 24, 1961, p. 207.

〔3〕 E. Lauterpacht et al. ed., *International Law Reports*, Cambridge University Press, Vol. 123, 2003, p. 85.

〔4〕 See Xiaodong Yang, *State Immunity in International Law*, Cambridge University Press, 2012, p. 214.

此外，近年来世界各国普遍关注到安全合作中的环境损害问题。玛戈·拉波特的《一切皆有可能：改善国防部海外环境政策的解决方案》提出美国在海外军事基地对环境的影响方面较为重视，海外军事基地和其军事行动所引发的环境方面问题的法律规制，是美国和国家安全政策的重要组成部分，尤其是在全球环境问题上，包括由军事基地引起的森林砍伐、海洋退化、生物多样性丧失、化学污染等。[1]虽然有上述的法律规范，但是美国的海外军事基地引发的损害事件频发。有资料显示，位于日本冲绳群岛普天间川市中心的美国普天间空军基地在 2005 年至 2016 年期间，单单环境污染事件就发生了 156 起。冲绳本岛的施瓦布营地 2002 年至 2016 年发生 43 起污染事件，阿富汗南部的汉森营地 2004 年至 2016 年也发生 71 起污染事件。[2]美国需要对上述的损害行为承担国际损害责任，并通过支付赔偿金等方式来承担。但同样需要注意的是，如果派遣国在东道国的国内法院被诉要求民事赔偿，则依据前文所述，驻外部队由于基地建设或者军事活动而发生环境致害，此种行为的性质与主权的联系非常紧密，理论上应予豁免。

（二）强行法罪行衍生出的非商业侵权行为

更为棘手的话题集中在警察、军队违反强行法罪行衍生出的侵权损害赔偿，此种情况下是否能够依旧享有国家豁免，国际法院 2012 年审理的"国家管辖豁免案"细致地分析了这一问题。2008 年 12 月 23 日，德国对意大利提起诉讼，要求法院宣布意大利没有尊重德国根据国际法享有的司法管辖豁免权，因为它允许在意大利法院对其提起民事诉讼寻求赔偿德意志第三帝国在第二次世界大战期间因违反国际人道主义法而造成的损害。此外，德国还要求国际法院宣判意大利支持希腊法院关于"Distomo"一案的判决在意大利得到执行的行为，进一步侵犯了德国的豁免权。

但是，国际法院在检索广泛的国家实践后认为，习惯国际法并不把一

---

[1] See Margot Laporte, "Being All It Can Be: A Solution to Improve the Department of Defense's Overseas Environmental Policy", *Duke Environmental Law Policy Forum*, Vol. 20, No. 1, 2010, pp. 203-244.

[2] 参见孙立华、刘依墨：《军事污染之痛》，载《百科知识》2017 年第 24 期。

国享有豁免的权利视为取决于它被指控的行为的严重性或它被指控违反的规则的强制性。例如在 2004 年加拿大安大略省上诉法院审理的关于严重违反国际人权法、战争罪或危害人类罪的 "布扎里诉伊朗伊斯兰共和国案"（*Bouzari v. Islamic Republic of Iran*），2002 年法国巴黎上诉法院审理的关于危害人类罪的 "伐木工人案"（*the Bucheron case*），2010 年波兰最高法院审理的关于战争罪和危害人类罪的 "纳托涅夫斯基案"（*Natoniewski*）以及 2007 年英国审理的关于酷刑的 "琼斯诉沙特阿拉伯案" 等。[1]并且，联合国大会第六委员会工作小组在编纂《联合国国家及其财产管辖豁免公约草案》时在其 1999 年的报告中指出："现在对工作小组而言并非是一个成熟的时机来介入这一问题使其成文化。"[2]在第六委员会随后的辩论中，没有任何国家建议在《联合国国家及其财产管辖豁免公约》中列入对豁免的强行法限制。这段历史表明，在 2004 年通过《联合国国家及其财产管辖豁免公约》时，各国并不认为习惯国际法已经通过强行法来限制国家豁免。欧洲人权法院 2001 年审理的 "阿尔阿德萨尼诉英国案" 中，法院审视了条约与国家实践，指出："尽管禁止酷刑在国际法中具有特殊性质，但作为一个国际法问题，法院在国际文书、司法当局或其他材料中，无法找到任何坚实的依据来断定一国不再享有在另一国法院提起民事诉讼指控酷刑行为的豁免权。"[3]

国际法院更进一步论证："强行法规则与要求一国给予另一国豁免权的习惯法规则之间不存在冲突……这两套规则处理不同的问题，国家豁免规则具有程序性，仅限于确定一国法院是否可以对另一国行使管辖权。它们不涉及提起诉讼的行为是否合法的问题。"[4]因此，法院的结论是，假定意大利法院的诉讼涉及违反强行法规则，关于国家豁免的习惯国际法的适用性也不受影响。

综上而言，即使是在强行法罪行的前提下，驻外执法及武装力量由于

---

〔1〕　See *Jurisdictional Immunities of the State*（*Germany v. Italy；Greece intervening*），Judgment of 3 February 2012, I. C. J. Reports 2012, p. 137, para. 85.

〔2〕　UN Doc. A/C. 6/54/L. 12, p. 7, para. 47.

〔3〕　*Al-Adsani v. United Kingdom*，Application No. 35763/97, Judgment of 21 November 2001, p. 20, para. 66.

〔4〕　*Jurisdictional Immunities of the State*（*Germany v. Italy；Greece intervening*），Judgment of 3 February 2012, I. C. J. Reports 2012, p. 142, p. 140, para. 93.

其极强的主权性质，仍享有在外国法院的国家行为豁免，不存在所谓的非商业侵权行为例外。而驻外执法及武装力量一般的人身侵权和财产侵权，基于现有的国家实践和国际公约文本，也享有在外国法院的国家行为豁免。

安全合作视域下我国域外刑事
管辖的规则完善

2020 年 11 月 16 日至 17 日，中央全面依法治国工作会议在北京召开，习近平总书记在会议上强调，要坚持统筹推进国内法治和涉外法治。要加快涉外法治工作战略布局，协调推进国内治理和国际治理，更好维护国家主权、安全、发展利益。要强化法治思维，运用法治方式，有效应对挑战、防范风险，综合利用立法、执法、司法等手段开展斗争，坚决维护国家主权、尊严和核心利益。要推动全球治理变革，推动构建人类命运共同体。[1]

"军事力量走出去"是具有中国意义、时代意义的话题。这一国防工程的开展过程中，尤其要注重涉外法治工作的开展，协调推进国内治理和国际治理。随着我国国际、区域安全合作的逐步开展，这一现实国防战略要求我们既需注重完善关于驻外军人、文职人员等主体的刑事管辖国内立法，也要在国际法层面运用法治方式保障我国驻外军事力量的利益。在未来部队地位协定的订立问题上，我国应更努力地争取对国际话语规则的引领甚至制定权，在尊重东道国权利的基础上，构建高水平的双边条约范本。

值得一提的是，本书之所以没有再辟专章论述我国对驻外军事力量主张刑事豁免的相关建议，盖因首先管辖是豁免的前置程序，在刑事管辖权分配环节解决问题是上佳之选，假如对驻外军人、文职人员等主体享有刑

---

〔1〕 参见《坚定不移走中国特色社会主义法治道路　为全面建设社会主义现代化国家提供有力法治保障》，载《人民日报》2020 年 11 月 19 日，第 1 版。

事管辖权并实际实现了管辖，那么便无需再主张豁免；其次是本书虽然从理论上论证了驻外部队中的部分主体在习惯国际法上能够享有属事刑事豁免，但毕竟相关实践案例相对有限，且面临习惯国际法识别的举证，存在相当的难度，在实操层面获取东道国的认可仍有不小难度。故此，如果能够在刑事管辖权层面做足工作，那么便能够最大程度保障我国驻外军事力量的利益并实现追责之目的。

第一节　军事域外刑事管辖的国内立法及其完善

海外军事行动中最有可能涉及、也最有规制意义的便是军人域外犯罪的刑事管辖问题。诚如前文所言，我国法律体系之下，"军人"不仅涵盖了现役军官、士兵，也包括文职干部、武警官兵等其他主体，范围较广。从国内法上完善对"军人"域外犯罪的刑事管辖规则，是实现我国海外军事行动中所涉犯罪管辖权的重要保障。除此之外，本节之所以不将海外军事行动中的随军家属、合同雇员纳入讨论，盖因对此种主体的国内刑事管辖与普通公民应无二致，无需进一步加以完善规制。

一、我国军事域外刑事管辖的现行规则

《中华人民共和国国防法》第 68 条至第 70 条规定："中华人民共和国遵循以联合国宪章宗旨和原则为基础的国际关系基本准则，依照国家有关法律运用武装力量，保护海外中国公民、组织、机构和设施的安全，参加联合国维和、国际救援、海上护航、联演联训、打击恐怖主义等活动，履行国际安全义务，维护国家海外利益。中华人民共和国支持国际社会实施的有利于维护世界和地区和平、安全、稳定的与军事有关的活动，支持国际社会为公正合理地解决国际争端以及国际军备控制、裁军和防扩散所做的努力，参与安全领域多边对话谈判，推动制定普遍接受、公正合理的国际规则。中华人民共和国在对外军事关系中遵守同外国、国际组织缔结或者参加的有关条约和协定。"这是关于我国对外军事关系的统摄性规定。

此外，海外军事活动的国防交通保障也有《中华人民共和国国防交通法》的相应规则，如第 38 条中规定："国家驻外机构和我国从事国际运输

业务的企业及其境外机构，应当为我国实施国际救援、海上护航和维护国家海外利益的军事行动的船舶、飞机、车辆和人员的补给、休整提供协助。国家有关部门应当对前款规定的机构和企业为海外军事行动提供协助所需的人员和运输工具、货物等的出境入境提供相关便利。"

2021 年 3 月 1 日起，《国际军事合作工作条例》正式施行。该条例是我军开展国际军事合作工作的基本依据。条例明确了国际军事合作工作的主要任务和合作领域，确立了国际军事合作工作规划计划、风险管控、工作保障以及检查评估等制度，规范了组织实施国际军事合作的程序和方法，为进一步提升新时代国际军事合作的综合效益，推动国际军事合作工作创新发展提供有力保障。《国际军事合作工作条例》为我国遂行海外军事行动提供了规划、制度、程序等多维度的指导和规定。

关于我国驻外军人的刑事管辖问题，需从我国关于军人的刑事实体及程序法当中进行分析。由于我国没有单独的军事刑法典，也没有专门的军事刑事诉讼法，关于军人的刑事责任以及关于军人的刑事管辖规则都被统摄性地规定在了《中华人民共和国刑法》《中华人民共和国刑事诉讼法》及部分部门规章和司法解释之中。

首先，我国的驻外军人需遵守《中华人民共和国刑法》。根据《中华人民共和国刑法》第 7 条属人管辖权的规定，海外军事行动中的国家工作人员、军人、我国公民在我国领域外触犯《中华人民共和国刑法》，仍将适用我国刑法定罪量刑。[1]并且，根据《中华人民共和国刑法》第 10 条对外国刑事判决的消极承认，即使驻外军人已然在外国法院受审，仍不影响其在中国刑法项下刑事责任的追究，仅在外国已经受过刑罚处罚时，可以免除或者减轻处罚。[2]相应地，如果东道国国民或第三国国民对我国驻外军人进行刑事犯罪，我国也可以依据《中华人民共和国刑法》第 8 条保护管辖权进行管辖，条件是所犯罪行最低刑为三年以上有期徒刑，并且其

---

〔1〕　参见《中华人民共和国刑法》第 7 条："中华人民共和国公民在中华人民共和国领域外犯本法规定之罪的，适用本法，但是按本法规定的最高刑为三年以下有期徒刑的，可以不予追究。中华人民共和国国家工作人员和军人在中华人民共和国领域外犯本法规定之罪的，适用本法。"

〔2〕　参见《中华人民共和国刑法》第 10 条："凡在中华人民共和国领域外犯罪，依照本法应当负刑事责任的，虽然经过外国审判，仍然可以依照本法追究，但是在外国已经受过刑罚处罚的，可以免除或者减轻处罚。"

犯罪行为按照犯罪地的法律也需担负刑事责任。[1]

既然驻外军人在中华人民共和国领域外犯罪需要适用我国刑法承担刑事责任，那么随之而来的问题是此处所涉及的"军人"之范畴如何？《中华人民共和国刑法》第450条规定："本章适用于中国人民解放军的现役军官、文职干部、士兵及具有军籍的学员和中国人民武装警察部队的现役警官、文职干部、士兵及具有军籍的学员以及文职人员、执行军事任务的预备役人员和其他人员。"因此，驻外部队中的现役军官、文职干部、士兵等毫无疑问也属于《中华人民共和国刑法》的适用主体范围。

其次，依据1998年中央军委颁布的《中央军委关于军队执行〈中华人民共和国刑事诉讼法〉若干问题的暂行规定》第2条规定："军队保卫部门对军队内部发生的刑事案件依法行使侦查权；军事检察院、军事法院对军内人员犯罪的案件依法分别行使检察权、审判权；法律另有规定的除外。军队和地方互涉的刑事案件依照有关规定办理。"而根据最高人民法院、最高人民检察院、公安部发布的司法解释《办理军队和地方互涉刑事案件规定》第4条，对于军地互涉的案件，基本仍按照军人犯罪还是地方人员犯罪来分别确定由军队保卫部门、军事检察院、军事法院管辖还是由地方公安机关、国家安全机关、人民检察院、人民法院管辖。对于侦查阶段，会区分案件是发生在营区还是发生在营区外。发生在营区的案件，由军队保卫部门或者军事检察院立案侦查；发生在营区外的案件，由地方公安机关或者国家安全机关、人民检察院立案侦查。在查明犯罪嫌疑人系军人还是地方人员之后，再移交对应的机关处理。

此外，关于我国派遣加入联合国维和行动军事人员这一特殊主体的刑事管辖与豁免问题，目前尚无专门的法律法规加以规制，仍应适用《中华人民共和国刑法》《中央军委关于军队执行〈中华人民共和国刑事诉讼法〉若干问题的暂行规定》等法律法规。我们注意到，自2012年5月1日起施行的《中国人民解放军参加联合国维持和平行动条例（试行）》涵盖了我军参加联合国维和行动的各个方面和主要环节，包括总则、职责、派遣与

---

[1] 参见《中华人民共和国刑法》第8条："外国人在中华人民共和国领域外对中华人民共和国国家或者公民犯罪，而按本法规定的最低刑为三年以上有期徒刑的，可以适用本法，但是按照犯罪地的法律不受处罚的除外。"

回撤、教育与训练、管理和保障、奖励与处分等内容。但是，该条例中并无关于我国派遣加入联合国维和行动军事人员的刑事管辖与豁免相关规则。

二、我国军事域外刑事管辖规则的缺陷

我国采纳的是军事刑法规定于刑法典的统一立法模式，已有相当多的军事法学者对其进行了剖析，认为这并非适当的立法模式。大体原因在于军事刑法的理念与普通刑法的理念不同；分则中的军事犯罪应当受总则理论的指导，但两者却未必匹配；军事刑法相较普通刑法更关注一般预防；军事刑法需关注在紧急状态或战争状态下的规则，但纳入普通刑法中过于繁琐；如果军事法院和检察院能享有司法解释权会更具专业性；等等。这一立法模式上的缺陷对于海外军事行动来说同样影响深远，但除此之外，对海外军事行动来说更为重要的部分在于：

其一，目前我国军事法中军队保卫部门、军事检察院、军事法院的管辖对象不足以适用于海外军事行动。根据《中华人民共和国刑法》及最高人民法院、最高人民检察院、公安部发布的司法解释《办理军队和地方互涉刑事案件规定》等规范性文件的规定，"军人"是指中国人民解放军的现役军官、文职干部、士兵及具有军籍的学员和中国人民武装警察部队的现役警官、文职干部、士兵及具有军籍的学员；军人身份自批准入伍之日获取，批准退出现役之日终止。再比如《中央军委关于军队执行〈中华人民共和国刑事诉讼法〉若干问题的暂行规定》第27条规定："本规定所称军内人员，是指人民解放军现役军官、文职干部、士兵和具有军籍的学员、在编职工以及由军队管理的离休、退休人员。"然而，我国未来的海外军事行动中可能涉及随军人员、合同雇员及军人家属为犯罪主体的刑事犯罪，由于其与部队的关系非常紧密，前两者所涉犯罪也极有可能涉及海外军事行动的军事利益、国防利益，若按照现有的中国立法来管辖，则并不属于"军人"或者"军内人员"的范畴，无法被部队地位协定所囊括，根据刑法、刑事诉讼法及有关部门规章也会被归入非军人一类，由公安、人民检察院、人民法院实现侦查、起诉、审判。

其二，海外军事行动中，东道国国民犯罪及东道国国民对驻外部队犯

罪的刑事诉讼程序无法可依。《中央军委关于军队执行〈中华人民共和国刑事诉讼法〉若干问题的暂行规定》第 2 条规定："军队保卫部门对军队内部发生的刑事案件依法行使侦查权；军事检察院、军事法院对军内人员犯罪的案件依法分别行使检察权、审判权；法律另有规定的除外。军队和地方互涉的刑事案件依照有关规定办理。"与该规定第 2 条相衔接的规定是《办理军队和地方互涉刑事案件规定》，其第 2 条明确了适用范围，即适用于下列案件："（一）军人与地方人员共同犯罪的；（二）军人在营区外犯罪的；（三）军人在营区侵害非军事利益犯罪的；（四）地方人员在营区犯罪的；（五）地方人员在营区外侵害军事利益犯罪的；（六）其他需要军队和地方协作办理的案件。"相应地，其第 5 条规定："发生在营区的案件，由军队保卫部门或者军事检察院立案侦查；其中犯罪嫌疑人不明确且侵害非军事利益的，由军队保卫部门或者军事检察院与地方公安机关或者国家安全机关、人民检察院，按照管辖分工共同组织侦查，查明犯罪嫌疑人属于本规定第四条第二款规定管辖的，移交地方公安机关或者国家安全机关、人民检察院处理。发生在营区外的案件，由地方公安机关或者国家安全机关、人民检察院立案侦查；查明犯罪嫌疑人属于本规定第四条第一款规定管辖的，移交军队保卫部门或者军事检察院处理。"

可见，《办理军队和地方互涉刑事案件规定》中规定了"军人在营区外犯罪以及地方人员对军人、军事利益的侵害"受该规定管辖。然而，《办理军队和地方互涉刑事案件规定》中并没有明确何为"地方"及"地方人员"，而"营区"根据《办理军队和地方互涉刑事案件规定》第 20 条，是指由军队管理使用的区域，包括军事禁区、军事管理区，以及军队设立的临时驻地等。对于"营区"，盖因早先中国在吉布提设立的海外保障设施可被解释为"军队设立的临时驻地"，而现行海外保障基地自然也包括"军事禁区""军事管理区"，且该规定第 20 条似并不是穷尽式列举，将海外保障基地解释进"营区"的范畴尚具可行性。至于驻外军人对东道国国民犯罪的刑事诉讼程序，似可参照《办理军队和地方互涉刑事案件规定》，将"地方"扩张解释为"东道国"，而"地方人员"则可以扩张解释为"东道国国民"。但是，此种解释扩张性过强，"地方"一般而言指单一制国家下辖的地区，在军事法的语境中指除开军队管辖的营区之外的国家下辖地区，难以指向国际法范畴下的域外东道国。

此外，即便退一万步，参照现有规定进行对驻外军人的管辖，根据《办理军队和地方互涉刑事案件规定》第 5 条，发生在营区外的案件，由地方公安机关或者国家安全机关、人民检察院立案侦查。这一管辖方式在国内是具有合理性的，可是若涉及海外军事行动，则一方面由于海外军事行动涉及国家军事利益，由军队保卫部门、军事检察院或者军事法院管辖更为合适，另一方面由具体哪一地方公安机关、人民检察院或人民法院管辖并不明确，存在障碍。

三、我国军事域外刑事管辖规则的完善路径

诚如上文所述，目前我国的军事法律体系尚无法涵盖海外军事行动，我国未来制度化、常态化的海外军事行动也将因此处在一种无国内法可依的状态。就驻外部队的刑事管辖问题而言，将《中央军委关于军队执行〈中华人民共和国刑事诉讼法〉若干问题的暂行规定》及《办理军队和地方互涉刑事案件规定》等规范性文件通过法律解释方法扩展适用至驻外部队领域稍显勉强。《中共中央关于全面推进依法治国若干重大问题的决定》明确指出要"健全军事法制工作体制，建立完善领导机关法制工作机构。改革军事司法体制机制，完善统一领导的军事审判、检察制度，维护国防利益，保障军人合法权益，防范打击违法犯罪。"从我国军事法的立法模式出发，重新制定统摄全局的军事刑法、军事刑事诉讼法有较高的立法成本，暂时尚不现实。尽管有学者提出了改革方案，如战时管辖模式或是平战分治管辖模式，[1]但无论何种模式，都与我国海外军事行动的需要有所错位。

譬如战时管辖模式，即军事司法机关平时不管辖刑事案件，只有在战时才管辖军人犯罪案件。但驻外部队是一种平时的军事活动，若适用现行刑事诉讼法，实际上是处于无法可依的状态。而平战分治管辖模式，即军事司法机关平时只管辖"纯军事犯罪案件"，战时则管辖军人所有的犯罪案件。"纯军事犯罪案件"与公务犯罪互有关涉，但公务犯罪又基于习惯国际法享有在外国法院的属事豁免权。因此，平战分治管辖模式之下"纯军事犯罪案件"可能面临不少与国际法直接相关，且需要和东道国进行刑

---

〔1〕　参见李佑标：《试论军事刑事司法改革的路径》，载《河北法学》2015 年第 8 期。

事司法合作的事宜，现行的规定远远不够。更关键的是，何为公务犯罪或者说何为"纯军事犯罪案件"本就是在海外军事行动中较为模糊、容易引发派遣国和东道国间争议的事项，常常需要个案判断。如果某种犯罪行为，时而是公务犯罪由地方普通司法机关管辖，时而是普通刑事犯罪由军事司法机关管辖，那么法律的确定性将受到极大的影响。

其中一个可能的做法是制定单行的《军事域外管辖法》以调整海外访问部队及海外军事行动中的刑事管辖。在这方面，美国提供了一个比较典型的参照。美国《统一军事司法法典》总括性地规定了武装部队的刑事实体和程序事项，海外武装部队亦是受其规制的主体。例如，根据《统一军事司法法典》第2条第1款的第11项和第12项，下列人员是受《统一军事司法法典》管辖的：按照美国签订或者加入的条约或者协定，或者承认的国际法则，在美国本土以及巴拿马运河区、波各黎多、关岛和维尔京群岛以外的武装力量中服务、受雇或者随军的人员；按照美国签订或者加入的条约或者协定，或者承认的国际法则，在美国本土以及巴拿马运河区、波各黎多、关岛和维尔京群岛以外的，由有关军种的部长管理的美国租借或者保留，或者拥有使用权的地区之内的人员。2000年《军事域外管辖权法》实际上是在此之外补充调整了驻外部队随军人员及合同雇员的刑事管辖事项，使得对军事域外管辖问题的规制更具针对性。[1]基于《军事域外管辖权法》，美国成功地起诉了不少驻外部队随军人员及合同雇员，例如随军人员拉塔莎·阿恩特（Latasha Arnt）于2003年5月被控在土耳其印吉利克空军基地刺死她的丈夫。再例如，2015年4月13日，私人国防承包商黑水公司（Blackwater USA）的四名前雇员基于《军事域外管辖权法》被裁定2007年9月16日对14名伊拉克平民进行屠杀，其中3名被告被判处30年徒刑，另一人被判无期徒刑。他们当时被安排保卫巴格达市中心的尼索尔广场，他们向一群手无寸铁的平民开火，总共有14名伊拉克人被

---

[1] See 18 U.S. Code § 3261, "Criminal offenses committed by certain members of the Armed Forces and by persons employed by or accompanying the Armed Forces outside the United States": (a) Whoever engages in conduct outside the United States that would constitute an offense punishable by imprisonment for more than 1 year if the conduct had been engaged in within the special maritime and territorial jurisdiction of the United States— (1) while employed by or accompanying the Armed Forces outside the United States; or (2) while a member of the Armed Forces subject to chapter 47 of title 10 (the Uniform Code of Military Justice), shall be punished as provided for that offense.

杀，17 人受伤。[1]

最值得一提的是，《军事域外管辖权法》系统地阐释了何为"美国驻外部队的军队雇员"（persons employed by the Armed Forces outside the United States）以及"美国驻外部队的随军人员"（persons accompanying the Armed Forces outside the United States）。"美国驻外部队的军队雇员"包含了国防部、任何其他联邦机构或任何临时当局的文职雇员，只要这种雇佣与支持国防部的海外任务有关；国防部、任何其他联邦机构或任何临时当局的承包商（包括任何级别的分包商）及其雇员，只要这种雇用与支持国防部的海外任务有关。同时，上述人员需满足两个条件，即系基于此种雇佣关系相关的原因而工作或居住于美国境外，且并非东道国国民或普通居民。"美国驻外部队的随军人员"则包含了武装部队成员、国防部的文职雇员、国防部承包商（包括任何级别的分包商）或国防部承包商（包括任何级别的分包商）员工的眷属（dependent）。同时，上述人员需满足两个条件，即与美国境外的部队成员、文职雇员、承包商或承包商雇员共同居住，且并非东道国国民或普通居民。[2]

而我国采取制定单行《军事域外管辖法》的方案目前尚不具实践基础，可行性相对欠缺，盖因我国目前仅吉布提海外保障基地具有常态化的军事力量派驻，且并无刑事案件的出现，在军纪管控等方面都做得比较出色，即使将来有零星刑事案件的出现，为此而特别制定单行《军事域外管辖法》的立法成本仍然较高，不足为取。因此，于我国而言，比较妥善的做法是在现有法律规定的基础上加以修缮，力争覆盖海外军事行动中的刑事管辖问题。

例如，可以在现有《中央军委关于军队执行〈中华人民共和国刑事诉讼法〉若干问题的暂行规定》的基础上增加海外军事行动中随军人员和承包商的定义。除了对两类特殊主体的定义，还可以有相较美国《军事域外管辖权法》更为细致的条款。首当其冲的就是对于管辖的确定，应当明确的是，如上文所述之缘由，对于驻外部队、部队文职人员、驻外部队的军队雇员、驻外部队的随军人员皆当由军队保卫部门对军队内部、涉及东道

---

〔1〕 See "Judge Sentences Ex-Blackwater Guards in 2007 Iraq Massacre"，载 https://www. news-observer. com/news/article18404711. html，最后访问日期：2020 年 6 月 29 日。

〔2〕 See 18 U. S. Code § 3267, "Definitions".

国国民的刑事案件依法行使侦查权，军事检察院、军事法院对军队内部、涉及东道国国民的刑事案件依法分别行使检察权、审判权。对于《办理军队和地方互涉刑事案件规定》中"地方"和"地方人员"难以扩大解释为"东道国"和"东道国国民"的问题，亦可在该规定中稍作修改，增加涉外军地互涉问题的条款。级别管辖方面，军事刑事审判级别管辖是以被告人的职务等级作为划分依据的，驻外部队领域可参照执行，同时可视驻外部队的未来发展规模而考虑设立专门的侦查机关、检察机关和审判机关，实现专属管辖。其次是可以考虑逐渐立法明确海外军事行动中涉及的刑事司法合作等问题，如驻外部队的属事豁免权、公务犯罪的确定主体、犯罪人员的移送等。最后，对于回避、辩护与代理、证据、强制措施等一般问题，笔者认为似可规定参照现行刑事诉讼法执行。

第二节　中国与上海合作组织国家刑事管辖权分配的国际法保障

对于中国而言，除了在上海合作组织的范围内实现更高效、法治化的安全合作，同时也是为了更有效率地执行域外执法、护航、撤侨、维和及打击海盗等行动，维护国际战略通道的安全，并且在未来实现制度化、常态化的安全合作比如继续推进海外保障基地的建设、中老缅泰湄公河联合巡逻执法等，乃至各种纷繁的海外军事行动、跨境联合执法，军人和执法人员的派遣都是难免的，这之中关于军人、部队文职人员、合同雇员、军人家属、警察、国安人员等主体的管辖权分配都是最为关键的问题之一。从国际法的维度出发，我国需要构建刑事管辖权分配的相关条约、条款，并创新刑事管辖权分配规则。

一、中国与上海合作组织国家刑事管辖权分配的模式选择

首先，与东道国签订部队地位协定进行管辖权的分配是海外军事行动之必须。虽然驻外军人、文职人员可以依据习惯国际法，在双边或多边条约缺失的情况下享有属事刑事豁免，但是例如军人家属等主体由于绝大情况下其行为不涉及行使主权和政府权力要素，其能否在东道国法院主张属事刑事豁免以及派遣国能否对其行使刑事管辖权处于模糊状态，容易引起

管辖权的争议，甚至造成不必要的外交成本。我们应当认识到，从国际法的角度出发，对于"以官方身份从事的行为"我们基于双边条约积极主张优先管辖权是符合习惯国际法的，这在根本上是由于军人的域外犯罪存在不同于普通人域外犯罪的特质。

我们权且不论驻外部队内部军人对军人的犯罪，或者驻外部队中有主体实施针对本国的政治犯罪、军事犯罪，这些犯罪行为由于更多的是侵害到派遣国本国的利益，且与东道国之间的联系极为松散而没有必要由东道国进行司法管辖。即便是驻外部队中有主体对东道国国民犯罪，我们也不能忽视犯罪军人、文职人员本身关涉军事利益，比如知悉军事秘密、情报甚至可能影响本国重大军事利益的绝密信息。在此种情形下，案件若由犯罪地国管辖，不啻将本国军事秘密置于一个并不安全的境地。并且，军人域外实施的普通犯罪不仅是触犯刑法的行为，同时也对军队纪律构成了挑战。若案件由犯罪地国管辖，判决结果畸轻，从本国法律的视角观察，罪和刑不相适应，可能会对本国军人的报应观念产生消极作用，进而影响到本国刑法与军队纪律的威慑力。[1]

其次，在管辖权的分配模式上，我国似可采纳《北约部队地位协定》的并存管辖权模式，或者在《北约部队地位协定》的并存管辖权模式基础上进行修缮。其原因在于北约模式目前来说仍是世界各国海外军事行动中采纳频次最高的一种，具备广泛的接受度，而这大抵是缘于其互惠性和公平性。反观美国早期主张的"船旗国法"及晚近力主推进的"专属管辖模式"，其核心在于将一切与驻外部队相关的刑事管辖权甚至民事管辖权都归于派遣国，极大地拉升了谈判的难度，而且难免造成东道国国内舆情的反感。例如 2012 年 3 月 17 日，在阿富汗楠格哈尔省，200 多名阿富汗学生走上街头，抗议 3 月 11 日 1 名美军士兵闯入附近村庄，开枪打死包括妇女和儿童在内的 16 名阿富汗平民，[2]其根本原因就是基于专属管辖模式，美国坚持在国内审判肇事者。再如 2016 年 4 月，日本冲绳发生一起驻地美军工作人员强暴并杀害当地女性案件，该案在日本当地引起巨大反响，民众多次组

---

〔1〕 参见薛洪：《军人域外犯罪刑事管辖特点探析》，载《西安政治学院学报》2014 年第 6 期。

〔2〕 参见青木等：《美军强推"治外法权"一百年屡酿惨案》，载《环球时报》2012 年 3 月 20 日，第 7 版。

织游行抗议,约 6.5 万名日本民众 6 月 19 日在日本冲绳县那霸市举行集会,悼念遭美军人员杀害的冲绳女子。[1]造成这一汹涌舆情的根本原因便是之前大量类似事件都未能在东道国日本进行审判,比如 1995 年 3 名美军性侵 12 岁冲绳少女,结果被引渡回国轻判。因此,在刑事管辖的问题上保持谦抑是中国从美国海外驻军的历史中可以吸取的经验教训。

此外我们需注意到,目前以美国为首的世界海外驻军强国普遍遇到的难题就是东道国国内舆情对驻外部队刑事豁免权的反感,这在阿富汗、伊拉克、日本和韩国等尤为显著。然而,从媒体、东道国民众的诉求来看,问题真正的关键并不在程序意义上的豁免权本身,而在于实体层面的责任承担。比如俄罗斯《真理报》称:"美军在他国的'治外法权'就像一份'犯罪邀请函',美国兵犯罪,却很少被处罚。"法新社称:"2005 年 11 月,驻伊拉克的美军士兵在哈迪塞镇杀死 24 名平民,但最终结果是犯下罪行的美军人员在美国军事法院接受了审判,其中 7 人被宣判无罪,1 人被宣判监禁 90 天,而且并没有得到执行。"[2]

我们要清楚的是,享有习惯国际法上属事刑事豁免或者部队地位协定下的刑事豁免权并不意味着有关的主权国家不用承担国家责任,有关的国家官员免于刑事责任。豁免权只是从程序上阻断,不影响实体意义上的法律责任。反过来说也是一样,尽管对其官员放弃豁免权,但根据国际法,该官员的国家对其以官方身份所采取的行动并不免除责任。因此,原则上不能免除享有豁免的人的刑事责任,只是要追究这种责任更困难一些。国际法院在其"逮捕令案"的判决中强调:"现任外交部长享有管辖豁免并不意味着他们在可能实施罪行后不受惩罚……刑事管辖豁免和个人刑事责任是两个完全分离的概念。管辖豁免是程序性质的,刑事责任则是实体法问题。管辖豁免可能阻止在某一时期或对某些罪行提出起诉;但不能免除享有豁免的人的所有刑事责任。"[3]驻外美军被广泛质疑,其中的根本原

---

〔1〕 参见《日本冲绳 6.5 万人集会抗议驻日美军残虐暴行》,载 http://www.xinhuanet.com/world/2016-06/20/c_ 129075377.htm,最后访问日期:2021 年 1 月 30 日。

〔2〕 参见青木等:《美军强推"治外法权"一百年屡酿惨案》,载《环球时报》2012 年 3 月 20 日,第 7 版。

〔3〕 *Case concerning the Arrest Warrant of 11 April 2000*(*Democratic Republic of the Congo v. Belgium*),Judgment of 14 February 2002, I. C. J. Reports 2002, para. 60.

因并不在于管辖权，而在于因公务行为而豁免东道国法院管辖的驻外美军在美国本土的军事法庭上往往受到的是罪轻甚至是无罪审判，这才极大地引起了东道国的舆情反感。

因此，真正需重视的是，中国未来在上海合作组织安全合作乃至其他海外军事行动中发生的任何个体的刑事犯罪，一旦主张刑事豁免，在引渡回国内军事法庭受审时都应恪守正当程序原则，依法裁判、合理裁判，争取形成与美国驻外部队的显著对照，打破中国海外军事行动"威胁论"的质疑。尽可能在双边部队地位协定中于并存管辖模式的基础上增添互惠性、平等性的管辖权条款，方能实现中国安全合作之目的。与此同时，也可以考虑订立 A&T 协定的方案，由于此方案采用了双方之间已经在使用的众所周知的制度甚至可以说是习惯国际法规则，而不是制造新的未经检验的制度，这对于加快谈判和避免争议都是非常有价值的。

正如王毅部长在答中外记者问时所言："咄咄逼人从来不是中国的传统，国强必霸压根不是我们的选择……中国必将走向强大，但不会更加强硬。中国崇尚独立自主，但不会独断专行。中国当然要坚定维权，但不会谋求霸权。不管发展到什么程度，中国都会根据事情本身的是非曲直作出公正的判断，都将坚持在国际法框架下依法行事。"[1]

二、中国与上海合作组织国家刑事管辖权分配的规则创新

如前所述，对于并存管辖模式之下具有争议性质的话题，中国不妨适当予以创新规制，不仅实现获取管辖权之目的，同时引领相关领域国际规则的制订。

笔者在此以公务行为的界定为例。由于目前相关协定普遍未对"公务"进行明确的解释，目前主流观点有两者，其一是倾向于严格的定义即"限于公务行为"，[2]其二则是美国立场即履行公务所附带的任何作为或不

---

〔1〕　十三届全国人大二次会议，王毅就"中国的外交政策和对外关系"相关问题回答中外记者提问。参见刘卫东、范梦：《"国强必霸"不是中国的选择》，载《红旗文稿》2019 年第 9 期。

〔2〕　See Kimberly C. Priest-Hamilton, "Who Really Should Have Exercised Jurisdiction over the Military Pilots Implicated in the 1998 Italy Gondola Accident", *Journal of Air Law and Commerce*, Vol. 65, No. 3, 2000.

作为都属于公务范畴。[1]除此之外，韩国学者依据美韩之间有关文件提出的"实质性背离"标准也产生了一定的影响力。诚如上文的分析，前两种观点都过于宽泛，而"实质性背离"在实践中界定起来仍存困境。笔者认为，不妨参考国际法委员会对属事刑事豁免中"以公务身份从事的行为"的识别标准，因为部队地位协定中对"公务行为"赋予派遣国的优先管辖权本就是基于习惯国际法上属事刑事豁免即职权豁免的确认和细化。

国际法委员会认为"以官方身份实施的行为"具有如下特征：该行为具有刑事性质；该行为是代表国家实施的；该行为涉及行使主权和政府权力要素。因此，派遣国军人行为的动机及其越权性质可能是至关重要的，如果军人是出于自身利益行事，或其行事方式与国家交付的任务不符合或超出任务权限，那么便不能认定为公务行为。因为对于国家没有主动授权其行使政府权力要素的机关或个人地位的人，或在构成豁免实质要素的行为施行时并未与其确立特定的依赖联系和有效管制的人，国家为其要求豁免似乎不合理。

因此，如果运用的是"以公务身份从事的行为"的识别标准，那么上文述及的美国联邦最高法院审理的"威尔逊诉吉拉德案"，美军的吉拉德所实施的射杀行为就是公务行为，因为在当值时射杀可能的入侵者是具有刑事性质、代表国家实施的且涉及行使主权和政府权力要素的行为。而上文所述1998年美军在意大利造成的过失杀人一案中，机组人员所实行的也是公务行为。尽管当时的意大利检方主张，机组人员的职责不只是驾驶飞机，而是按照飞行计划驾驶特定的飞机，当飞机撞击并切断缆绳时，机组人员没有遵守飞行计划，因此没有履行其职责。但在"以公务身份从事的行为"的识别标准之下，我们无法得出机组人员的过失系出于自身利益行事，并且是否按照飞行计划进行飞行并不是需要考虑的因素。

可见，"以公务身份从事的行为"的识别标准在宽严程度上是适当的，既未扩展到公务所附带的任何作为或不作为，也没有严苛到仅限于公务本身，而是着眼于其与主权和政府权力要素的紧密程度。如此一来，安全合作中常见的性犯罪、醉酒伤人等就被排除在公务行为之外，而如驾驶军车

---

[1] See J. M. Snee, A. K. Pye, *Status of Forces Agreements and Criminal Jurisdiction*, Oceana Publications, 1957, pp. 47-49.

造成交通事故等便属于公务行为。而对于公务行为的界定权属，可以参考《〈美利坚合众国与日本国相互合作与安全保障条约〉第六条就设施和地区以及美国在日本的武装部队地位达成协议的商定会议记录》第 17 条，即如果日本政府反对美国关于"公务行为"的决定，将提交美日联合委员会决定这个问题。[1]因此，对于公务行为的界定主体，不妨如此设置，即首先由派遣国中国进行界定，如果东道国政府反对派遣国关于"公务行为"的决定，可以设置联合委员会或者仿照《北约部队地位协定》中的仲裁员制度，由委员会或仲裁员按照部队地位协定或者既有国际法规则的规定进行决定。

此外，在相关的安全合作协定中不妨考虑主动放弃对驻外军人随军家属及合同雇员的刑事管辖。由于此二种主体往往不涉国家秘密的知悉，同时从参考习惯国际法的角度出发，此二种主体也很难具备"国家官员"的主体身份，在域外所从事的行为一般也不可能是"以官方身份从事的行为"。因此，无论是采纳何种模式范本，都可以在其基础之上稍作调整，从管辖对象中移除随军家属及合同雇员。如此不仅可以降低谈判成本，亦不影响国家利益的实现。

三、与国际刑事法院管辖权冲突的中国因应

在与国际刑事法院管辖权的关系方面，如本书前述，国际刑事法院阿富汗情势对中国而言有不菲的借鉴价值。无论是中国专属管辖、东道国管辖还是中国和东道国均有管辖权，并按照约定对特殊案件分别进行优先管辖的模式，[2]都可能会遇到与国际刑事司法机构的管辖权冲突问题。尤其是中国目前唯一一个海外基地设在吉布提，而吉布提就是国际刑事法院的缔约国。而上海合作组织中吉尔吉斯斯坦、俄罗斯和乌兹别克斯坦分别于1998 年 12 月、2000 年 9 月和 2000 年 12 月签署了《罗马规约》，塔吉克斯坦于 2000 年正式加入《罗马规约》。由此可见，派遣国对驻外部队的刑事管辖权与国际刑事司法机构的管辖权冲突问题已然不是一种设想，而是切

---

〔1〕　See Dieter Fleck ed., *The Handbook of the Law of Visiting Forces*, Oxford University Press, 2018, p. 402.

〔2〕　参见司玉琢、袁曾：《建立海外军事基地的国际法规制研究》，载《东北大学学报（社会科学版）》2018 年第 2 期。

实具备了发生在中国身上的各种条件。

诚然,对于中国参与安全合作来说,主动进行国际犯罪的概率极小,尤其是对于危害人类罪而言,其主体要求往往需要"国家或组织"及其"攻击平民人口的政策",而中国一贯主张和平发展,人民军队在中国共产党的绝对领导下,恪守性质宗旨本色,全面履行职能使命,坚定不移走中国特色强军之路,为实现国家富强、民族复兴、人民幸福,为维护世界和平、推动构建人类命运共同体作出重要贡献。上海合作组织的宗旨也是维护和加强地区和平、安全与稳定,推动建立民主、公正、合理的国际政治经济新秩序,等等,因此政府层面主导国际犯罪几无可能。并且,依据《罗马规约》第12条和第13条的规定,只有联合国安理会递交情势,国际刑事法院才能对非缔约国国民实施的侵略罪或发生于其领土上的侵略罪行使管辖权,中国作为联合国安理会常任理事国,被国际刑事法院提起侵略罪诉讼难度也很大。但由于在反恐等活动中涉及动用武力的可能,以及预防性自卫等在国际法中处于灰色地带,而且对于战争罪来说,中国无法确保东道国涉及国际武装冲突或非国际武装冲突状态,军人、警察的个人行为并不是必然可控的,中国仍需防患于未然。

因此,一方面,中国应当在安全合作协定如部队地位协定中明确国际刑事犯罪的管辖权归属。仅仅依靠条约解释方法,将对"刑事犯罪"的管辖权解释为包含国际刑事犯罪存在比较大的不可控因素,容易造成管辖权的论争。另一方面,中国国内法缺乏明确的规制战争罪、危害人类罪等国际罪行的刑事法律或者条款,这就使得中国难以依据《罗马规约》第19条第2款第2项,[1]质疑国际刑事法院的可受理性,从而排除国际刑事法院的管辖。因此,进行战争罪等国际罪行的国内立法,并在可能出现国际刑事法院管辖的情形时以"正当程序""不加延误"并以"独立而公正的方式进行"对该犯罪行为人进行起诉和审判,[2]是中国应对该种管辖权冲

---

[1] 参见《罗马规约》第19条第2款第2项规定,下列各方可以根据第十七条所述理由,对案件的可受理性提出质疑,也可以对本法院的管辖权提出质疑:对案件具有管辖权的国家,以正在或已经调查或起诉该案件为理由提出质疑。

[2] 参见《罗马规约》第17条第2款规定,法院应根据"国际法承认的正当程序原则"来考虑是否国内已经或者正在进行的诉讼程序"是为了包庇有关的人";是否诉讼程序存在着"不正当延误",或者是"没有以独立或公正的方式进行",并且这种延误或者方式是"不符合将有关的人绳之以法的目的"。

突的有效方法。

第三节 安全合作中刑事豁免的话语再造

如前所述，对中国参与安全合作来说，一个无可回避的国际法难题就是派遣国的驻外执法及武装力量是否享有以及在多大程度上享有刑事豁免权。但由于中国近代特殊的半殖民地半封建历史，这一难题的前置问题变得尤为复杂、亟待解决，即我国应当用何种概念去表述这一在安全合作中广泛存在的特权豁免。在这个问题上，各种互有密切关联的概念纷繁复杂，各个学科的学者们尤其是我国学者在探讨这一话题之时，有的用"治外法权"称之，[1]有的用"执行公务时的豁免权"称之，[2]不一而足。对于我国不少学者在谈及驻外部队的特权与豁免时，惯常使用的"治外法权"的表述，这是值得商榷的。

一、"治外法权"概念考察的历史之维

"治外法权"的概念在我国非常繁复，其定义之流变几经周折，颇费踟蹰。中国社会科学院的高汉成与南京师范大学的李洋在"治外法权"的概念源流领域著述相对丰富，综合两位学者的考察表明"治外法权"最初之含义可能系指"一国域外属人管辖权"与"一国对外国人的属地管辖权"之集合，处在一种交替并用的状态，这一结论是能被《申报》所佐证的。[3]具体地看，前者"一国域外属人管辖权"的依据有美国传教士丁韪良所著《万国公法》[4]及驻日使馆参赞黄遵宪的《日本国志》，[5]后者"一国对外国人的属地管辖权"则有汪荣宝、叶澜编纂的《新尔雅》为据。[6]

---

〔1〕 参见潘家德：《驻外军队治外法权问题论析》，载《求索》2008 年第 3 期。

〔2〕 参见司玉琢、袁曾：《建立海外军事基地的国际法规制研究》，载《东北大学学报（社会科学版）》2018 年第 2 期。

〔3〕 参见高汉成：《治外法权、领事裁判权及其他——基于语义学视角的历史分析》，载《政法论坛》2017 年第 5 期。

〔4〕 参见杨焯：《丁译〈万国公法〉研究》，法律出版社 2015 年版，第 332 页。

〔5〕 参见钟叔河等主编：《黄遵宪日本国志》（上册），岳麓书社 1993 年版，第 257 页。

〔6〕 参见汪荣宝、叶澜编：《新尔雅》，上海明权社 1903 年版，第 29 页。

而到了 1902 年的《中英续议通商行船条约》，第一次在官方条约中出现"治外法权"的称谓，而英文对应的语词是"extra-territorial rights"，显然系属"一国域外属人管辖权"的范畴。但是，官方的用法并无碍"管理外国人之法权"（"一国对外国人的属地管辖权"）含义的继续使用，《申报》为此还发表《中国亟宜收回治外法权论》的评论，文中的"治外法权"一词同样意指中国的"管理外国人之法权"。

但随着"领事裁判权"概念的鹊起，区分其与"治外法权"成为当时的重要工作。1906 年 11 月 27 日（光绪三十二年十月十二日），《北洋官报》发表《论治外法权与领事裁判权性质之异同》一文，专门就这两个概念进行了辨析，"治外法权者，我国许彼国代表之人，免我法治之权也；领事裁判权者，我国许彼驻我之领事，用彼国裁判权以断其民之狱讼也"。[1] 从国际法的角度出发，最为关键的是该文提出能够适用"治外法权"的主体系"凡八种，一国家、二元首、三公使、四领事、五罗马教皇、六军舰、七商船、八军队"，因此高汉成研究员总结此时"治外法权"的含义可能已经成为"外交特权和豁免"。[2] 笔者认为，至少从现代国际法理论来看此种总结并不精当，《北洋官报》所指的八种适用"治外法权"的主体在范围上远超国际法意义上的"外交特权与豁免"，后者的主体范围限于外交代表。[3] 而事实上，《北洋官报》的理论性文章一定程度上论证了"治外法权"的概念与国际法上近乎一切特权与豁免产生了连接。以现代国际法观之，"国家""军舰"指的是国家豁免，"元首""罗马教皇"指的是国家官员属人豁免权的特权与豁免，"公使""领事"指的是外交特权与豁免，"商船""军队"可能系属事豁免或者基于条约而存在的豁免权。

但值得注意的是，理论上的区分在实践中并未产生指导性的影响，多数情况中"领事裁判权"和"治外法权"处在一种混用的状态，正如周鲠生教授的总结："欧洲大陆与日本法学界，把领事裁判权与这样意思的治

---

〔1〕《论治外法权与领事裁判权性质之区别》，载《东方杂志》1906 年第 13 期。

〔2〕参见高汉成：《治外法权、领事裁判权及其他——基于语义学视角的历史分析》，载《政法论坛》2017 年第 5 期。

〔3〕外交特权与豁免最初只给予国家元首所派遣的使节及其随行人员，后来适用于各国政府互派的外交代表及其工作人员。参见张汇文：《概述外交特权与豁免》，载《社会科学》1979 年第 4 期。

外法权两个名词，都分得很严……但是英美习惯及我国倾向，却喜用治外法权的名词，常把治外法权，当做（作）领事裁判权说。"[1]从当时的历史环境来看，"治外法权"因其概念的包容性，尤其是因其涵摄了符合一般国际法的"外交特权与豁免"及国家官员属人豁免权等概念，使得其不具备适于情感宣泄的纯粹潜质，尤其是在20世纪20年代民族主义浪潮席卷的大背景下，不如领事裁判权这一更易为民众理解和领会的词语来得直白、具体，更易激发全民族的反抗热潮，与反对不平等条约的主旋律更为融洽。[2]

再到20世纪40年代，情况又发生了转变，"治外法权"替代了"领事裁判权"成为官方条约文本中所运用的概念，比如《关于取消美国在华治外法权及处理有关问题条约》和《关于取消英国在华治外法权及处理有关问题条约》，这正如王宠惠所提交的《中国委员对于在中国治外法权现在实行状况之意见书》所指出的："各国委员所送达委员会关于调查治外法权之文件，仅记载各该国在华领事裁判权一节，中国委员以在中国治外法权现在之实行状况，其范围较领事裁判权为宽，实际上受治外法权之支配者，远出领事裁判权范围之外。"[3]这之中很大的缘由在于"领事裁判权"在中国的内涵也产生了不同，由最早中国政府放弃对来华外国人的法律管辖权，中外条约明定由领事等官行使这一权力，扩张到与来华外国侨民有关系的中国人的法律管辖，甚至建立起包括"英王在中日最高法院""美国在华法院"、领事法庭、最高法院、上诉法院、警事法庭和监狱在内的一套严密而完整的在华司法机构和体系。此时"治外法权"概念的包容性就起到了很好的作用，一并涵盖了原有"领事裁判权"概念、扩张后的"领事裁判权"及其他列强在华特权，更适合在条约中运用，方便废除事宜的推进。

如果我们更进一步，脱离中国法的语境而从国际法的视角审视"治外法权"，那么可以看到在国家豁免、外交豁免领域也有其身影，并且其曾在

---

[1] 周鲠生：《领事裁判权问题》，载《东方杂志》1922年第8期。

[2] 参见李洋：《从词义到语境："治外法权"误读、误用及误会》，载《社会科学》2015年第2期。

[3] 章伯锋、李宗一主编：《北洋军阀（1912-1928）》（第5卷），武汉出版社1990年版，第125页。

很长的历史时期内非常盛行。依据"治外法权"学说（Extraterritoriality），"就使馆而言，驻外使馆是派遣国领土的一种延伸，因此处于接受国领土之外；就外交代表而言，他们处于接受国领土管辖之外，犹如没有离开派遣国领土。"〔1〕这一理论不仅得到了格老秀斯（Hugo Grotius）、瑞士国际法学家瓦泰尔（E. de Vattel）及英国国际法学家洛里默（J. Lorimer）等权威国际法学者们的认可，也受到了不少司法判例的确认。〔2〕可以发现，此处涉及的"治外法权"其实是国际法上的外交豁免。

综合上述梳理，不难发现"治外法权"的概念从最早期的"一国域外属人管辖权"与"一国对外国人的属地管辖权"概念之集合，由于特殊历史时期全民族反抗热潮的需要继而与"领事裁判权"发生混用，再到成为官方条约文本中所运用的概念，一并涵盖了原有"领事裁判权"概念、扩张后的"领事裁判权"及其他列强在华特权。

二、我国对"治外法权"的话语摒弃

承上所述，中国历史背景中，早期的"治外法权"概念系"一国域外属人管辖权"与"一国对外国人的属地管辖权"概念之集合。后者其实是一般国际法下属地管辖的应有之义，与属事刑事豁免无关，而前者则与属事刑事豁免的概念有所粘连。但具体来看，"一国域外属人管辖权"是属人管辖尤其是行为人国籍国管辖权（Active Personality Jurisdiction）的一种情形，而"属事刑事豁免"是指国家官员依据其在履行职责时实施的可被称为"公务行为"的行为而享有的外国刑事管辖豁免。"一国域外属人管辖权"与"属事刑事豁免"首先在权利类型上就不同，并且两者在主体上有区别，虽然都是派遣国的权利类型，但前者主体是域外的任何派遣国国民，而后者则是派遣国的国家官员。而"一国域外属人管辖权"的"域外"要求在"属事刑事豁免"中也不存在，如果一国的国家官员系在本国领土上对他国国民构成基于"公务"的犯罪行为，他国因此对该国家官员

---

〔1〕 ［印］B·森：《外交人员国际法与实践指南》，周晓林等译，中国对外翻译出版公司1987年版，第76页。

〔2〕 参见黄德明：《现代国际法特权与豁免制度理论依据的比较研究》，载《武大国际法评论》2003年第1期。

提起刑事诉讼，该国家官员一样可以主张属事刑事豁免。

扩张后的"治外法权"概念更加与"属事刑事豁免"相去甚远，整体意义上的在华特权可能在范围上包含了习惯国际法意义上的"属事刑事豁免"，这也因此能够得出结论即两种概念绝无等价的可能。总之，不论是最早期"一国域外属人管辖权"与"一国对外国人的属地管辖权"概念之集合还是后期一并涵盖了原有"领事裁判权"概念、扩张后的"领事裁判权"及其他列强在华特权的"治外法权"概念，都与"属事刑事豁免"区别明显。

中国媒体曾抨击美国驻外部队的刑事豁免权尤其是部队地位协定中设定的刑事豁免权，并指责其为带有殖民色彩的"治外法权"，甚至是一份"犯罪邀请函"。例如，环球时报的一篇名为《美军强推"治外法权"一百年屡酿惨案》的社论系统地评述了美军在东道国依据部队地位协定设定的"驻外部队属人刑事豁免"，其中言及："目前，美国在世界 100 多个国家有军事基地或驻军，而随着美军士兵的身影一同出现在世界各地的，往往是一纸不受当地司法制裁的'驻军地位协定'。这样的协定常常在强奸、杀人等美国兵犯下的各种罪行后扮演保护伞。俄罗斯《真理报》称，美军在他国的'治外法权'就像一份'犯罪邀请函'，美国兵犯罪，却很少被处罚。"[1]

然而，首先此种认识混淆了安全合作中刑事司法管辖的"专属管辖模式"和"并存管辖模式"，仅专属管辖模式之下派遣国才享有绝对的刑事管辖豁免，包括北约国家、日韩在内的绝大多数东道国与美国之间都是并存管辖模式，此种管辖权分配模式下，大多数的犯罪是由东道国进行刑事管辖。以《北约部队地位协定》为例，派遣国仅在一种情况下有专属管辖权，即对该国军事法管辖对象所犯应受派遣国的法律但不受东道国法律予以惩处的、与该国国家安全有关的不法行为行使专属管辖权。派遣国仅在两种情况下有专属管辖权，即仅侵犯该国国家财产或国家安全的不法行为，或仅侵犯该国部队、文职人员、家属或上述人员财产的不法行为；因履行公务而发生的作为或不作为而引起的不法行为。在发生其他任何不法

---

〔1〕 青木等：《美军强推"治外法权"一百年屡酿惨案》，载《环球时报》2012 年 3 月 20日，第 7 版。

行为的情况下，东道国当局有优先管辖权。此种规定非但不具有特权性质，反而缩减了一般国际法下派遣国的属人管辖权，与"治外法权"的所涉范围差之甚远。

其次，该社论对"公务行为"不受当地法院管辖的批判也有商榷余地，国家官员的公务行为不受他国法院管辖不止局限在安全合作领域，任何国家官员都具有主体资格。而且国家官员的公务行为享有在外国法院的刑事管辖豁免是一项习惯国际法规则，与国家豁免相辅相成，具有久远的历史和深远的意义。此处的核心问题在于对"公务行为"不当的扩张解释，例如强奸罪在绝大多数情况下与公务行为没有瓜葛，而杀人则需严格区分，不能一概认为在当值状态下进行杀人就是"公务行为"。

再者，后期中国语境中的"治外法权"包含列强在华的一切特权，比如领事法庭等在华司法机构和体系以及要求东道国放弃其领土上外国人的司法管辖权等，而部队地位协定下的刑事豁免权或者说管辖权模式并不具备这一特征。海外军事行动中往往会在东道国领土上设立军事基地，但现代安全合作实例中绝不可能在设立基地之余再行设立军事法院管辖军人犯罪，甚至一并延展到与军人犯罪有关的东道国国民，东道国对其领土上派遣国军人司法管辖权的放弃也在极为有限的情形下发生，并不能就此认定部队地位协定下的刑事豁免权就是"治外法权"。

综上而言，由于"治外法权"概念的复杂性和包容性，其与安全合作论域尤其是上海合作组织安全合作中的豁免权概念不相匹配，且我们不能忽视"治外法权"概念在历史上带有民族主义、反殖民主义的色彩，与我国上海合作组织安全合作的发展目标不相匹配。对我国来说，不论是学术研究层面的探讨，还是国防、外交层面的官方用语，使用"属事刑事豁免"或者直接简称"属事豁免"来表述习惯国际法意义上的驻外执法及武装力量的刑事豁免权都是相对更合适的选择。这不仅与联合国国际法委员会的有关文件相契合，也更符合习惯国际法的概念表达。对于将来在上海合作组织安全合作中签订安全合作协定而言，其刑事豁免权部分尤其是并存管辖模式的设置，与其强调其豁免属性，不如直接以"并存管辖权"代之，彰显其互惠与公平性。

CHAPTER 8 第八章

安全合作视域下我国域外民事
管辖与豁免的规则完善

2019 年 2 月 25 日，习近平总书记在中央全面依法治国委员会第二次会议上发表重要讲话，明确指出要加快推进我国法域外适用的法律体系建设，保障和服务高水平对外开放。2019 年 11 月 5 日公布的《中共中央关于坚持和完善中国特色社会主义制度　推进国家治理体系和治理能力现代化若干重大问题的决定》提出，要加强重要领域立法，加快我国法域外适用的法律体系建设。涉外民商事诉讼的管辖权是一国法院受理案件的前提和基础，是一国司法主权的重要体现，是保障我国法域外适用的重要程序机制。[1]

如前文所述，上海合作组织安全合作中难免存在民事管辖权的冲突，晚近也已产生通过条约分配民事管辖权的实践。在实践中，一国出境部队的民事管辖权涉及东道国的属地管辖权和派遣国的属人管辖权的冲突，此类民事管辖冲突需要通过有关国家订立国际条约来予以解决。并且，上海合作组织安全合作中，驻外执法及武装力量由于其特殊地位，其行为可能被划归为主权行为，从而享有在外国法院的国家豁免。通过对国家豁免理论及国家实践的考察，可以发现国家行为豁免的雇佣合同行为例外及非商业侵权例外，对驻外部队来说都不适用。而商业交易行为例外的可适用性需结合《联合国国家及其财产管辖豁免公约》来判断，而上海合作组织成员国中，中国、俄罗斯、印度签署了公约，哈萨克斯坦已批准了公约，需

---

〔1〕 参见沈红雨：《我国法的域外适用法律体系构建与涉外民商事诉讼管辖权制度的改革——兼论不方便法院原则和禁诉令机制的构建》，载《中国应用法学》2020 年第 5 期。

要分别进行考察。

因此，在本章中至少有两个有层次性的问题亟待解决：首先是在上海合作组织安全合作的语境下民事管辖权的分配规则要如何建构；其次是如果管辖权归属于东道国，驻外执法及武装力量的国家行为以及国家财产在相应上海合作组织东道国的国家法院主张国家豁免的规则完善问题。

第一节　安全合作视域下我国涉外民事管辖的规则完善

就安全合作中涉外民事管辖规则的建构而言，共有两个维度需要考虑，即国内法规则层面和国际法的条约规则层面。就国内法规则而言，由于涉军民事争议的管辖权问题系单独规制，故而将涉军民事管辖和涉执法机关民事管辖的规则建构问题分开讨论、分别规制为宜。而在条约建构层面，成熟且丰富的部队地位协定实践并不必然排除执法机关的地位问题，似可将安全合作中的部队、执法机关的管辖权分配模式做统一化的规制。

我国涉军民事争议的管辖权问题规定在《最高人民法院关于军事法院管辖民事案件若干问题的规定》（法释〔2012〕11 号），涉执法机关民事管辖权问题则适用《中华人民共和国民事诉讼法》以及最高人民法院关于民事诉讼法的相关司法解释。

一、我国涉外民事管辖的国内法规则完善

我国涉执法机关域外民事管辖规则与军事涉外民事管辖不同，没有单独的规则加以规定，由于执法机关与法人及自然人间的商业交易、雇佣合同关系等本质上属于民事法律关系，当前适用的是《中华人民共和国民事诉讼法》及其司法解释。并且，执法机关在东道国涉及民事争议由于并不涉及国防利益或者军事秘密，因而并不必然需要积极获取我国法院对特定案件的管辖权，当前立法已然足够充分。

但是，与在安全合作中涉及的刑事管辖的国内法问题类似，我国军事民事管辖法律规则却很难适应我国安全合作的实践发展。2012 年 8 月最高人民法院颁布《最高人民法院关于军事法院管辖民事案件若干问题的规定》（法释〔2012〕11 号），是我国对军事法院管辖民事案件的基础性法

律规范，规定了军事法院管辖民事案件的具体情形，并且规定地域管辖、级别管辖参照民事诉讼法的规定执行。而我国涉外民事管辖规则主要是由《中华人民共和国民事诉讼法》第四编，即"涉外民事诉讼程序的特别规定"来进行相应的规定，同时亦有《最高人民法院关于涉外民商事案件管辖若干问题的规定》（法释〔2022〕18 号）等司法解释。

（一）《最高人民法院关于军事法院管辖民事案件若干问题的规定》

就《最高人民法院关于军事法院管辖民事案件若干问题的规定》而言，其首先规定了专门管辖：①双方当事人均为军人或者军队单位的案件；②涉及机密级以上军事秘密的案件；③军队设立选举委员会的选民资格案件；④认定营区内无主财产案件等四类案件由军事法院专门管辖。

其次，依申请受理：①军人或者军队单位执行职务过程中造成他人损害的侵权责任纠纷案件；②当事人一方为军人或者军队单位，侵权行为发生在营区内的侵权责任纠纷案件；③当事人一方为军人的婚姻家庭纠纷案件；④民事诉讼法第 34 条规定的不动产所在地、港口所在地、被继承人死亡时住所地或者主要遗产所在地在营区内，且当事人一方为军人或者军队单位的案件；⑤申请宣告军人失踪或者死亡的案件；⑥申请认定军人无民事行为能力或者限制民事行为能力的案件等六类案件，地方当事人向军事法院提起诉讼或者提出申请的，军事法院应当受理。

再者就是该规定第 3 条规定的合同纠纷军事法院的有条件行使管辖：①当事人一方是军人或者军队单位；②合同履行地或者标的物所在地在营区内；③当事人书面约定由军事法院管辖；④不违反法律关于级别管辖、专属管辖和专门管辖规定。

从上述规定来看，《最高人民法院关于军事法院管辖民事案件若干问题的规定》在出台的时候并未意图将海外军事行动中的管辖权规则纳入规制范围。尽管，就专门管辖来看，前两者即"双方当事人均为军人或者军队单位"以及"涉及机密级以上军事秘密"在安全合作的场景中是有可能出现的；而依申请受理的情形中，六类情况都有可能出现，最后的有条件行使管辖的合同纠纷亦是如此。然而，《最高人民法院关于军事法院管辖民事案件若干问题的规定》出台的出发点是明确军事法院和地方法院的管辖权分配，换言之即国内的何者法院有管辖权，而非解决对涉军的具体何种案件我国法院有管辖权的重要议题。举例来讲，规定中的"军人""军队单位""他人"等表述是否包含东道国的军人、军队单位或国民，以及"营区"是否能扩张解释为海外营区、海外基地等都是存疑的。

（二）《中华人民共和国民事诉讼法》及其司法解释

而就《中华人民共和国民事诉讼法》及其司法解释来说，《中华人民共和国民事诉讼法》在专属管辖（例如第 34 条）、协议管辖（第 35 条）和集中管辖（《最高人民法院关于涉外民商事案件管辖若干问题的规定》）之外，一般情形下系以属地管辖为确定管辖权的基本依据，兼顾特殊的地域管辖。如第 276 条规定了特殊的地域管辖，因涉外民事纠纷，对在中华人民共和国领域内没有住所的被告提起除身份关系以外的诉讼，如果合同签订地、合同履行地、诉讼标的物所在地、可供扣押财产所在地、侵权行为地、代表机构住所地位于中华人民共和国领域内的，可以由合同签订地、合同履行地、诉讼标的物所在地、可供扣押财产所在地、侵权行为地、代表机构住所地人民法院管辖。

《最高人民法院关于涉外民商事案件管辖若干问题的规定》则明确了基层人民法院管辖第一审民商事案件、中级人民法院管辖第一审民商事案件、高级人民法院管辖第一审民商事案件以及必要情况下基层人民法院、中级人民法院对第一审涉外民商事案件实行跨区域集中管辖的相关规则。

在安全合作的语境下，采购活动中出现的合同纠纷、日常发生的侵权纠纷、雇佣纠纷等纠纷主体往往是一方系派遣国的部队单位或者军人，另一方为东道国的自然人、法人等。此种军事域外民事纠纷的管辖问题，如前文所述，只要不是涉及机密级以上军事秘密，军事法院无法专门管辖，仅在特殊情形下由军事法院依申请管辖或对合同纠纷进行有条件管辖。也就是说，安全合作中的民事管辖权问题就国内法的角度来看，既有可能由军事法院管辖也有可能由地方法院管辖。而且安全合作中发生的民事纠纷如果东道国自然人、法人系原告，那么基于属地管辖，我国地方法院能够获得管辖权。而如果东道国自然人、法人系被告，那么基于《中华人民共和国民事诉讼法》第 276 条，我国法院想要获得管辖权一定要满足合同在中华人民共和国领域内签订或者履行，或者诉讼标的物、侵权行为地在中华人民共和国领域内，或者被告在中华人民共和国领域内有可供扣押的财产，或者被告在中华人民共和国领域内设有代表机构，这一般而言较难在安全合作中实现。

从这个角度说，为了能够适应我国参与安全合作的未来发展，我国军事涉外民事管辖规则应当要做相应完善，至少包括对我国军事涉外民事管辖权的确认、对特定类型民事案件的管辖权分配规则、对我国军事涉外民事管辖中的级别管辖和地域管辖的规则等。承前所述，我国单独制定《军事域外管辖法》的立法成本较高，且如果将军事域外刑事管辖与军事涉外民事管辖的规则糅合在一部规范性文件中，囿于两者存在较大差异、规制的重点不同，会导致体系的混乱。因此，笔者的建议是另行出台军事涉外民事管辖的司法解释，或者在现行《最高人民法院关于军事法院管辖民事案件若干问题的规定》的基础上增设军事涉外民事管辖的相关规则。在笔者看来，为求规则的简化，不妨规定军事涉外民事案件由我国特定地域、级别的军事法院专门管辖。

二、中国与上海合作组织国家民事管辖权分配的国际法保障

通过双边或多边条约明晰我国与上海合作组织国家民事管辖权的分配问题，是解决民事管辖权冲突争议的最有效途径。《中华人民共和国民事诉讼法》第 271 条也为此留有相关规制加以支撑，即"中华人民共和国缔结或者参加的国际条约同本法有不同规定的，适用该国际条约的规定，但中华人民共和国声明保留的条款除外。"通过双边或多边条约明晰我国与上海合作组织国家民事管辖权主要有以下几个方面的问题需要具体考究：其一，何种情形下我国需要尽最大努力取得民事管辖权；其二，如何使得民事管辖权分配规则具有公平性和互惠性。

从现有国际社会较为成熟的民事管辖权分配条款出发加以审视，会发现其主要是通过区分是否系公务行为导致的民事争议来分别规制，且以北约的驻军地位协定为典范，这可以作为我国未来商签民事管辖权分配条款之镜鉴。事实上，这与国家豁免的基本原则密切相关，即国家对主权行为、公共行为或政府行为享有豁免，但对商业行为、私人行为或非政府行为不享有豁免。而这两类行为的性质和区别主要是参照国内法，即法院地

国的法律来进行具体认定的。[1]换言之，在民事管辖权分配条款中以是否系公务行为导致的民事争议来分别规制，从渊源上来说是一种习惯国际法的再表达（国家豁免系习惯国际法规则），也容易得到谈判对手方的理解和认可，能很大限度降低谈判的难度。

就第一个具体问题即"何种情形下我国需要尽最大努力取得民事管辖权"，我们尤其应当关注涉及当前国际社会广泛认可的国家豁免例外情形时的管辖权分配。例如，当涉及商业交易，且此种商业交易与国家秘密、国防利益相关联时，倘若由东道国行使民事管辖权，那么相关的采购合同可能就有对外披露之风险。并且，商业交易行为恰恰是采有限豁免立场国家力主排除在国家豁免之外的行为类型，往往我国也无法主张国家豁免或者即便主张也难以得到东道国法院支持。那么在开展安全合作之初便明确特定行为民事管辖权分配模式便非常具有必要性，能够最大程度防止相关案件中的管辖权争议。

就第二个具体问题而言，即具体到民事管辖权分配规则的设计，应当考虑分情形加以规制。具体来说，如果系驻外执法及武装力量行使公务行为带来民事争议的情况下，要在条款谈判中积极主张由派遣国法院管辖；而如果系商业行为、私人行为或非政府行为，可以考虑由东道国法院进行管辖。当然，对于公务行为的界定权利归属不妨一并交由双方共同设立的某个第三方机制来进行判断（仲裁），以彰显公平性。

第二节　安全合作视域下我国国家豁免的规则完善

就安全合作中的民事争议而言，除了明确民事管辖权的分配，一个关键的法律工具便是国家豁免。在特定案件中，一旦涉及某些具体缘由，我国需要获取对该案的民事管辖权，而此时基于民事管辖权的国内法规则及分配规则我国无法获取民事管辖权时，积极主张国家豁免便是仅剩的重要法律手段。当然，在该议题下，由于涉及了国际法上目前尚未能达致协调统一的有限豁免与绝对豁免之争，便不仅要求尽可能明确所涉国家的国家

---

[1] See Xiaodong Yang, *State Immunity in International Law*, Cambridge University Press, 2012, p. 34.

豁免立场，以期在面对具体案件时"心中有数"，还需要制定相关的国家豁免的国内法规则，在借鉴国际通行规则，尊重外国国家享有豁免的一般原则的基础上，规定合理的豁免例外范围以及豁免诉讼中的程序等问题，维护自然人、法人和非法人组织以及外国国家享有的正当合法权益。

一、上海合作组织国家的国家豁免立场可预期性不强

诚如前文所述，当前国家豁免正呈现由绝对豁免向有限豁免转向的样态，这导致上海合作组织成员国对于国家豁免的立场并不全然清晰。笔者通过上海合作组织成员国的国家豁免国内立法以及加入《联合国国家及其财产管辖豁免公约》的情况，大致能够判断俄罗斯、印度、哈萨克斯坦、巴基斯坦已然采纳有限豁免的立场，而塔吉克斯坦、吉尔吉斯斯坦、乌兹别克斯坦的立场限于笔者检索能力，尚无迹可寻。但退一步而言，即便是明确采有限豁免立场的成员国，对于驻外执法及武装力量的商业交易行为、雇佣合同行为、非商业侵权行为等是否属于国家豁免的例外情形，仍旧不易做出判断。

总体而言，对于安全合作中的商业交易行为，目前世界各国倾向于采取"性质标准"，认为驻外执法及武装力量的商业交易行为不能享有国家豁免。《联合国国家及其财产管辖豁免公约》采取的双重标准在"性质标准"为原则之余加诸了在双方当事人的同意及法院地国实践的"目的标准"例外，因此上海合作组织安全合作中的东道国为公约缔约国时，仍有部队商业交易行为享有国家豁免之可能。而与商业交易行为不同，对于雇佣合同行为国家实践中比较普范的情形是采取"目的标准"。多数情况下法院只要面对与主权密切相关的军队或军事基地为雇佣合同主体的案例，则会直接通过"目的标准"的检验而得出享有国家豁免权的结论。非商业侵权行为在国家豁免的论域中是否能够成为例外情况仍存争议，但普遍的共识是军队由于与主权的强关联性，仍享有在外国法院的国家行为豁免，即便是强行法罪行也无例外。

目前对于中国来说，最有可能存在的情形是军队因买卖合同纠纷即商业交易行为在上海合作组织安全合作中的东道国涉诉。我国在安全合作中采购蔬菜、食品及油料等本就是相对容易出现的场景，而中国的商业交易

行为能否享有国家豁免权也最具不确定性，中国虽然于 2005 年签署了《联合国国家及其财产管辖豁免公约》，但目前尚未批准。上海合作组织其他成员国则情形不一，有的尚未签署、批准该公约，有的则与中国一样已签署但未批准，上海合作组织其他成员国的国家法院相关实践也较为缺乏。因此，一旦涉诉，东道国法院会参照公约第 2 条第 2 款的"性质+目的标准"还是参考目前主流的国家实践而适用"性质标准"尚未可知。

中国对于商业交易行为的界定标准更倾向于"目的标准"，比如中国在 2001 年提交给第 56 届联大秘书处的报告中就强调了"目的标准"的重要性。该报告指出："在确定一项合同或交易是否属于本公约所指的商业交易时，单纯采用第 2 条第 1 款 c 项的性质标准是不够的，还必须要考虑到国家从事该交易的目的。"[1]如果未来中国海外军事行动继续扩展，对应的东道国是否系《联合国国家及其财产管辖豁免公约》缔约国是一个值得考量的要素，对公约缔约国可以积极主张公约第 2 条第 2 款，争取以"目的标准"来界定系争行为是否为"商业交易"，甚至前期在合同中就进行明确的约定，以期通过外交等途径解决纠纷。

而雇佣合同行为则相对容易应对，由于"目的标准"仍占主流，绝大多数我国海外军事行动涉及的合同雇员与部队间雇佣法律关系争讼，我国都能获得国家豁免权。对于性质上与军队核心行为偏离较远的合同雇员，即使可能构成国家行为豁免的例外情形，但由于不涉及军事利益、国防秘密，也与主权无涉，我国大可以通过东道国司法系统进行解决。

至于非商业侵权行为，国际法院"国家管辖豁免案"的存在，使得以军队人身侵权为主的非商业侵权行为国家豁免问题变得非常明朗，即便是在强行法罪行的前提下，军队由于其极强的主权性质，仍享有在外国法院的国家行为豁免，不存在所谓的非商业侵权行为例外。[2]那么，"举重以明轻"（argumentum a maiori ad minus），一般情况中驻外部队的非商业侵权行为无疑是具有国家豁免地位的。我国上海合作组织安全合作中一旦发生人身侵权案件，大可以"国家管辖豁免案"为依托，积极主张国家豁

---

[1] UN Doc. A/56/291, p. 3.

[2] See *Jurisdictional Immunities of the State* (*Germany v. Italy*; *Greece intervening*), Judgment of 3 February 2012, I. C. J. Reports 2012, p. 99

免。反过来说，如果涉及东道国国民对我国驻外军人权利的侵害，且我国意图在东道国法院得到解决，或者我国受诉但认为某些争讼事项不必主张国家豁免，也可以明示或默示的方式进行国家豁免权的放弃。

二、在上海合作组织安全合作中运用对等原则

《中华人民共和国外国国家豁免法》（以下简称《外国国家豁免法》）第 21 条明确规定了对等原则（reciprocity），"外国法院给予中华人民共和国国家及其财产的豁免低于本法的规定的，中华人民共和国的法院可以实行对等原则。"所谓对等原则，即涵盖消极的对等和积极的互惠，指两国相互采取限制性、歧视性措施或者相互给予某种权利、利益。而在该草案中，仅涉及限制豁免的情形，并未明确指出互惠等情况。

联合国国际法委员会关于国家及其财产管辖豁免条款的早期草案（1986）中也曾规定对等原则条款。草案中，对等原则条款的表述前后有多个版本，其中一个版本（第 28 条）表述如下："一国可以在其认为适当的范围内限制另一国在本条款草案下享有的豁免权，一国限制另一国豁免权的理由包括对等原则、与另一国实践标准相一致或者是两国之间可适用的国际协定有此要求。但是，此种限制不得减损国家为履行主权职能而从事的行为（主权行为）所享有的豁免权。"[1] 须得注意的是，该条明确提及：在任何情况下，对豁免的限制都不得损害一国在行使其主权权力时所实施的行为方面的豁免。这项规定的目的是保护国家豁免的核心即主权行为，并划定一条界限，超过这个界限就不允许加以限制。

此后还有一个被一读通过的版本为：

"第 28 条　不歧视

1. 本条款的规定应不加歧视地适用于本条款各当事国。

2. 但下列情况不应视为歧视待遇：

（a）法院地国由于该有关的另一国家限制性地适用本条款的任何规定，而限制性地适用该项规定，

---

[1] 徐树：《中国国家豁免立法中的对等原则：概念内涵、法理依据及制度设计》，载《国际法研究》2022 年第 2 期。

（b）国家彼此之间依协定相互给予与本条款的规定所要求的不同的待遇。"

此处的所谓"法院地国由于该有关的另一国家限制性地适用本条款的任何规定，而限制性地适用该项规定"之本质意涵即为对等原则。是否应当在豁免问题上纳入对等原则并未达致协调统一，就像联合国国际法委员会关于国家及其财产管辖豁免条款的早期草案第 28 条一样饱受争议。并且，正如我们所知，《联合国国家及其财产管辖豁免公约》最终并未将该条保留。事实上，除了两位委员之外，所有就第 28 条发言的委员都建议删除该条。

其中有观点就认为，对等原则意味着在立法时就给予了相关国家违反国内法律或者国际法规则的出口，并且从法律本身赋予了这种违法性"合法性"，显然难以被接受。[1]而且更为关键的是，这种限制措施是可以单方面做出的。从《中华人民共和国外国国家豁免法（草案）》来看，只要外国法院曾经给予中华人民共和国国家及其财产的豁免低于该法的规定，我国法院在涉及国家豁免的任何案例中就可以单方面决定实施对等原则。而联合国国际法委员会关于国家及其财产管辖豁免条款的早期草案则更加模糊，"其认为适当的范围内"本质上相当于没有给出限制的程度或范围。起草委员会的主要意见是第 28 条引起的问题多过它所解决的问题。起草委员会尤其强调了第 2 款与第 1 款有抵触，并使国家有太多的灵活性，有可能被用来破坏豁免原则。

当然，也有观点指出对等原则的目的实际上是为法律的适用和解释中任何可能的灰色地带作出相对具有灵活性的规定。例如，如果一个国家根据其自己的解释限制性地适用这些条款，另一个国家有权以同样的方式解释和适用这些条款，或出于对等，或因为这种解释是另一个国家的通常做法，或因为这是有关国家之间的另一项国际协定的结果。在所有这些情况下，不存在赋予相关国家集体违反条约或国内法的权利，而只是有限制地解释规则的权利。[2]

---

〔1〕 提出该观点的委员为乌沙科夫先生，See UN Doc. A/CN. 4/L. 399〔and Corr. 1〕，p. 184.

〔2〕 提出该观点的委员为伊恩·辛克莱爵士，See UN Doc. A/CN. 4/L. 399〔and Corr. 1〕，p. 185.

　　综合来看，仅就我国《外国国家豁免法》的立法工作而言，引入对等原则有其积极价值。而且更进一步说，在上合组织安全合作中案涉国家豁免时运用对等原则利大于弊。究其根本，限制豁免立场虽已成为主流趋势，但各国关于国家豁免的规则冲突和实践差异短期内无法消除。国家豁免规则的模糊空间或"灰色地带"仍将长期存在，各国将继续根据各自政策和国内立法来处理国家豁免事项。这一问题在上合组织安全合作中将被进一步放大，上合国家的国内法体系差异大，国家豁免立法的透明度不高，国家豁免立场不清晰且可预期性不强。对等原则的引入不仅能够在外国法院给予中国国家及其财产豁免低于我国《外国国家豁免法》时予以适当调整的灵活空间，也能够在外国法院给予中国国家及其财产豁免高于我国《外国国家豁免法》时给予一定程度的互惠，很好地适应了上合国家的国内法体系差异大、国家豁免立场模糊的现实困境。

结　语

　　筚路蓝缕启山林，栉风沐雨砥砺行。经过 20 多年的发展，上海合作组织取得了令世人瞩目的成就，展示出特有的活力和良好的前景。在急剧变化的国际格局当中，上海合作组织顺应时代要求，不断凝聚合作共识，为促进地区的稳定和发展发挥了积极作用。上海合作组织下一个 20 年发展，需要积极思考组织法治建设、机制构建中面临的历史机遇与挑战，而其中值得重点关注的便是上海合作组织在区域安全合作中的法治保障问题。

　　区域安全合作中，管辖权与豁免权问题历来便是国际社会关注的重点，也是法治保障问题的关键。上海合作组织安全合作中涉及两类不同的合作形式，即军事合作与执法合作，两类合作形式在国际法上的衍生特征、属性区别较为明显。区域军事合作的本质属性当为海外军事行动，而执法合作的本质属性系跨境联合执法。当然，两类合作形式的管辖与豁免问题都将首先回归到国际法的一般理论中，并在此基础之上讨论特殊国际法之下的特别规定范式。

　　我们必须承认，区域安全合作的基本模式有很多，传统上以军事同盟或者集体安全为典型模式。但随着时代的发展，"共同安全""合作安全"等新安全合作类型逐步登上历史舞台，中国作为"共同安全"与"合作安全"的支持者，同时也对这两个概念进行了丰富和发展，注入了中国特色的理念和方式。正如上海合作组织的安全合作实践，2020 年 11 月 10 日，习近平主席在上海合作组织成员国元首理事会第二十次会议上发表重要讲话，首次在上海合作组织框架内提出构建"卫生健康共同体""安全共同体""发展共同体""人文共同体"的重大倡议，以"命运共同体"多边外交理念为基础的区域安全合作新业态进一步形塑了中国特色的"协商式合作安全"模式。

回顾本书的行文逻辑，大抵是在四个不同的概念基础上展开，即：军事合作、执法合作、刑事管辖与豁免、民事管辖与豁免。不同的合作形式有不同的特征属性，而刑事与民事的管辖、豁免问题则近乎大相径庭，区域安全合作的管辖与豁免问题就是在这四个概念的交织和分立中逐步阐明的。整体上看，在"协商式合作安全"的区域安全合作模式下，传统上以派遣国获取在东道国法院专属管辖的非对称性管辖权分配模式被消解和弱化，取而代之的应当是更贴合习惯国际法规则，具有互惠性、公平性的管辖权分配模式。相应地，在豁免权的论域中，一国驻外武装和执法力量的刑事管辖豁免权应当被限制在公务豁免的范畴，在国家豁免领域也更推崇对等原则，而非绝对豁免。

更具体地说，从刑事管辖与豁免的角度观之，我们仍要注意到军队由于更加关涉国家主权，一般受各国自己的军纪约束，且有国家军事机密牵涉其中，在管辖和豁免问题尤其是刑事管辖和豁免问题上更为敏感，需要格外关注。晚近，世界各海外军事行动大国、强国大多在既有驻军地位协定的基础上尝试通过条约解释、放弃管辖权条款以及延展适用对象等方法扩张其对驻外武装力量在东道国法院的管辖权，压缩东道国的管辖权空间。与此同时，驻军地位协定的管辖权条款也呈现不断简化和标准化的趋势。某种意义上说，相应的管辖权模式已经成为"正在形成的习惯国际法规则"。并且，随着国际刑事法院的成立，当前区域安全合作中的管辖权分配模式也会产生与该国际刑事司法机构补充管辖权的冲突可能。

而对我国来说，为了维护海外利益安全、参加地区和国际安全合作及在维护地区和世界和平等方面贡献力量，中国军事力量需要遂行联演、维和、反恐、救援及护航等海外军事行动。在"军事力量走出去"的大背景下，我国现行涉海外军事行动的刑事管辖规则却不足以适应这一国防工程的开展，在管辖对象范围、专门管辖及地域管辖等多个方面尚存缺陷，亟待改进。为了适应海外军事行动中的刑事管辖特点，有两种修缮方案可供参考：方案一是在现有规范性文件的基础上进行调整，保留《中央军委关于军队执行〈中华人民共和国刑事诉讼法〉若干问题的暂行规定》《办理军队和地方互涉刑事案件规定》这两个核心规则在海外军事行动领域的适用；方案二则是通过构建新的部门规范性文件或司法解释单独规定涉海外军事行动的刑事管辖问题。

而从民事管辖和豁免的角度观之，区域安全合作中的管辖权冲突仍无法避免。目前来看，双边或多边协定对民事管辖权冲突的解决是最有效率的，且双边或多边协定的民事管辖权冲突解决范式一般会与刑事管辖权分配范式一样，考虑导致损害的行为是否与执行公务有关。至于区域安全合作中的国家豁免，原则上区域安全合作中的国家行为均能享有国家行为豁免权，这在国际法理论和实践中都有充分的论据，盖因一国之武装力量和执法力量的主权色彩非常浓厚，而相应的国家财产也能享有执行豁免。

就安全合作中的民事争议而言，除了明确民事管辖权的分配，一个关键的法律工具便是国家豁免。在特定案件中，一旦涉及某些具体缘由，我国需要获取对该案的民事管辖权，而此时基于民事管辖权的国内法规则及分配规则我国无法获取民事管辖权时，积极主张国家豁免便是仅剩的重要法律手段。当然，在该议题下，由于涉及了国际法上目前尚未能达致协调统一的有限豁免与绝对豁免之争，且具体到上海合作组织安全合作的语境，上海合作组织国家的国家豁免立场不甚明晰，这便不仅要求尽可能明确所涉国家的国家豁免立场，以期在面对具体案件时"心中有数"，还需要制定相关的国家豁免的国内法规则，在借鉴国际通行规则，尊重外国国家享有豁免的一般原则的基础上，规定合理的豁免例外范围以及豁免诉讼中的程序等问题，维护自然人、法人和非法人组织以及外国国家享有的正当合法权益。

参考文献

一、著作及译著类

1. ［日］森下忠：《国际刑法入门》，阮齐林译，中国人民公安大学出版社 2004 年版。
2. ［苏］托尔钦诺夫：《美国在国外的军事基地是对全世界人民和平和安全的威胁》，姚嘉政译，新知识出版社 1956 年版。
3. ［意］贝卡里亚：《论犯罪与刑罚》，黄风译，中国大百科全书出版社 1993 年版。
4. ［英］阿库斯特：《现代国际法概论》，汪瑄等译，中国社会科学出版社 1981 年版。
5. ［英］詹宁斯、瓦茨修订：《奥本海国际法》（第一卷第一册），王铁崖等译，王铁崖校，中国大百科全书出版社 1995 年版。
6. 范金林：《构建中国海外战略支点：法律路径及选择策略》，上海三联书店 2018 年版。
7. 黄瑶：《国际法关键词》，法律出版社 2004 年版。
8. 李旺：《国际民事诉讼法》，清华大学出版社 2003 年版。

二、编著类

1. 王虎华主编：《国际公法学》，北京大学出版社 2015 年版。
2. 章伯锋、李宗一主编：《北洋军阀（1912–1928）》（第 5 卷），武汉出版社 1990 年版。
3. 李世光等主编：《国际刑事法院罗马规约评释》，北京大学出版社 2006 年版。

三、期刊论文类

1. 曹成程：《全球视域下交战规则的起源与发展》，载《西安政治学院学报》2013 年第 6 期。

2. 陈喜峰：《论国际法自足制度的垂直效力和水平效力》，载《武大国际法评论》2013年第1期。

3. 邓浩：《上海合作组织安全合作的进程、动力与前景》，载《当代世界》2021年第9期。

4. 邓华：《国家官员外国刑事管辖豁免问题最新进展述评》，载《国际法研究》2016年第4期。

5. 翟鹏举：《怎样区分并列关系与对立关系和矛盾关系》，载《西南师范大学学报（人文社会科学版）》1984年第2期。

6. 方瑞安：《类比善意取得解决条约冲突》，载《法律修辞研究》2020年总第6卷。

7. 管建强：《普遍性管辖与豁免的冲突》，载《东方法学》2010年第6期。

8. 黄亚英：《国际引渡条件及其发展趋势的研究》，载《法律科学（西北政法学院学报）》1992年第2期。

9. 贾浩：《论美国对国际刑事法院的政策》，载《美国研究》2011年第4期。

10. 兰红燕：《国家豁免与外交豁免之比较》，载《贵州民族学院学报（哲学社会科学版）》2008年第2期。

11. 李宝军、董蕾红：《非缔约国规避国际刑事法院管辖权的路径分析》，载《理论学刊》2014年第3期。

12. 李伯军：《论海外军事基地的国际法律地位问题》，载《湖南科技大学学报（社会科学版）》2016年第4期。

13. 李伯军：《论海外军事基地人员之刑事管辖权的冲突及其解决》，载《环球法律评论》2021年第1期。

14. 廖诗评：《论国际条约中的"更优条款"》，载《政治与法律》2009年第4期。

15. 廖诗评：《条约解释方法在解决条约冲突中的运用》，载《外交评论（外交学院学报）》2008年第5期。

16. 刘大群：《论国际刑法中的普遍管辖权》，载《北大国际法与比较法评论》2006年总第7期。

17. 刘捷：《跨国行政执法：基于属地秩序的类型化分析》，载《国际法研究》2022年第5期。

18. 马福威译，马新民校：《普林斯顿普遍管辖权原则》，载《北大国际法与比较法评论》2008年总第9期。

19. 潘家德：《驻外军队治外法权问题论析》，载《求索》2008年第3期。

20. 司玉琢、袁曾：《建立海外军事基地的国际法规制研究》，载《东北大学学报（社会科学版）》2018年第2期。

21. 沈红雨：《我国法的域外适用法律体系构建与涉外民商事诉讼管辖权制度的改

革——兼论不方便法院原则和禁诉令机制的构建》，载《中国应用法学》2020 年第 5 期。

22. 宋杰：《我国刑事管辖权规定的反思与重构——从国际关系中管辖权的功能出发》，载《法商研究》2015 年第 4 期。

23. 孙德刚：《论新时期中国在中东的柔性军事存在》，载《世界经济与政治》2014 年第 8 期。

24. 孙立华、刘依墨：《军事污染之痛》，载《百科知识》2017 年第 24 期。

25. 王凤：《阿富汗安全治理：是否可以摆脱困境？》，载《西亚非洲》2017 年第 6 期。

26. 王虎华、罗国强：《〈联合国国家及其财产管辖豁免公约〉规则的性质与适用》，载《政治与法律》2007 年第 1 期。

27. 王君祥：《论国际联合执法安全合作》，载《辽宁大学学报（哲学社会科学版）》2017 年第 4 期。

28. 王秀梅：《国家官员的外国刑事管辖豁免探析》，载《西安交通大学学报（社会科学版）》2010 年第 4 期。

29. 吴瑞：《联合侦查的由来与立法比较：以欧洲法为重点考察对象——兼论联合侦查组织体的地位、性质与构成》，载《净月学刊》2014 年第 5 期。

30. 谢丹、胡文巧：《交战规则相关问题研究》，载《法学杂志》2012 年第 7 期。

31. 徐树：《中国国家豁免立法中的对等原则：概念内涵、法理依据及制度设计》，载《国际法研究》2022 年第 2 期。

32. 张志勋：《刑事普遍管辖权的发展趋势与我国的对策》，载《江西社会科学》2011 年第 9 期。

33. 周建海、慕亚平：《引渡制度的新问题与我国引渡制度之健全》，载《政法论坛》1997 年第 5 期。

34. 朱丹：《国际刑事法院对侵略罪行使管辖权的困境及我国的对策》，载《现代法学》2019 年第 6 期。

35. 朱之江：《论非战争军事行动》，载《南京政治学院学报》2003 年第 5 期。

四、学位论文类

1. 范金林：《海外军事基地国际法研究》，上海交通大学 2017 年博士学位论文。

2. 蒋圣力：《联合国维持和平行动法律制度研究》，华东政法大学 2017 年博士学位论文。

3. 王雷：《国际警务合作研究》，中共中央党校 2021 年博士学位论文。

4. 张露藜：《国家豁免专论》，中国政法大学 2005 年博士学位论文。

5. 刘元元：《国家财产执行豁免问题研究》，武汉大学 2013 年博士学位论文。

五、报纸类

1. 《坚定不移走中国特色社会主义法治道路 为全面建设社会主义现代化国家提供有力法治保障》，载《人民日报》2020年11月19日，第1版。

2. 蔡晖：《中吉两国举行联合反恐军事演习》，载《人民日报》2002年10月12日，第2版。

3. 曹智等：《"和平使命–2005"中俄首次联合军演启幕（热点解读）》，载《人民日报》2005年8月19日，第5版。

4. 耿桂珍：《美国驻外部队费用，谁来埋单》，载《中国国防报》2016年11月25日，第17版。

5. 李清华、李忠发：《中国巴基斯坦举行首次联合反恐军事演习》，载《人民日报》2004年8月7日，第4版。

6. 《伊拉克议会要求美军撤离 特朗普威胁大规模制裁》，载《解放军报》2020年1月7日，第4版。

7. 青木等：《美军强推"治外法权"一百年屡酿惨案》，载《环球时报》2012年3月20日，第7版。

8. 盛红生：《看美军的又一次"治外法权"》，载《中国国防报》2012年3月27日，第4版。

9. 《吉布提市区发生严重内涝 我驻吉保障基地开展人道主义救援》，载《解放军报》2019年11月30日，第4版。

10. 《我驻吉布提保障基地向当地学校捐赠物资》，载《解放军报》2019年1月26日，第4版。

11. 孙广勇等：《美国在亚太加快军事基地扩充步伐（国际视点）》，载《人民日报》2012年6月27日，第21版。

12. 谭洁、白瑞雪：《目击"协作–2006"中塔联合反恐军演》，载《中国国防报》2006年9月26日，第1版。

13. 徐京跃等：《"天山–1号"利剑反恐》，载《新华每日电讯》2006年8月27日，第4版。

14. 许涛：《新时代中国特色大国外交理念融入青岛峰会》，载《中国青年报》2018年6月20日，第5版。

15. 中华人民共和国国务院新闻办公室：《中国的军事战略》，载《人民日报》2015年5月27日，第10版。

16. 中华人民共和国国务院新闻办公室：《中国军队参加联合国维和行动30年》，载《人民日报》2020年9月19日，第5版。

六、中文网站类

1. 《中国人民解放军驻吉布提保障基地成立》，载 http://www.mod. gov. cn/shouye/2017-07/11/content_ 4785240_ 2. htm，最后访问日期：2020 年 12 月 29 日。

2. 《中国在吉布提保障设施建设，这些值得了解》，载 http://www.mod. gov. cn/jmsd/2016-12/04/content_ 4765618_ 2. htm，最后访问日期：2020 年 3 月 10 日。

3. 方瑞安：《阿富汗情势的背景、困局与展望》，载 http://www.iis. whu. edu. cn/index. php? id＝2450，最后访问日期：2020 年 12 月 30 日。

4. 李学勇等：《领航强军铁流浩荡——习近平主席领导推进新时代军事训练纪实》，载 http://www.mod.gov.cn/topnews/2020-11/24/content_ 4874515.htm，最后访问日期：2020 年 12 月 29 日。

5. 鲁赫等：《国防部：吉布提保障基地修建情况将适时发布》，载 http://www.mod. gov. cn/v/2017-09/28/content_ 4793394.htm，最后访问日期：2020 年 3 月 10 日。

6. 《日本冲绳 6.5 万人集会抗议驻日美军残虐暴行》，载 http://www.xinhuanet.com/world/2016-06/20/c_ 129075377. htm，最后访问日期：2021 年 1 月 30 日。

7. 王登科、苏成民：《吉布提被冠为"军事基地"，外媒在唱哪出戏》，载 http://www.mod. gov. cn/jmsd/2016-10/25/content_ 4752414_ 2. htm，最后访问日期：2020 年 3 月 10 日。

8. 张松：《特朗普欲特赦被控战争罪的海豹突击队员，漩涡中心的海军部长斯潘塞被防长解职》，载 https://wenhui. whb. cn/third/zaker/201911/26/305196. html，最后访问日期：2020 年 3 月 10 日。

9. 《国防部：吉布提保障设施建设进展顺利》，载 http://www.mod. gov. cn/1dzx/2016-11/30/content_ 4765158. htm，最后访问日期：2020 年 3 月 10 日。

七、外文案例类

1. Al-Adsani v. The United Kingdom, Application No. 59021/00, Decision of 12 December 2002, ECHR Reports 2002-X.

2. Application of the Convention on the Prevention and Punishment of the Crime of Genocide (Croatia v. Serbia), Judgment of 18 November 2008, I. C. J. Reports 2015.

3. Case concerning the Arrest Warrant of 11 April 2000 (Democratic Republic of the Congo v. Belgium), Judgment of 14 February 2002, I. C. J. Reports 2002.

4. Attorney-General of the Government of Israel v. Adolf Eichmann, Judgment of the Supreme Court, International Law Reports, Vol. 36, 1968.

5. Barcelona Traction, Light and Power Company, Limited, Judgment of 24 July 1964, I. C. J. Reports 1970.

6. Belhas et Others v. Moshe Ya'alon, 14 December 2006, 466 F. Supp. 2d 127.

7. Border Guards case, Federal Criminal Court of Germany, Decision of 3 November 1992 (case No. 5 StR 370/92).

8. Bouterse, Judgment of the Supreme Court, Netherlands, 18 September 2001.

9. Certain Questions of Mutual Assistance in Criminal Matters (Djibouti v. France), Judgment of 4 June 2008, I. C. J. Reports 2008.

10. Empire of Iran case, German Federal Constitutional Court, 1963, 45 International Law Report 57.

11. Evgeny Adamov v. Federal Office of Justice, Switzerland, Federal Tribunal, Judgment of 22 December 2005, Decisions of the Federal Tribunal 132 II.

12. Farag M. Mohammed Saltany et al. v. Ronald M. Reagan et al. , 702 F. Supp. 319, 1988.

13. Ferrini v. Federal Republic of Germany, Court of Cassation, Judgment of 11 March 2004, International Law Reports, Vol. 128.

14. France, Teodoro Nguema ObiangMangue, Court of Appeal of Paris, Pôle 7, Second Investigating Chamber, Judgment of 13 June 2013.

15. Francischiello v. The Goverment of the United States of America, Italy, 1959, International Law Reports, Vol. 28.

16. Gaddafi case, France, Court of Cassation, Judgment of 13 March 2001, Criminal Chamber No. 1414, International Law Reports, Vol. 125.

17. Spain, Guatemala Genocide, Menchú Tumm and Others v. Two Guatemalan Government Officials and Six Members of the Guatemalan Military, Judgment of the Constitutional Court of 26 September 2005.

18. Senegal, Hissène Habré Request, Judgment of 25 November 2005, Court of Appeal of Dakar.

19. Jones v. Ministry of Interior Al-Mamlaka Al-Arabiya AS Saudiya (the Kingdom of Saudi Arabia), Court of Appeal, 28 October 2004, [2004] EWCA Civ 1394.

20. Jones v. Saudi Arabia, [2007] 1 AC 270.

21. Jurisdictional Immunities of the State (Germany v. Italy: Greece intervening), Judgment of 3 February 2012, I. C. J. Reports 2012.

22. Mario Luiz Lozano case, Corte Suprema di Cassazione, Sala Penale (Italy), Judgment of 24 July 2008.

23. McDonnell Douglas Corp. v. Islamic Republic of Iran, 758 F. 2d 341, 349 (8th Cir. 1985).

24. McElhinney v. Ireland (application No. 31253/96), Grand Chamber, Judgment of 21 November 2001.

25. McElroy v. Guagliardo, 361 U. S. 281 (1960).

26. Ministry of Defense v. Cubic Defense, 385 F. 3d 1206, 1220 (9th Cir. 2004)

27. Pinochet, Belgium, Court of First Instance of Brussels, Judgment of 6 November 1998, International Law Reports, Vol. 119.

28. Prosecutor v. Anto Furundžija, IT-95-17/1-A, Judgment, Appeals Chamber, 21 July 2000.

29. Prosecutor v. Bemba, ICC-01/05-01/08-424, Decision Pursuant to Article 61 (7) (a) and (b) of the Rome Statute on the Charges of the Prosecutor Against Jean-Pierre Bemba Gombo, 15 June 2009.

30. Prosecutor v. Dušan Tadić, No. IT-94-1-T, ICTY Appeals Chamber, Decision on the Defence Motion for Interlocutory Appeal on Jurisdiction, 2 October 1995.

31. Prosecutor v. Saif Al-Islam Gaddafi and Abdullah Al-Senussi, ICC-01/11-01/11-466-Red, Decision on the Admissibility of the Case against Abdullah Al-Senussi, Pre-Trial Chamber I, 11 October 2013.

32. Prosecutor v. Tihomir Blaskic, ICTY Appeal Chamber Judgment on the request of the Republic of Croatia for review of the Decision of Trial Chamber II of 18 July 1997, 29 October 1997.

33. Public Prosecutor (Tribunal of Milan) v. Adler et al. , Tribunale di Milano, Quarta Sezione Penale (Italy), Judgment of 1 February 2010.

34. Regina v. Bartle and the Commissioner of Police for the Metropolis and Others ExParte Pinochet, Judgment of the House of Lords of 24 March 1999, reproduced in International Legal Materials, Vol. 38, p. 581, at p. 594.

35. R. v. Bow Street Metropolitan Stipendiary Magistrate exparte Pinochet Ugarte, United Kingdom House of Lords (UKHL) 17, [2000] 1 A. C. 147.

36. R. v. Mafart and Prieur (Rainbow Warrior case), New Zealand, High Court, Auckland Registry, November 1985.

37. Re Canada Labour Code, [1992] 2 S. C. R. 50.

38. Rumania v. Trutta, Supplement to the American Journal of International Law, Vol. 26, 1932, p. 626.

39. Samantar v. Yousuf, United States 130 S. Ct. 2278 (2010).

40. Spain, ScilingoManzorro (Alolfo Francisco) v. Spain, Judgment of the Supreme Court of 1 October 2007.

41. Sengupta v. India, England, 1982, [1983] ICR 221.

42. Société pour la fabrication des cartouches v. Col. M. Ministre de la Guerre de Bulgarie, Belgium, 1888, Pasicrisie Belge, 1889-III-62.

43. United States v. Averette, 19 U. S. C. M. A. 363 (1970).

44. United States v. Noriega, 117 F. 3d 1206 (11th Cir. 1997).

45. Victory Transport Inc. v. Comisaria General, 336 F. 2d 354, 360 (2d Cir. 1964).

46. Virtual Defense and Dev. International, Inc. v. Republic of Moldova, 133 F. Supp. 2d 1, 7-8 (D. D. C. 1999).

八、外文论著类

1. Alexander Cooley, HendrikSpruyt, Contracting States: Sovereign Transfers in International Relations, Princeton University Press, 2009.

2. Anthony Aust, Handbook of International Law, Cambridge University Press, 2010.

3. Antonio Cassese, International Criminal Law, Oxford University Press, 2003.

4. Arnold D. McNair, The Law of Treaties, 1st ed. , Oxford University Press, 1961.

5. David. S. Sorenson, Shutting down the Cold War: The Politics of Military Base Closure, Macmillan, 1998.

6. Dieter Fleck ed. , The Handbook of the Law of Visiting Forces, Oxford University Press, 2018.

7. Grant Wardlaw, Political Terrorism: Theory, Tactics and Counter-Measures, Cambridge University Press, 1989.

8. H. Lauterpacht ed. , International Law Reports, Cambridge University Press, Vol. 23, 1960.

9. Hazel Fox QC, Philippa Webb, The Law of State Immunity, Oxford University Press, 2013.

10. Hazel Fox QC, Philippa Webb, The Law of State Immunity, Oxford University Press, 2002.

11. Helmut Steinberger, State Immunity in Encyclopedia of Disputes Installment, Elsevier, 1987.

12. Henry Campbell Black, Bryan A. Garner, Black's Law Dictionary, 7th ed. , West Group, 1999.

13. Henry Wheaton, Elements of International Law, Sampson Low, Son and Company, 1863.

14. Ian Brownlie, Principles of Public International Law, 6th ed. , Oxford University Press, 2003.

15. J. M. Snee, A. K. Pye, Status of Forces Agreements and Criminal Jurisdiction, Oceana Publications, 1957.

16. John Roach, Jürgen Thomaneck, Police and Public Order in Europe, Croom Helm Ltd, 1985.

17. John Westlake, International Law, Facsimile Publisher, 1910.

18. JoopVoetelink, Status of Forces: Criminal Jurisdiction over Military Personnel Abroad, Springer, 2015.

19. Keith E. Bonn, Anthony E. Baker, Guide to Military Operations Other Than War: Tactics,

Techniques, and Procedures for Stability and Support Operations: Domestic and International, Stackpole Books, 2000.

20. Luc Reydams, Universal Jurisdiction: International and Municipal Legal Perspectives, Oxford University Press, 2004.

21. Malcolm N. Shaw, International Law, 4th ed. , Cambridge University Press, 1997.

22. Malcolm N. Shaw, International Law, Cambridge University Press, 2003.

23. P. Colquhoun, A Treatise on the Police of the Metropolis, 7th ed. , Bye and Law, 1806.

24. P. J. Stead, The Police of France, Macmillan, 1983.

25. Peter Brandon Kraska, Militarizing the American Criminal Justice System: The Changing Roles of the Armed Forces and the Police, Northeastern University Press, 2001.

26. R. O' Keefe, International Criminal Law, Oxford University Press, 2015.

27. R. Reiner, The Politics of the Police, 4th ed. , Oxford University Press, 2010.

28. Ramona Pedretti, Immunity of Heads of State and State Officials for International Crimes, Martinus Nijhoff Publishers, 2014.

29. Robert Holland, Britain and the Revolt in Cyprus, 1954-1959, Clarendon Press, 1999.

30. S. I. M. Sinclair, The Law of Sovereign Immunity: Recent Developments, MartinusNijhoff, 1980.

31. Serge Lazareff, The Status of Military Forces under Current International Law, A. W. Sijthoff, 1971.

32. Sir Robert Jennings, Sir Arthur Watts ed. , Oppenheim's International Law, Longman, 1992.

33. Sompong Sucharitkul, Immunities of Foreign States before National Authorities, Martinus Nijhoff, 1976.

34. Sompong Sucharitkul, State Immunities and Trading Activities in International Law, Stevens & Sons Ltd. , 1959.

35. T. J. Lawrence, The Principles of International Law, DC Heath & Company, 1923.

36. Terry Gill et al. , Leuven Manual on the International Law Applicable to Peace Operations: Prepared by an International Group of Experts at the Invitation of the International Society for Military Law and the Law of War, Cambridge University Press, 2017.

37. Tim Newburn, Handbook of Policing, Willian Publishing, 2003.

38. William A. Schabas, An Introduction to the International Criminal Court, 4th ed. , Cambridge University Press, 2011.

39. William E. Birkhimer, Military Government and Martial Law, James J. Chapman, 1892.

40. William Edward Hall, International Law, Clarendon Press, 1917.

41. William M. Arkin, Code Names: Deciphering US Military Plans, Programs, and Operations

in the 9/11 World. Steerforth Press, 2005.

42. Xiaodong Yang, State Immunity in International Law, Cambridge University Press, 2012.

九、外文论文类

1. Adrian A. Barham, "Establishment and Conduct of Extra-Territorial Military Bases in Peace-time Some International Law Considerations", Bracton Law Journal, Vol. 31, 1999.

2. Anne Orford, "Jurisdiction Without Territory: From the Holy Roman Empire to the Responsibility to Protect", Michigan Journal of International Law, Vol. 30, No. 3, 2009.

3. Archibald King, "Further Developments Concerning Jurisdiction over Friendly Foreign Armed Forces", The American Journal of International Law, Vol. 40, No. 2, 1946.

4. Archibald King, "Jurisdiction over Friendly Foreign Armed Forces", The American Journal of International Law, Vol. 36, No. 4, 1942.

5. Arnold D. McNair, "So-Called State Servitudes", British Year Book of International Law, Vol. 6, 1925.

6. Benjamin P. Dean, "An International Human Rights Approach to Violations of NATO Sofa Minimum Fair Trial Standards", Military Law Review, Vol. 106, 1984.

7. Beth Stephens, "Abusing the Authority of the State: Denying Foreign Official Immunity for Egregious Human Rights Abuses", Vanderbilt Journal of Transnational Law, Vol. 44, No. 5, 2011.

8. Christopher C. Joyner, "Arresting Impunity: The Case for Universal Jurisdiction in Bringing War Criminals to Accountability", Law and Contemporary Problems, Vol. 59, No. 4, 1996.

9. Christopher Osakwe, "A Soviet Perspective on Foreign Sovereign Immunity: Law and Practice", Virginia Journal of International Law, Vol. 23, 1982.

10. Edmund H. Schwenk, "Jurisdiction of the Receiving State over Forces of the Sending State under the NATO Status of Forces Agreement", The International Lawyer, Vol. 6, No. 3, 1972.

11. Edward D. Re, "The NATO Status of Forces Agreement and International Law", Northwestern University Law Review, Vol. 50, No. 3, 1955.

12. Elies van Sliedregt, "Pluralism in International Criminal Law", Leiden Journal of International Law, Vol. 25, No. 4, 2012.

13. Florian Jessberger, Julia Geneuss, "The Many Faces of the International Criminal Court", Journal of International Criminal Justice, Vol. 10, No. 5, 2012.

14. G. P. Barton, "Foreign Armed Forces: Immunity from Criminal Jurisdiction", British Year Book of International Law, Vol. 27, 1950.

15. George S. Prugh, "The Soviet Status of Forces Agreements: Legal Limitations or Political

Devices", Military Law Review, Vol. 20, 1963.

16. Goran Sluiter, "The Surrender of War Criminals to the International Criminal Court", Loyola of Los Angeles International and Comparative Law Review, Vol. 25, No. 3, 2003.

17. H. Lauterpacht, "The Problem of Jurisdictional Immunities of Foreign States", British Yearbook of International Law, Vol. 28, 1951.

18. Ian Loader, "Policing, Securitization and Democratization in Europe", Criminal Justice, Vol. 2, No. 2, 2002.

19. Ian Wexler, "Comfortable Sofa: The Need for an Equitable Foreign Criminal Jurisdiction Agreement with Iraq", Naval Law Review, Vol. 56, 2008.

20. Jermoe H. Skolnick, "Democratic Policing Confronts Terror and Protest", Syracuse Journal of International Law and Commerce, Vol. 33, 2005.

21. John W. Egan, "The Future of Criminal Jurisdiction over the Deployed American Soldier: Four Major Trends in Bilateral US Status of Forces Agreements", Emory International Law Review, Vol. 20, No. 1, 2006.

22. Jonathan T. Flynn, "No Need to Maximize: Reforming Foreign Criminal Jurisdiction Practice Under the US-Japan Status of Forces Agreement", Military Law Review, Vol. 212, 2012.

23. Jordan J. Paust, "Congress and Genocide: They're Not Going to Get Away With It, Michigan Journal of International Law", Vol. 11, No. 1, 1989.

24. Kimberly C. Priest-Hamilton, "Who Really Should Have Exercised Jurisdiction over the Military Pilots Implicated in the 1998 Italy Gondola Accident", Journal of Air Law and Commerce, Vol. 65, No. 3, 2000.

25. Korni Swaroop Kumar, Mahesh K. Nalla, "Policing Global Challenges", Journal of Security Education, Vol. 1, 2006.

26. L. J. Bouchez, "The Nature and Scope of State Immunity from Jurisdiction and Execution", Netherlands Yearbook of International Law, Vol. 10, 1979.

27. Lee M. Caplan, "State Immunity, Human Rights, and Jus Cogens: a Critique of the Normative Hierarchy Theory", The American Journal of International Law, Vol. 97, No. 4, 2003.

28. M. Cherif Bassiouni, "From Versailles to Rwanda in Seventy-Five Years: The Need to Establish a Permanent International Criminal Court", Harvard Human Rights Journal, Vol. 10, 1997.

29. M. Cherif Bassiouni, "Universal Jurisdiction for International Crimes: Historical Perspectives and Contemporary Practice", Virginia Journal of International Law, Vol. 42, No. 1, 2001.

30. M. Oaly, "Investment Incentives and the Multilateral Agreement on Investment", Journal of World Trade, Vol. 32, 1998.

31. Mahesh K. Nalla, "Assessing the Proliferation of Illicit Firearms: Some Policy Options", Indian Journal of Criminology and Criminalistics, Vol. 21, No. 1–3, 2000.

32. Margot Laporte, "Being All It Can Be: A Solution to Improve the Department of Defense's Overseas Environmental Policy", Duke Environmental Law Policy Forum, Vol. 20, No. 1, 2010.

33. Mark. R. Ruppert, "United States' Criminal Jurisdiction over Environmental Offenses Committed by its Forces Overseas: How to Maximize and When to Say No", Air Force Law Review, Vol. 40, 1996.

34. Michael J. Strauss, "Guantanamo Bay and the Evolution of International Leases and Servitudes", New York City Law Review, Vol. 10, No. 2, 2007.

35. Michael Kempa et al. , "Policing Communal Spaces: A reconfiguration of the Mass Private Property Hypothesis", British Journal of Criminology, Vol. 44, No. 4, 2004.

36. Mizushima Tomonori, "The Individual as Beneficiary of State Immunity: Problems of the Attribution of Ultra Vires Conduct", Denver Journal of International Law & Policy, Vol. 29, No. 3, 2001.

37. Nicholas R. Doman, "Aftermath of Nuremberg: The Trial of Klaus Barbie", University of Colorado Law Review, Vol. 60, No. 3, 1989.

38. Noah Weisbord, "Judging Aggression", Columbia Journal of Transnational Law, Vol. 50, No. 1, 2011.

39. Peter Chalk, "The Response to Terrorism as a Threat to Liberal Democracy", Australian Journal of Politics and History, Vol. 44, No. 3, 1998.

40. Philip B. Heymann, "Two Models of National Attitudes toward International Cooperation in Law Enforcement", Harvard International Law Journal, Vol. 31, No. 1, 1990.

41. Richard Clogg, "The Sovereign Base Areas: Colonialism Redivivus?", Byzantine and Modern Greek Studies, Vol. 39, No. 1, 2015.

42. Richard J. Erickson, "Status of Forces Agreements: A Sharing of Sovereign Prerogative", Air Force Law Review, Vol. 37, 1994.

43. S. Bilotskyi, "International Legal Problems of Foreign Military Presence", Law of Ukraine: Legal Journal, Vol. 2, 2013.

44. Stacy Humes–Schulz, "Limiting Sovereign Immunity in the Age of Human Rights", Harvard Human Rights Journal, Vol. 21, No. 1, 2008.

45. Steven J. Lepper, "A Primer on Foreign Criminal Jurisdiction", Air Force Law Review, Vol. 37, 1994.

46. Theodor Meron, "International Criminalization of Internal Atrocities", The American

Journal of International Law, Vol. 89, No. 3, 1995.

47. William Thomas Worster, "Immunities of United Nations Peacekeepers in the Absence of a Status of Forces Agreement", Military Law and Law of War Review, Vol. 47, 2008.

48. Youngjin Jung, Jun-Shik Hwang, "Where Does Inequality Come From-An Analysis of the Korea-United States Status of Forces Agreement", American University International Law Review, Vol. 18, No. 5, 2003.

案例索引表

国际法院案例

1. Application of the Convention on the Prevention and Punishment of the Crime of Genocide (Croatia v. Serbia).

2. Arrest Warrant of 11 April 2000 (Democratic Republic of the Congo v. Belgium).

3. Barcelona Traction, Light and Power Company, Limited (Belgium v. Spain).

4. Certain Questions of Mutual Assistance in Criminal Matters (Djibouti v. France).

5. Germany v. Italy：Greece intervening.

6. Difference relating to immunity from legal process of a Special Rapporteur of the Commission on Human Rights.

国际刑事法院案例

1. Prosecutor v. Bemba.

2. Prosecutor v. Saif Al-Islam Gaddafi and Abdullah Al-Senussi.

卢旺达问题国际刑事法庭

1. Prosecutor v. AntoFurundžija.

前南斯拉夫问题国际刑事法庭

1. Prosecutor v. Dušan Tadić.
2. Prosecutor v. TihomirBlaskic.

欧洲人权法院案例

1. Al-Adsani v. The United Kingdom, Application No. 59021/00.
2. McElhinney v. Ireland, Application No. 31253/96.

国内法院案例

1. Attorney-General of the Government of Israel v. Adolf Eichmann, Supreme Court of Israel (1962).

2. Belhas et Others v. Moshe Ya'alon, 466 F. Supp. 2d 127 (D. D. C. 2006).

3. Border Guards case, Federal Criminal Court of Germany (case No. 5StR 370/92) (1992).

4. Prosecutor-General of the Supreme Court v. Desiré Bouterse, Supreme Court of Netherlands (2001).

5. Empire of Iran case, German Federal Constitutional Court (1963).

6. Evgeny Adamov v. Federal Office of Justice, Switzerland, Federal Tribunal (2005).

7. Farag M. Mohammed Saltany et al. v. Ronald M. Reagan et al., 702 F. Supp. 319 (1988).

8. Ferrini v. Federal Republic of Germany, Court of Cassation (2004).

9. Francischiello v. The Government of the Lhited States, Italy (1959).

10. Gaddafi case, France, Court of Cassation, Criminal Chamber (2001).

11. Guatemala Genocide, Menchú Tumm and Others v. Two Guatemalan Government Officials and Six Members of the Guatemalan Military, Constitutional Court of Spain (2005).

12. Hissène Habré Request, Court of Appeal of Dakar, Senegal (2005).

13. Jones v. Ministry of Interior Al−Mamlaka Al−Arabiya AS Saudiya（the Kingdom of Saudi Arabia），Court of Appeal（2004）.

14. Jones v. Saudi Arabia，［2007］1 AC 270.

15. Mario Luiz Lozano case，Corte Suprema di Cassazione，Sala Penale（Italy）（2008）.

16. McDonnell Douglas Corp. v. Islamic Republic of Iran，758 F. 2d 341（8th Cir. 1985）.

17. McElroy v. Guagliardo，361 U. S. 281（1960）.

18. Ministry of Defense v. Cubic Defense，385 F. 3d 1206（9th Cir. 2004）.

19. Pinochet，Belgium，Court of First Instance of Brussels（1998）.

20. Public Prosecutor（Tribunal of Milan）v. Adler et al. ，Tribunale di Milano，Quarta Sezione Penale，Italy（2010）.

21. R. v. Bow Street Metropolitan Stipendiary Magistrate exparte Pinochet Ugarte，United Kingdom House of Lords（2000）.

22. R. v. Mafart and Prieur（Rainbow Warrior case），New Zealand，High Court，Auckland Registry（1985）.

23. Re Canada Labour Code，［1992］2 S. C. R. 50.

24. Regina v. Bartle and the Commissioner of Police for the Metropolis and Others ExParte Pinochet，House of Lords（1999）.

25. Rumania v. Trutta，Italy（1926）.

26. Samantar v. Yousuf，United States 130 S. Ct. 2278（2010）.

27. ScilingoManzorro（Alolfo Francisco）v. Spain，Supreme Court of Spain（2007）.

28. Sengupta v. India，England，1982，［1983］ICR 221.

29. Société pour la fabrication des cartouches v. Col. M. Ministre de la Guerre de Bulgarie，Belgium，1888，Pasicrisie Belge，1889−III−62.

30. Teodoro Nguema Obiang Mangue，Court of Appeal of Paris，Pôle 7，Second Investigating Chamber（2013）.

31. United States v. Averette，19 U. S. C. M. A. 363（1970）.

32. United States v. Noriega，117 F. 3d 1206（11th Cir. 1997）.

33. Victory Transport Inc. v. Comisaria General， 336 F. 2d 354 （2d

Cir. 1964）.

34. Virtual Defense and Dev. International, Inc. v. Republic of Moldova, 133 F. Supp. 2d 1（D. D. C. 1999）.

国际法律文件索引表

条约（部队地位协定）

1. 《阿尔巴尼亚共和国政府与北约之间关于北约及其人员在阿尔巴尼亚共和国境内的地位的协定》（Agreement between the Government of the Republic of Albania and NATO concerning the Status of NATO and its Personnel present on the territory of the Republic of Albania）

2. 《北大西洋公约缔约国关于其军队地位的协定》（Agreement between the Parties to the North Atlantic Treaty regarding the Status of their Forces）

3. 《北大西洋公约组织与保加利亚共和国之间关于北约部队和北约人员过境的协定》（Agreement between the North Atlantic Treaty Organization and the Republic of Bulgaria regarding the Transit of NATO Forces and NATO Personnel）

4. 《北约关于驻德部队地位协定的补充协定》（Agreement to Supplement the Agreement between the Parties of the North（p. xviii）Atlantic Treaty regarding the Status of their Forces with respect to Foreign Forces stationed in the Federal Republic of Germany）

5. 《北约与阿富汗伊斯兰共和国关于北约部队和北约人员在阿富汗进行相互商定的北约领导的活动的地位协定》（Agreement between the North Atlantic Treaty Organization and the Islamic Republic of Afghanistan on the Status of NATO Forces and NATO personnel conducting mutually agreed NATO-led activities in Afghanistan）

6.《波斯尼亚和黑塞哥维那共和国与北大西洋公约组织（北约）关于北约及其人员地位的协定》［Agreement between the Republic of Bosnia and Herzegovina and the North Atlantic Treaty Organization（NATO）Concerning the Status of NATO and its Personnel］

7.《参加维持和平任务的部队/警察派遣国特遣队所属装备的补偿和控制政策与程序手册》（The Manual on Policies and Procedures concerning the Reimbursement and Control of Contingent‑Owned Equipment of Troop/Police Contributors Participating in Peacekeeping Missions）

8.《俄罗斯联邦和阿拉伯叙利亚共和国之间关于在叙利亚领土上部署俄罗斯武装部队的航空兵的协定》（Agreement between the Russian Federation and the Syrian Arab Republic on deployment of an aviation group of the Russian Armed Forces on the territory of the Syrian Arab Republic）

9.《根据〈美利坚合众国和大韩民国共同防御条约〉第四条关于大韩民国境内美国武装部队的设施和地区以及地位的协定》（Agreement under Article IV of the Mutual Defense Treaty between the United States of America and the Republic of Korea，Regarding Facilities and Areas and the Status of United States Armed Forces in the Republic of Korea）

10.《关于美国驻罗马尼亚部队地位的协定》（Agreement regarding the status of United States forces in Romania）

11.《关于美利坚合众国武装部队在波兰共和国领土内地位的协定》（Agreement on the status of armed forces of the United States of America in the territory of the Republic of Poland）

12.《将古巴境内的土地租给美利坚合众国用于煤矿开采和海军基地的协议》（Agreement for the Lease to the United States of Lands in Cuba for Coaling and Naval Stations）

13.《克罗地亚共和国与北大西洋公约组织（北约）之间关于北约及其人员地位的协定以及南斯拉夫联盟共和国与北大西洋公约组织（北约）之间的关于和平计划行动的过境安排的协定》［Agreement between the Republic of Croatia and the North Atlantic Treaty Organisation（NATO）concerning the Status of NATO and its Personnel and Agreement between the Federal Republic of Yugoslavia and the North Atlantic Treaty Organisation（NATO）concerning

Transit Arrangements for Peace Plan Operations〕

14.《美国与阿富汗伊斯兰共和国之间的安全与防务合作协议》（Security and Defense Cooperation Agreement between the United States and the Islamic Republic of Afghanistan）

15.《美利坚合众国政府和保加利亚共和国政府关于防务合作的协定》（Agreement between the Government of the United States of America and the Government of the Republic of Bulgaria on Defense Cooperation）

16.《美利坚合众国政府与黑山政府之间关于黑山地位保护以及使用和使用军事基础设施的协定》（Agreement Between the Government of the United States of America and the Government of Montenegro on Status Protections and Access to and Use of Military Infrastructure in Montenegro）

17.《美利坚合众国政府与蒙古政府之间的军事交流和访问协定》（Agreement on Military Exchanges and Visits between the Government of the United States of America and the Government of Mongolia）

18.《上海合作组织成员国关于举行联合军事演习的协定》（Agreement between Member States of the Shanghai Cooperation Organisation on Holding Joint Military Exercises）

19.《苏维埃社会主义共和国联盟政府与罗马尼亚人民共和国政府关于临时驻扎在罗马尼亚人民共和国领土上的苏维埃部队法律地位的协定》（Agreement between the Government of the Union of Soviet Socialist Republics and the Government of the Romanian People's Republic Concerning the Legal Status of Soviet Forces Temporarily Stationed in the Territory of the Romanian People's Republic）

20.《伊拉克共和国和美利坚合众国之间的部队地位协定》（Status of Forces Agreement between The Republic of Iraq and the United States of America）

条约（非部队地位协定）

1.《布赖恩-查莫罗条约》（Bryan-Chamorro Treaty）

2.《防止及惩治灭绝种族罪公约》（Convention on the Prevention and Punishment of the Crime of Genocide）

3. 《废止强迫劳动公约》（Abolition of Forced Labour Convention）

4. 《古巴-美国关系条约》（Cuban-American Treaty of Relations）

5. 《关于防止和惩处侵害应受国际保护人员包括外交代表的罪行的公约》（Convention on the Prevention and Punishment of Crimes against Internationally Protected Persons, including Diplomatic Agents）

6. 《关于各国在月球和其他天体上活动的协定》（The Agreement Governing the Activities of States on the Moon and Other Celestial Bodies）

7. 《关于国家在其对普遍性国际组织关系上的代表权维也纳公约》（Vienna Convention on the Representation of States in their Relations with International Organizations of a Universal Character）

8. 《关于建立塞浦路斯共和国条约》（Treaty Concerning the Establishment of the Republic of Cyprus）

9. 《国际刑事法院规约》（Rome Statute of the International Criminal Court）

10. 《禁止贩卖白奴国际协定》（International Convention for the Suppression of the White Slave Traffic）

11. 《禁止贩卖妇女和儿童国际公约》（International Convention for the Suppression of the Traffic in Women and Children）

12. 《联合国国家及其财产管辖豁免公约》（United Nations Convention on Jurisdictional Immunities of States and Their Property）

13. 《联合国海洋法公约》（United Nations Convention on the Law of the Sea）

14. 《联合国特别使团公约》（Convention on Special Missions）

15. 《联合国特权和豁免公约》（Convention on the Privileges and Immunities of the United Nations）

16. 《联合国宪章》（Charter of the United Nations）

17. 《南极条约》（The Antarctic Treaty）

18. 《强迫劳动公约》（Forced Labour Convention）

19. 《日内瓦四公约》（Geneva Conventions）

20. 《外空条约》（Outer Space Treaty）

21. 《维也纳条约法公约》（Vienna Convention on the Law of Treaties）

22.《维也纳外交关系公约》(Vienna Convention on Diplomatic Relations)

草案

1.《防止及惩治危害人类罪条款草案》(Draft Articles on the Prevention and Punishment of Crimes against Humanity)

2.《联合国和向［联合国维持和平行动］捐助资源的［参加国］之间的谅解备忘录》(Revised draft model memorandum of understanding between the United Nations and ［participating State］contributing resources to ［the United Nations Peacekeeping Operation］)

3.《维持和平行动部队地位协定范本草案》(Draft Model Status‐of‐Forces Agreement between the United Nations and Host Countries)

软法

1.《蒙特勒文件——武装冲突期间各国关于私营军事和安保服务公司营业的相关国际法律义务和良好惯例》(The Montreux Document on Pertinent International Legal Obligations and Good Practices for States related to Operations of Private Military and Security Companies during Armed Conflict)